《新青年》与新文化运动读本

主　编　刘长林
副主编　任润鑫

上海大学出版社
·上海·

图书在版编目(CIP)数据

《新青年》与新文化运动读本/刘长林主编.—上海:上海大学出版社,2020.1(2022.1重印)
ISBN 978-7-5671-3410-2

Ⅰ.①新… Ⅱ.①刘… Ⅲ.①期刊—研究—中国—民国②五四运动—研究 Ⅳ.①G239.296②K261.107

中国版本图书馆CIP数据核字(2019)第286153号

责任编辑 刘　强
封面设计 柯国富
技术编辑 金　鑫　钱宇坤

《新青年》与新文化运动读本
刘长林　主编
上海大学出版社出版发行
(上海市上大路99号　邮政编码200444)
(http://www.shupress.cn　发行热线 021-66135112)
出版人　戴骏豪
*
南京展望文化发展有限公司排版
江苏凤凰数码印务有限公司印刷　各地新华书店经销
开本 710mm×1000mm 1/16 印张 18.75 字数 316千字
2020年5月第1版　2022年1月第2次印刷
ISBN 978-7-5671-3410-2/G·3082 定价 48.00元

版权所有　侵权必究
告读者:如发现本书有印装质量问题请与印刷厂质量科联系
联系电话:025-57718474

编辑说明

一、文献版本。选自《新青年》(《青年杂志》)、《每周评论》的文章,均录自原版文献;个别文章难觅原版,录自其他文献,已于文末注明来源。

二、编校原则。最大限度保持历史文献本来面貌,不做考订和校勘。既可方便读者阅读,又能保有一种历史感。

三、必要改动。繁体竖排改为简体横排;无标点者予以标点;无分段者酌情分段;少数明显排印错讹处径改不注。

四、简化规则。通常只将原版文字转为对等的简化字,而不再根据语境进一步转为规范字形和推荐字形。例如,原版文献中"他"字兼称男性、女性和一切事物,简化后仍作"他",不再根据语境改为"她"或"它"。再如,"沈"不改为"沉","狠"不改为"很","那"不改为"哪","澈底"不改为"彻底","展转"不改为"辗转"。

前　言

《新青年》杂志创刊已经超过 100 年了,我们为什么还要读它?

《新青年》杂志初名《青年杂志》,1915 年 9 月 15 日由陈独秀创办于上海。1916 年 9 月 1 日第 2 卷第 1 号改名为《新青年》。1917 年初编辑部从上海移至北京。自创刊至 1926 年 7 月终刊共出版了 9 卷 54 号。

《新青年》杂志的创办,最初以启迪青年之心智,将中国之未来寄托于"青春中国之再生",号召青年做"新的青年",希望青年能够"冲决过去历史之网罗,破坏陈腐学说之囹圄","本其理性,加以努力,进前而勿顾后,背黑暗而向光明,为世界进文明,为人类造幸福"。

100 多年过去了,彼时的"新"已成过往,彼时受新思想激励而为新社会奋斗的"青年"也因岁月凋零殆尽。时间从 20 世纪步入 21 世纪,国家、社会、文明、思想,都发生了天翻地覆的变化。一代代青年一代代老去,旧书架上的《新青年》杂志渐渐泛黄,蒙上厚厚的尘土,其社会意义却历久弥新,值得一代代青年时时阅读体味。

《新青年》杂志创办之时,中国正处于一个由传统社会向现代社会过渡的重大变革期。纵观世界现代化进程,无不先经历思想启蒙,后产生社会变革。而当时的中国刚刚经历了辛亥革命这一重大政治革新,推翻了封建君主专制制度,建立了一个现代模式的民主共和政体。但是中国社会混乱的状态并没有结束,政治更迭频繁,帝制复辟仍有发生。思想上也一片混乱,复古之声甚嚣尘上。中国建立了一个新的政府,却没有建立一个有效的政体。新的道路不能使国人满意,复古之声自然纷起。

这种情况下，中国需要一场思想上的"启蒙"。《新青年》杂志应运而生。《新青年》杂志最初从启迪青年着手，进而发展为一个多元的、宏大的、深刻的思想集聚地。《新青年》杂志高举"科学"与"民主"的大旗，而以该杂志为主要阵地开展的新文化运动，更是成了五四运动的思想先声。这场思想启蒙运动包含了政治、文化、社会等方方面面，为建设一个现代化的国家指明了路径。尤其是在文化方面，《新青年》派学人把批判的矛头指向以封建礼教为中心的封建专制主义，倡导符合现代民主共和制度的平等、自由、科学等价值观念。更加难能可贵的是，《新青年》派学人在"开新"的同时，并没有全盘否定传统。在对待孔学和传统文化问题上，他们坚决反对绝对怀疑主义和虚无主义，倡导一种综合创新的文化观。

当代中国也处于一个社会转型的关键时期，《新青年》派学人在思想启蒙中所倡导的理性主义，在当代同样可以熠熠生辉。陈独秀曾在《青年底误会》一文中阐释，凡是一种主张，都不能太过激烈，要有个限度，否则会适得其反。《新青年》杂志曾宣称："我们相信世界各国政治上、道德上、经济上因袭的旧观念中，有许多阻碍进化而且不合情理的部分。我们想求社会的进化，不得不打破'天经地义''自古如斯'的成见，决计一面抛弃此等旧观念，一面综合前代贤哲、当代贤哲和我们自己所想的，创造政治上、道德上、经济上的新观念，树立新时代的精神，适应新社会的环境。"这种理性地"除旧"与"开新"，在当代仍具有时代价值。

另一方面，《新青年》杂志对青年所提倡的"成人"教育，并没有随着时间而褪色。《新青年》派学人对青年塑造现代人格的倡导，至今仍可作为青年"成人"教育的教科书。他们认为，塑造"新青年"是救国救亡与建设新社会的当务之急。所以在《新青年》杂志中，众多学人都对青年人生观、道德观的塑造提出了要求。他们认为"新青年"应该是一个平等的、理性自主的、意志自由的、有德性的、富有情感的主体。其人格应在自我实现和社会实现中完善，"内图个性之发展，外图贡献于其群"。在价值取向上应将实利与重道结合起来，在人生态度上应取进取精神。这种"人格之真"与"自由之境"的人生价值，也是当代青年所应该具备的科学的人生态度。这100多年前诞生的中国现代青年人生观，正是我们当代要大力弘扬的五四精神的要义。

更为重要的是，作为一个社会主义国家的国民，我们不应忘记，是《新青年》杂志第一次把马克思主义介绍给国人。作为传播马克思主义的重要载体，《新青年》杂志生动地展示了中国早期马克思主义者对马克思主义的认识、接受和传播的心路历程。李大钊等人在俄国十月革命胜利后，积极向国人介绍俄国的革命经验,这在当时无异于一声惊雷,让在救国图强道路上苦苦挣扎的国人看到了新的希望。俄国革命的胜利鼓舞了包括孙中山在内的诸多老一辈革命家。孙中山后来改组国民党,实行联俄、联共、扶助农工三大政策,其中不乏马克思主义的影响。可以说,马克思主义的传入,不单单影响了一大批无产阶级革命者,更使中国的革命形势发生了重大转变。

我们分八个主题选编本书,就是想把当年那些思想精华奉献给当代青年,让那些穿越百年的文字再次在现代机器中装订成册,让那些蒙尘的故纸重见新时代的阳光。我们希望这些100多年前的思想火花能够激发当代青年的理性思考,引导他们重新审视五四精神,并将现代意义注入其间,使青春之火在新时代依然炽热,使自己成为新时代的"新青年"。

与诸君共勉!

目 录

第一章 《新青年》倡导新道德、新人生观 ………………………… 001
　敬告青年 …………………………………………… 陈独秀 003
　新青年 ……………………………………………… 陈独秀 008
　人生真义 …………………………………………… 陈独秀 011
　不朽 ………………………………………………… 胡　适 014
　新青年之新道德 …………………………………… 陶履恭 021
　吾人最后之觉悟 …………………………………… 陈独秀 024

第二章 《新青年》高举科学、民主的旗帜 ………………………… 029
　以美育代宗教说 …………………………………… 蔡子民 031
　本志罪案之答辩书 ………………………………… 陈独秀 035
　新文化运动是什么？ ……………………………… 陈独秀 037
　新思潮的意义 ……………………………………… 胡　适 042
　基督教与中国人 …………………………………… 陈独秀 048
　实行民治的基础 …………………………………… 陈独秀 055

第三章 《新青年》评判孔子之道 …………………………………… 064
　宪法与孔教 ………………………………………… 陈独秀 066
　孔子之道与现代生活 ……………………………… 陈独秀 071
　再论孔教问题 ……………………………………… 陈独秀 076

驳康有为致总统总理书	陈独秀	079
旧思想与国体问题	陈独秀	082
偶像破坏论	陈独秀	085
复辟与尊孔	陈独秀	087
吃人与礼教	吴 虞	091
随感录	陈独秀	094

第四章 《新青年》对文学革命的提倡 … 098

文学改良刍议	胡 适	100
文学革命论	陈独秀	109
建设的文学革命论	胡 适	112
人的文学	周作人	123
历史的文学观念论	胡 适	129

第五章 《新青年》对女子解放的倡导 … 133

贞操论 … ［日］与谢野晶子 著	周作人 译	135
贞操问题	胡 适	141
我之节烈观	唐 俟	148
战后之妇人问题	李大钊	154
通信·自由恋爱	刘延陵 陈独秀	158
男女问题	张崧年	160
女子问题	陶履恭	164

第六章 《新青年》与东西文化论争 … 170

法兰西人与近世文明	陈独秀	172
新的！旧的！	李大钊	175
东西民族根本思想之差异	陈独秀	178
东西文明根本之异点	李大钊	181
质问《东方杂志》记者	陈独秀	191
再质问《东方杂志》记者	陈独秀	196

第七章 《新青年》的社会调查及对社会问题的讨论 …… 206
  社会调查 …………………………………… 陶履恭 208
  对于梁巨川先生自杀之感想 ………………… 陈独秀 214
  论自杀 ……………………………………… 陶履恭 216
  自杀论 ……………………………………… 陈独秀 221
  一个贞烈的女孩子 …………………………… 夬 庵 232
  马尔塞斯人口论与中国人口问题 ……………… 陈独秀 234

第八章 《新青年》对马克思主义的介绍 …………… 243
  BOLSHEVISM 的胜利 ………………………… 李大钊 245
  由经济上解释中国近代思想变动的原因 ……… 李大钊 250
  唯物史观在现代史学上的价值 ………………… 李大钊 256
  劳动者底觉悟 ………………………………… 陈独秀 261
  多研究些问题,少谈些"主义"! ……………… 胡 适 263
  问题与主义 …………………………………… 蓝公武 266
  再论问题与主义 ……………………………… 李大钊 273
  三论问题与主义 ……………………………… 胡 适 278

后　记 ………………………………………………… 285

第一章
《新青年》倡导新道德、新人生观

李大钊曾说:"青年者,人生之王,人生之春,人生之华也。"一个社会的青春与活力,首先发自青年。梁启超也曾在其雄文《少年中国说》中勉励少年:"故今日之责任,不在他人,而全在我少年。少年智则国智,少年富则国富;少年强则国强,少年独立则国独立;少年自由则国自由;少年进步则国进步;少年胜于欧洲,则国胜于欧洲;少年雄于地球,则国雄于地球。"

辛亥革命之后,中国虽然结束了封建统治,但政治上仍然纷争不断,思想上仍然复古逆流喧嚣。当此之时,陈独秀1915年在上海创办了《青年杂志》,后改名为《新青年》。《新青年》杂志旨在启发和引导青年树立新的人生观,并以新道德代替旧道德。多位杂志撰稿人如陈独秀、胡适等,在该杂志不断发表重要文章,号召青年做"新青年"。正如陈独秀所说:"人身遵新陈代谢之道则健康,陈腐朽败之细胞充塞人身则人身死;社会遵新陈代谢之道则隆盛,陈腐朽败之分子充塞社会则社会亡。"他们想通过对青年人的启蒙,推动"新社会"的创立。

陈独秀在《新青年》杂志的发刊词《敬告青年》中对青年提出六点要求,即"自主的而非奴隶的""进步的而非保守的""进取的而非退隐的""世界的而非锁国的""实利的而非虚文的""科学的而非想象的"。他在《新青年》一文中提出了衡量"新青年"的标准:生理上身体强壮;心理上"斩尽涤绝""做官发财思想",而"内图个性之发展,外图贡献于其群";以自力创造幸福,而"不以个人幸福损害国家社会"。他在《人生真义》中,勉励青年通过自身的努力去追求幸福,"个人生存的时候,当努力造成幸福,享受幸福,并且留在社会上,后来的个人也能够享受。

递相授受，以至无穷"。

《新青年》杂志所倡导的新道德、新人生观，在社会上引起了强烈的反响。一大批青年，包括许多后来成长为中国共产党重要领导干部的进步青年，如毛泽东等，都曾受到《新青年》杂志的影响。《新青年》杂志对青年人的启蒙，为其后中国的社会革命储备了人才。大批"新青年"的形成，对五四运动的发生起到了最为直接的助力作用。《新青年》杂志所倡导的新道德与新人生观，是近代中国社会对青年人一次重要的"成人"教育。本章所选文章，都是《新青年》杂志中围绕在现代社会中如何成为一个具有独立人格的"人"进行论述的重要篇章。这些百年前的谆谆教诲，即使在当代，对青年人来说也具有重要意义。

敬 告 青 年

陈独秀

　　窃以少年老成,中国称人之语也;年长而勿衰(Keep young while growing old.),英美人相勖之辞也。此亦东西民族涉想不同、现象趋异之一端欤?青年如初春,如朝日,如百卉之萌动,如利刃之新发于硎,人生最可宝贵之时期也。青年之于社会,犹新鲜活泼细胞之在人身,新陈代谢,陈腐朽败者无时不在天然淘汰之途,与新鲜活泼者以空间之位置及时间之生命。人身遵新陈代谢之道则健康,陈腐朽败之细胞充塞人身则人身死;社会遵新陈代谢之道则隆盛,陈腐朽败之分子充塞社会则社会亡。

　　准斯以谈,吾国之社会,其隆盛耶?抑将亡耶?非予之所忍言者。彼陈腐朽败之分子,一听其天然之淘汰,惟不愿以如流之岁月,与之说短道长,希冀其脱胎换骨也。予所欲涕泣陈词者,惟属望于新鲜活泼之青年,有以自觉而奋斗耳!自觉者何?自觉其新鲜活泼之价值与责任,而自视不可卑也。奋斗者何?奋其智能,力排陈腐朽败者以去,视之若仇敌,若洪水猛兽,而不可与为邻,而不为其菌毒所传染也。

　　呜呼!吾国之青年,其果能语于此乎?吾见夫青年其年龄而老年其身体者十之五焉,青年其年龄或身体而老年其脑神经者十之九焉。华其发,泽其容,直其腰,广其膈,非不俨然青年也,及叩其头脑中所涉想、所怀抱,无一不与彼陈腐朽败者为一丘之貉。其始也,未尝不新鲜活泼,浸假而为陈腐朽败分子所同化者有之,浸假而畏陈腐朽败分子势力之庞大,瞻顾依回,不敢明目张胆作顽狠之抗斗者有之。充塞社会之空气,无往而非陈腐朽败,焉求些少之新鲜活泼者,以慰吾人窒息之绝望?亦杳不可得。循斯现象,于人身则必死,于社会则必亡。欲救此病,非太息咨嗟之所能济,是在一二敏于自觉、勇于奋斗之青年,发挥人间固有之智能,决择人间种种之思想,孰为新鲜活泼而适于今世之争存,孰为陈腐朽败而不容留置于脑里,利刃断铁,快刀理麻,决不作牵就依违之想,自度度人,社会庶几其有清宁之日也。青年乎!其有以此自任者乎?若夫明其是非,以供决择,谨陈六义,幸平心察之。

一、自主的而非奴隶的

等一人也,各有自主之权,绝无奴隶他人之权利,亦绝无以奴自处之义务。奴隶云者,古之昏弱对于强暴之横夺而失其自由权利者之称也。自人权平等之说兴,奴隶之名,非血气所忍受。世称近世欧洲历史为"解放历史",破坏君权,求政治之解放也,否认教权,求宗教之解放也,均产说兴,求经济之解放也,女子参政运动,求男权之解放也。

解放云者,脱离夫奴隶之羁绊,以完其自主自由之人格之谓也。我有手足,自谋温饱;我有口舌,自陈好恶;我有心思,自崇所信。绝不认他人之越俎,亦不应主我而奴他人。盖自认为独立自主之人格,以上一切操行,一切权利,一切信仰,唯有听命各自固有之智能,断无盲从隶属他人之理。非然者,忠孝节义,奴隶之道德也[德国大哲尼采(Nietzsche)别道德为二类:有独立心而勇敢者曰贵族道德(Morality of Noble),谦逊而服从者曰奴隶道德(Morality of Slave)];轻刑薄赋,奴隶之幸福也;称颂功德,奴隶之文章也;拜爵赐第,奴隶之光荣也;丰碑高墓,奴隶之纪念物也。以其是非荣辱听命他人,不以自身为本位,则个人独立平等之人格消灭无存,其一切善恶行为势不能诉之自身意志而课以功过,谓之奴隶,谁曰不宜?立德立功,首当辨此。

二、进步的而非保守的

人生如逆水行舟,不进则退,中国之恒言也。自宇宙之根本大法言之,森罗万象,无日不在演进之途,万无保守现状之理;特以俗见拘牵,谓有二境,此法兰西当代大哲柏格森(H. Bergson)之"创造进化论"(L'Evolution Creatrice)所以风靡一世也。以人事之进化言之,笃古不变之族,日就衰亡;日新求进之民,方兴未已;存亡之数,可以逆睹。矧在吾国,大梦未觉,故步自封,精之政教文章,粗之布帛水火,无一不相形丑拙,而可与当世争衡?

举凡残民害理之妖言,率能征之故训,而不可谓诬,谬种流传,岂自今始!固有之伦理、法律、学术、礼俗,无一非封建制度之遗,持较皙种之所为,以并世之人,而思想差迟几及千载;尊重廿四朝之历史性,而不作改进之图,则驱吾民于二十世纪之世界以外,纳之奴隶牛马黑暗沟中而已,复何说哉!于此而言保守,诚不知为何项制度文物可以适用生存于今世。吾宁忍过去国粹之消亡,而不忍现在及将来之民族不适世界之生存而归削灭也。

呜呼!巴比伦人往矣,其文明尚有何等之效用耶?皮之不存,毛将焉附?世界进化,骎骎未有已焉。其不能善变而与之俱进者,将见其不适环境之争存,而退归天然淘汰已耳,保守云乎哉!

三、进取的而非退隐的

当此恶流奔进之时,得一二自好之士,洁身引退,岂非希世懿德?然欲以化民成俗,请于百尺竿头,再进一步。夫生存竞争,势所不免,一息尚存,即无守退安隐之余地。排万难而前行,乃人生之天职。以善意解之,退隐为高人出世之行;以恶意解之,退隐为弱者不适竞争之现象。欧俗以横厉无前为上德,亚洲以闲逸恬淡为美风,东西民族强弱之原因,斯其一矣。此退隐主义之根本缺点也。若夫吾国之俗,习为委靡:苟取利禄者,不在论列之数;自好之士,希声隐沦,食粟衣帛,无益于世,世以雅人名士目之,实与游惰无择也。人心秽浊,不以此辈而有所补救,而国民抗往之风,植产之习,于焉以斩。人之生也,应战胜恶社会,而不可为恶社会所征服;应超出恶社会,进冒险苦斗之兵,而不可逃遁恶社会,作退避安闲之想。呜呼!欧罗巴铁骑入汝室矣,将高卧白云何处也?吾愿青年之为孔墨,而不愿其为巢由;吾愿青年之为托尔斯泰与达噶尔(R. Tagore,印度隐遁诗人),不若其为哥伦布与安重根!

四、世界的而非锁国的

并吾国而存立于大地者,大小凡四十余国,强半与吾有通商往来之谊。加之海陆交通,朝夕千里,古之所谓绝国,今视之若在户庭。举凡一国之经济政治状态有所变更,其影响率被于世界,不啻牵一发而动全身也。立国于今之世,其兴废存亡,视其国之内政者半,影响于国外者恒亦半焉。以吾国近事证之,日本勃兴,以促吾革命维新之局,欧洲战起,日本乃有对我之要求,此非其彰彰者耶?投一国于世界潮流之中,笃旧者固速其危亡,善变者反因以竞进。吾国自通海以来,自悲观者言之,失地偿金,国力索矣;自乐观者言之,倘无甲午、庚子两次之福音,至今犹在八股垂发时代。居今日而言锁国闭关之策,匪独力所不能,亦且势所不利。万邦并立,动辄相关,无论其国若何富强,亦不能漠视外情,自为风气。各国之制度文物,形式虽不必尽同,但不思驱其国于危亡者,其遵循共同原则之精神,渐趋一致,潮流所及,莫之能违。于此而执特别历史国情之说,以冀抗此潮流,是犹有锁国之精神而无世界之智识。国民而无世界智识,其国将何以图存于世界之中?语云:"闭户造车,出门未必合辙。"今之造车者不但闭户,且欲以《周礼·考工》之制,行之欧美康庄,其患将不止不合辙已也!

五、实利的而非虚文的

自约翰弥尔(J. S. Mill)"实利主义"唱道于英,孔特(Comte)之"实验哲学"唱道于法,欧洲社会之制度、人心之思想为之一变。最近德意志科学大兴,物质文明造乎其极,制度、人心为之再变。举凡政治之所营,教育之所期,文学、技术之所风尚,万马奔驰,无不齐集于厚生利用之一途,一切虚文空想之无裨于现实生活者,吐弃殆尽。当代大哲,若德意志之倭根(R. Eucken),若法兰西之柏格森,虽不以现时物质文明为美备,咸楬橥生活(英文曰 Life,德文曰 Leben,法文曰 La vie)问题为立言之的。生活神圣,正以此次战争血染其鲜明之旗帜。欧人空想虚文之梦,势将觉悟无遗。夫利用厚生,崇实际而薄虚玄,本吾国初民之俗;而今日之社会制度、人心思想,悉自周汉两代而来:周礼崇尚虚文,汉则罢黜百家而尊儒重道,名教之所昭垂,人心之所祈向,无一不与社会现实生活背道而驰。倘不改弦而更张之,则国力将莫由昭苏,社会永无宁日。祀天神而拯水旱,诵《孝经》以退黄巾,人非童昏,知其妄也。物之不切于实用者,虽金玉圭璋,不布粟粪土。若事之无利于个人或社会现实生活者,皆虚文也,诳人之事也。诳人之事,虽祖宗之所遗留,圣贤之所垂教,政府之所提倡,社会之所崇尚,皆一文不值也!

六、科学的而非想象的

科学者何?吾人对于事物之概念,综合客观之现象,诉之主观之理性而不矛盾之谓也。想象者何?既超脱客观之现象,复抛弃主观之理性,凭空构造,有假定而无实证,不可以人间已有之智灵明其理由、道其法则者也。在昔蒙昧之世,当今浅化之民,有想象而无科学。宗教美文,皆想象时代之产物。近代欧洲之所以优越他族者,科学之兴,其功不在人权说下,若舟车之有两轮焉。今且日新月异。举凡一事之兴,一物之细,罔不诉之科学法则,以定其得失从违;其效将使人间之思想云为,一遵理性而迷信斩焉,而无知妄作之风息焉。国人而欲脱蒙昧时代,羞为浅化之民也,则急起直追,当以科学与人权并重。士不知科学,故袭阴阳家符瑞五行之说,惑世诬民,地气风水之谈,乞灵枯骨;农不知科学,故无择种去虫之术;工不知科学,故货弃于地,战斗生事之所需,一一仰给于异国;商不知科学,故惟识罔取近利,未来之胜算无容心焉;医不知科学,既不解人身之构造,复不事药性之分析,菌毒传染,更无闻焉,惟知附会五行生克寒热阴阳之说,袭古方以投药饵,其术殆与矢人同科,其想象之最神奇者,莫如"气"之一说,其说且通于力士羽流之术,试遍索宇宙间,诚不知此"气"之果为何物也!凡此无常识之思维,无理由之信仰,欲根治之,厥维科学。夫以科学说明真理,事事求诸证实,较之想象武断之所为,其步度诚缓,然其步步皆踏实地,不若幻想突飞者之终无寸进也。宇宙间之事理无穷,科学领土内之膏腴待辟者,正自广阔,青年勉乎哉!

(原载《青年杂志》第 1 卷第 1 号)

新 青 年

陈独秀

青年何为而云新青年乎？以别夫旧青年也。同一青年也，而新旧之别安在？自年龄言之，新旧青年固无以异；然生理上、心理上，新青年与旧青年，固有绝对之鸿沟，是不可不指陈其大别，以促吾青年之警觉。慎勿以年龄在青年时代，遂妄自以为取得青年之资格也。

自生理言之，白面书生，为吾国青年称美之名词。民族衰微，即坐此病。美其貌，弱其质，全国青年，悉秉蒲柳之资，绝无桓武之态。艰难辛苦，力不能堪。青年堕落，壮无能为。此非吾国今日之现象乎？且青年体弱，又不识卫生，疾病死亡之率，日以加增。浅化之民，势所必至。倘有精确之统计，示以年表，其必惊心怵目也无疑。世界各国青年死亡之病因，德国以结核性为最多；然据一九一二年之统计，较三十年前，减少半数。英国以呼吸器病为最多；据今统计，较之十余年前，减少四分之一。日本青年之死亡，以脑神经系之疾为最多；而最近调查，较十年前，减少六分之一。德之立教，体育殊重，民力大张，数十年来，青年死亡率之锐减，列国无与比伦。英、美、日本之青年，亦皆以强武有力相高：竞舟角力之会，野球远足之游，几无虚日。其重视也，不在读书授业之下。故其青年之壮健活泼，国民之进取有为，良有以也。而我之青年则何如乎？甚者纵欲自戕以促其天年，否亦不过斯斯文文一白面书生耳！年龄虽在青年时代，而身体之强度，已达头童齿豁之期。盈千累万之青年中，求得一面红体壮，若欧美青年之威武陵人者，竟若凤毛麟角。人字吾为东方病夫国，而吾人之少年青年，几无一不在病夫之列。如此民族，将何以图存？吾可爱可敬之青年诸君乎！倘自认为二十世纪之新青年，首应于生理上完成真青年之资格，慎勿以年龄上之伪青年自满也！

更进而一论心理上之新青年何以别夫旧青年乎？充满吾人之神经，填塞吾人之骨髓，虽尸解魂消，焚其骨，扬其灰，用显微镜点点验之，皆各有"做官发财"四大字。做官以张其威，发财以逞其欲。一若做官发财为人生唯一之目的，人间种种善行，凡不利此目的者，一切牺牲之而无所顾惜；人间种种罪恶，凡有利此目的者，一切奉行之而无所忌惮。此等卑劣思维，乃远祖以来历世遗传之缺点（孔门即有干禄之学），与夫社会之恶习，相演而日深。无论若何读书明理之青年，发愤维新之志士，一旦与世周旋，做官发财思想之触发，无不与日俱深。浊流滔滔，虽有健者，莫之能御。人之侮我者，不曰"支那贱种"，即曰"卑劣无耻"。将忍此而终古乎？誓将一雪此耻乎？此责任不得不加诸未尝堕落宅心清白我青年诸君之双肩。彼老者壮者及比诸老者壮者腐败堕落之青年，均无论矣。吾可敬可爱之青年诸君乎！倘自认为二十世纪之新青年，头脑中必斩尽涤绝彼老者壮者及比诸老者壮者腐败堕落诸青年之做官发财思想，精神上别构真实新鲜之信仰，始得谓为新青年而非旧青年，始得谓为真青年而非伪青年。

　　青年之精神界欲求此除旧布新之大革命，第一当明人生归宿问题。人生数十寒暑耳，乐天者荡，厌世者偷，惟知于此可贵之数十寒暑中，量力以求成相当之人物为归宿者得之。准此以行，则不得不内图个性之发展，外图贡献于其群。岁不我与，时不再来；计功之期，屈指可竢。一切未来之责任，毕生之光荣，又皆于此数十寒暑中之青年时代十数寒暑间植其大本。前瞻古人，后念来者，此身将为何如人，自不应仅以做官求荣为归宿也。第二当明人生幸福问题。人之生也，求幸福而避痛苦，乃当然之天则。英人边沁氏，幸福论者之泰斗也。举人生乐事凡十余，而财富之乐居其一；举人生之痛苦亦十余事，而处分财富之难，即列诸拙劣痛苦之内。审是，金钱虽有万能之现象，而幸福与财富，绝不可视为一物也明矣。幸福之为物，既必准快乐与痛苦以为度，又必兼个人与社会以为量。以个人发财主义为幸福主义者，是不知幸福之为何物也。

　　吾青年之于人生幸福问题，应有五种观念：一曰毕生幸福，悉于青年时代造其因；二曰幸福内容，以强健之身体正当之职业称实之名誉为最要，而发财不与焉；三曰不以个人幸福损害国家社会；四曰自身幸福，应以自力造之，不可依赖他人；五曰不以现在暂时之幸福，易将来永久之痛苦。信能识此五者，则幸福之追求，未尝非青年正当之信仰。若夫沉迷于社会家庭之恶习，以发财与幸福并为一谈，则异日立身处世，奢以贼己，贪以贼人，其为害于个人及社会国家者，宁有纪极！

　　夫发财本非恶事，个人及社会之生存与发展，且以生产殖业为重要之条件，惟中国式之发财方法，不出于生产殖业，而出于苟得妄取，甚至以做官为发财之捷径，猎官摸金，铸为国民之常识，为害国家，莫此为甚。发财固非恶事，即做官亦非恶事，幸福更非恶事；惟吾人合做官发财享幸福三者以一贯之精神，遂至大盗遍于国中。人间种种至可恐怖之罪恶多由此造成。国将由此灭,种将由此削。吾可敬可爱之青年!倘留此龌龊思想些微于头脑,则新青年之资格丧失无余;因其精神上之龌龊下流,与彼腐败堕落之旧青年无以异也。

予于国中之老者壮者,与夫比诸老者壮者之青年,无论属何社会,隶何党派,于生理上、心理上,十九怀抱悲观,即自身亦在诅咒之列。幸有一线光明者,时时微闻无数健全洁白之新青年,自绝望销沈中唤予以兴起,用敢作此最后之哀鸣!

(原载《新青年》第2卷第1号)

人 生 真 义

陈独秀

人生在世,究竟为的甚么?究竟应该怎样?这两句话实在难得回答的很。我们若是不能回答这两句话,糊糊涂涂过了一生,岂不是太无意识吗?自古以来,说明这个道理的人也算不少,大概约有数种:第一是宗教家,像那佛教家说,世界本来是个幻象,人生本来无生。"真如"本性为"无明"所迷,才现出一切生灭幻象,一旦"无明"灭,一切生灭幻象都没有了,还有甚么世界,还有甚么人生呢?又像那耶稣教说,人类本是上帝用土造成的,死后仍旧变为泥土。那生在世上信从上帝的,灵魂升天;不信上帝的,便魂归地狱,永无超生的希望。第二是哲学家,像那孔孟一流人物,专以正心、修身、齐家、治国、平天下,做一大道德家、大政治家,为人生最大的目的;又像那老庄的意见,以为万事万物都应当顺应自然,人生知足,便可常乐,万万不可强求;又像那墨翟主张牺牲自己,利益他人为人生义务;又像那杨朱主张尊重自己的意志,不必对他人讲甚么道德;又像那德国人尼采也是主张尊重个人的意志,发挥个人的天才,成功一个大艺术家、大事业家,叫做寻常人以上的"超人",才算是人生目的。甚么仁义道德,都是骗人的说话。第三是科学家,科学家说人类也是自然界一种物质,没有甚么灵魂。生存的时候,一切苦乐善恶,都为物质界自然法则所支配,死后物质分散,另变一种作用,没有联续的记忆和知觉。

这些人所说的道理,各个不同。人生在世,究竟为的甚么,应该怎样呢?我想佛教家所说的话,未免太迂阔。个人的生灭,虽然是幻象,世界人生之全体,能说不是真实存在吗?人生"真如"性中,何以忽然有"无明"呢?既然有了"无明",众生的"无明",何以忽然都能灭尽呢?"无明"既然不灭,一切生灭现象,何以能免呢?一切生灭现象既不能免,吾人人生在世,便要想想究竟为的甚么,应该怎样才是。耶教所说,更是凭空捏造,不能证实的了。上帝能造人类,上帝是何物所造呢?上帝有无,既不能证实,那耶教的人生观,便完全不足相信了。孔孟所说的正心、修身、齐家、治国、平天下,只算是人生一种行为和事业,不能包括人生全体的真义。吾人若是专门牺牲自己，利益他人，乃是为他人而生，不是为自己而生，决非个人生存的根本理由。墨子的思想，也未免太偏了。杨朱和尼采的主张，虽然说破了人生的真相，但照此极端做去，这组织复杂的文明社会，又如何行得过去呢？人生一世，安命知足，事事听其自然，不去强求，自然是快活的很。但是这种快活的幸福，高等动物反不如下等动物，文明社会反不如野蛮社会。我们中国人受了老庄的教训，所以退化到这等地步。科学家说人死没有灵魂，生时一切苦乐善恶，都为物质界自然法则所支配，这几句话倒难以驳他。但是我们个人虽是必死的，全民族是不容易死的，全人类更是不容易死的了。全民族、全人类所创的文明事业，留在世界上，写在历史上，传到后代，这不是我们死后联续的记忆和知觉吗？

照这样看起来，我们现在时代的人所见人生真义，可以明白了。今略举如左：

○ 人生在世，个人是生灭无常的，社会是真实存在的。

○ 社会的文明幸福，是个人造成的，也是个人应该享受的。

○ 社会是个人集成的，除去个人，便没有社会，所以个人的意志和快乐，是应该尊重的。

○ 社会是个人的总寿命，社会解散，个人死后便没有联续的记忆和知觉，所以社会的组织和秩叙，是应该尊重的。

○ 执行意志，满足欲望（自食色以至道德的名誉，都是欲望），是个人生存的根本理由，始终不变的（此处可以说"天不变，道亦不变"）。

○ 一切宗教、法律、道德、政治，不过是维持社会不得已的方法，非个人所以乐生的原意，可以随着时势变更的。

○ 人生幸福，是人生自身出力造成的，非是上帝所赐，也不是听其自然所能成就的。若是上帝所赐，何以厚于今人而薄于古人？若是听其自然所能成就，何以世界各民族的幸福不能够一样呢？

○ 个人之在社会，好像细胞之在人身，生灭无常，新陈代谢，本是理所当然，丝毫不足恐怖。

○ 要享幸福，莫怕痛苦。现在个人的痛苦，有时可以造成未来个人的幸福。譬如有主义的战争所流的血，往往洗去人类或民族的污点；极大的瘟疫，往往促成科学的发达。

总而言之：人生在世，究竟为的甚么？究竟应该怎样？我敢说道：

"个人生存的时候,当努力造成幸福,享受幸福,并且留在社会上,后来的个人也能够享受。递相授受,以至无穷。"

(原载《新青年》第4卷第2号)

不　朽
我的宗教
胡　适

不朽有种种说法，但是总括看来，只有两种说法是真有区别的。一种是把"不朽"解作灵魂不灭的意思，一种就是《春秋左传》上说的"三不朽"。

（一）神不灭论

宗教家往往说灵魂不灭，死后须受末日的裁判：做好事的享受天国天堂的快乐，做恶事的要受地狱的苦痛。这种说法，几千年来不但受了无数愚夫愚妇的迷信，居然还受了许多学者的信仰。但是古今来也有许多学者对于灵魂是否可离形体而存在的问题，不能不发生疑问。最重要的如南北朝人范缜的《神灭论》说："形者神之质，神者形之用……神之于质，犹利之于刀；形之于用，犹刀之利……舍利无刀，舍刀无利。未闻刀没而利存，岂容形亡而神在？"宋朝的司马光也说："形既朽灭，神亦飘散，虽有剉烧舂磨，亦无所施。"但是司马光说的"形既朽灭，神亦飘散"，还不免把形与神看作两件事，不如范缜说的更透彻。范缜说人的神灵即是形体的作用，形体便是神灵的形质。正如刀子是形质，刀子的利钝是作用；有刀子方才有利钝，没有刀子便没有利钝。人有形体方才有作用：这个作用，我们叫做"灵魂"。若没有形体，便没有作用了，便没有灵魂了。范缜这篇《神灭论》出来的时候，惹起了无数人的反对。梁武帝叫了七十几个名士作论驳他，都没有什么真有价值的议论。其中只有沈约的《难神灭论》说："利若遍施四方，则利体无处复立；利之为用正存一边毫毛处耳。神之与形，举体若合，又安得同乎？若以此譬为尽耶，则不尽；若谓本不尽耶，则不可以为譬也。"这一段是说刀是无机体，人是有机体，故不能彼此相比。这话固然有理，但终不能推翻"神者形之用"的议论。近世唯物派的学者也说人的灵魂并不是什么无形体，独立存在的物事，不过是神经作用的总名；灵魂的种种作用都即是脑部各部分的机能作用；

若有某部被损伤,某种作用即时废止;人幼年时脑部不曾完全发达,神灵作用也不能完全,老年人脑部渐渐衰耗,神灵作用也渐渐衰耗。这种议论的大旨,与范缜所说"神者形之用"正相同。但是有许多人总舍不得把灵魂打消了,所以咬住说灵魂另是一种神秘玄妙的物事,并不是神经的作用。这个"神秘玄妙"的物事究竟是什么,他们也说不出来,只觉得总应该有这么一件物事。既是"神秘玄妙",自然不能用科学试验来证明他,也不能用科学试验来驳倒他。既然如此,我们只好用实验主义(Pragmatism)的方法,看这种学说的实际效果如何,以为评判的标准。依此标准看来,信神不灭论的固然也有好人,信神灭论的也未必全是坏人。即如司马光、范缜、赫胥黎一类的人,虽不信灵魂不灭的话,何尝没有高尚的道德?更进一层说,有些人因为迷信天堂、天国、地狱、末日裁判,方才修德行善,这种修行全是自私自利的,也算不得真正道德。总而言之,灵魂灭不灭的问题,于人生行为上实在没有什么重大影响;既没有实际的影响,简直可说是不成问题了。

(二) 三不朽说

《左传》说的三种不朽是:(一)立德的不朽,(二)立功的不朽,(三)立言的不朽。"德"便是个人人格的价值,像墨翟、耶稣一类的人,一生刻意孤行,精诚勇猛,使当时的人敬爱信仰,使千百年后的人想念崇拜。这便是立德的不朽。"功"便是事业,像哥仑布发见美洲,像华盛顿造成美洲共和国,替当时的人开一新天地,替历史开一新纪元,替天下后世的人种下无量幸福的种子。这便是立功的不朽。"言"便是语言著作,像那《诗经》三百篇的许多无名诗人,又像陶潜、杜甫、莎士比亚、易卜生一类的文学家,又像柏拉图、卢骚弥儿一类的哲学家,又像牛敦、达尔文一类的科学家,或是做了几首好诗使千百年后的人欢喜感叹;或是做了几本好戏使当时的人鼓舞感动,使后世的人发愤兴起;或是创出一种新哲学,或是发明了一种新学说,或在当时发生思想的革命,或在后世影响无穷。这便是立言的不朽。总而言之,这种不朽说,不问人死后灵魂能不能存在,只问他的人格、他的事业、他的著作有没有永远存在的价值。即如基督教徒说耶稣是上帝的儿子,他的神灵永永存在,我们正不用驳这种无凭据的神话,只说耶稣的人格、事业和教训都可以不朽,又何必说那些无谓的神话呢?又如孔教会的人每到了孔丘的生日,一定要举行祭孔的典礼,还有些人学那"朝山进香"的法子,要赶到曲阜孔林去对孔丘的神灵表示敬意！其实孔丘的不朽全在他的人格与教训，不在他那"在天之灵"。大总统多行两次丁祭，孔教会多走两次"朝山进香"，就可以使孔丘格外不朽了吗？更进一步说，像那《三百篇》里的诗人，也没有姓名，也没有事实，但是他们都可说是立言的不朽。为什么呢？因为不朽全靠一个人的真价值，并不靠姓名事实的流传，也不靠灵魂的存在。试看古今来的多少大发明家，那发明火的，发明养蚕的，发明缫丝的，发明织布的，发明水车的，发明舂米的水碓的，发明规矩的，发明秤的……虽然姓名不传，事实湮没，但他们的功业永远存在，他们也就都不朽了。这种不朽比那个人的小小灵魂的存在，可不是更可宝贵、更可羡慕吗？况且那灵魂的有无还在不可知之中，这三种不朽——德、功、言——可是实在的。这三种不朽可不是比那灵魂的不灭更靠得住吗？

以上两种不朽论，依我个人看来，不消说得，那"三不朽说"是比那"神不灭说"好得多了。但是那"三不朽说"还有三层缺点，不可不知。第一，照平常的解说看来，那些真能不朽的人只不过那极少数有道德、有功业、有著述的人。还有那无量平常人难道就没有不朽的希望吗？世界上能有几个墨翟、耶稣，几个哥伦布、华盛顿，几个杜甫、陶潜，几个牛敦、达尔文呢？这岂不成了一种"寡头"的不朽论吗？第二，这种不朽论单从积极一方面着想，但没有消极的裁制。那种灵魂的不朽论既说有天国的快乐，又说有地狱的苦楚，是积极、消极两方面都顾着的。如今单说立德可以不朽，不立德又怎样呢？立功可以不朽，有罪恶又怎样呢？第三，这种不朽论所说的"德、功、言"三件，范围都狠含糊。究竟怎样的人格方才可算是"德"呢？怎样的事业方才可算是"功"呢？怎样的著作方才可算是"言"呢？我且举一个例。哥伦布发见美洲固然可算得立了不朽之功，但是他船上的水手、火头又怎样呢？他那只船的造船工人又怎样呢？他船上用的罗盘、器械的制造工人又怎样呢？他所读的书的著作者又怎样呢？……举这一条例，已可见"三不朽"的界限含糊不清了。

因为要补足这三层缺点，所以我想提出第三种不朽论来请大家讨论。我一时想不起别的好名字，姑且称他做"社会的不朽论"。

（三）社会的不朽论

这种不朽论既名为"社会的"，不可不先讲社会的性质。社会是一种有机的组织。凡有机物的生命全靠各部分各有特别的构造机能，同时又互相为用；若一部分离开独立,那部分的生命便要大受损伤;即使能勉强存在,也须受重大的变化。最平常的例就是人的身体。人身的生命,全靠各种机能的作用,但各种机能也没有独立的生命,也都靠全体的生命;没有各种机能,就没有全体,没有全体,也就没有各种机能。这才叫做有机的组织。社会的生命,无论是看纵剖面,是看横截面,都是有机的组织。从纵剖面看来,社会的历史是有机的:前人影响后人,后人又影响更后人;没有我们的祖宗和那无数的古人,又那里有今日的我和你?没有今日的我和你,又那里有将来的后人? 没有那无量数的个人,便没有历史。但是没有历史,那无数的个人也决不是那个样子的个人。总而言之,个人造成历史,历史造成个人。这是纵剖面的社会有机体。从横截面看来,社会的生活也是有机的:个人造成社会,社会造成个人;社会的生活全靠个人分工合作的生活,但个人的生活,无论如何不同,都脱不了社会的影响;若没有那样这样的社会,决不会有这样那样的我和你;若没有无数的我和你,社会也决不是这个样子。这是横截面的社会有机体。

来勃尼慈(Leibnitz)说得好:"这个世界乃是一片大充实(Plenum,为真空Vacuum 之对),其中一切物质都是接连着的。一个大充实里面有一点变动,全部的物质都要受影响,影响的程度与物体距离的远近成正比例。世界也是如此。每一个人不但直接受他身边亲近的人的影响,并且间接又间接的受距离很远的人的影响。所以世间的交互影响,无论距离远近,都受得着的。所以世界上的人,每人受着全世界一切动作的影响。如果他有周知万物的智慧,他可以在每人的身上看出世间一切施为,无论过去、未来都可看得出,在这一个现在里面便有无穷时间、空间的影子。"(见 *Monadoiogy* 第六十一节)这便是有机的世界观。

从这个有机的社会观和有机的世界观上面,便生出我所说的"社会的不朽论"来。我这"社会的不朽论"的大旨是:

> 我这个"小我"不是独立存在的,是和无量数小我有直接或间接的交互关系的,是和社会的全体和世界的全体都有互为影响的关系的,是和社会世界的过去和未来都有因果关系的。种种从前的因,种种现在无数"小我"和无数他种势力所造成的因,都成了我这个"小我"的一部分。我这个"小我",加上了种种从前的因,又加上了种种现在的因,传递下去,又要造成无数将来的"小我"。这种种过去的"小我",和种种现在的"小我",和种种将来无穷的"小我",一代传一代,一点加一滴,一线相传,连绵不断,一水奔流,滔滔不

绝——这便是一个"大我"。"小我"是会消灭的,"大我"是永远不灭的。"小我"是有死的,"大我"是永远不死,永远不朽的。"小我"虽然会死,但是每一个"小我"的一切作为,一切功德罪恶,一切语言行事,无论大小,无论是非,无论善恶,——都永远留存在那个"大我"之中。那个"大我",便是古往今来一切"小我"的纪功碑、彰善祠、罪状判决书、孝子慈孙百世不能改的恶谥法。这个"大我"是永远不朽的,故一切"小我"的事业、人格、一举一动、一言一笑、一个念头、一场功劳、一桩罪过,也都永远不朽。这便是社会的不朽,"大我"的不朽。

那边"一座低低的土墙,遮着一个弹三弦的人"。那三弦的声浪,在空间起了无数波澜;那被冲动的空气质点,直接间接冲动无数旁的空气质点;这种波澜,由近而远,至于无穷空间;由现在而将来,由此刹那以至于无量刹那,至于无穷时间。这已是不灭不朽了。那时间,那"低低的土墙"外边来了一位诗人,听见那三弦的声音,忽然起了一个念头;由这一个念头,就成了一首好诗;这首好诗传诵了许多;人人读了这诗,各起种种念头;由这种种念头,更发生无量数的念头,更发生无数的动作,以至于无穷。然而那"低低的土墙"里面那个弹三弦的人又如何知道他所发生的影响呢?

一个生肺病的人在路上偶然吐了一口痰。那口痰被太阳晒干了,化为微尘,被风吹起空中,东西飘散,渐吹渐远,至于无穷时间,至于无穷空间。偶然一部分的病菌被体弱的人呼吸进去,便发生肺病,由他一身传染一家,更由一家传染无数人家。如此展转传染,至于无穷空间,至于无穷时间。然而那先前吐痰的人的骨头早已腐烂了,他又如何知道他所种的恶果呢?

一千五六百年前有一个人叫做范缜说了几句话道:"神之于形,犹利之于刀;未闻刀没而利存,岂容形亡而神在?"这几句话在当时受了无数人的攻击。到了宋朝有个司马光把这几句话记在他的《资治通鉴》里。一千五六百年之后,有一个十一岁的小孩子——就是我——看《通鉴》到这几句话,心里受了一大感动,后来便影响了他半生的思想行事。然而那说话的范缜早已死了一千五百年了!

二千六七百年前,在印度地方有一个穷人病死了,没人收尸,尸首暴露在路上,已腐烂了。那边来了一辆车,车上坐着一个王太子,看见了这个腐烂发臭的死人,心中起了一念;由这一念,展转发生无数念。后来那位王太子把王位也抛了,富贵也抛了,父母妻子也抛了,独自去寻思一个解脱生老病死的方法。后来这位王子便成了一个教主,创了一种哲学的宗教,感化了无数人。他的影响势力至今还在;将来即使他的宗教全灭了,他的影响势力终久还存在,以至于无穷。这可是那腐烂发臭的路毙所曾梦想到的吗?

以上不过是略举几件事,说明上文说的"社会的不朽""大我的不朽"。这种不朽论,总而言之,只是说个人的一切功德罪恶,一切言语行事,无论大小好坏,——都留下一些影响在那个"大我"之中,——都与这永远不朽的"大我"一同永远不朽。

上文我批评那"三不朽论"的三层缺点:(一)只限于极少数的人,(二)没有消极的裁制,(三)所说"功、德、言"的范围太含糊了。如今所说"社会的不朽",其实只是把那"三不朽论"的范围更推广了。既然不论事业功德的大小,一切都可不朽,那第一、第二两层短处都没有了。冠绝古今的道德功业固可以不朽,那极平常的"庸言庸行",油盐柴米的琐屑,愚夫愚妇的细事,一言一笑的微细,也都永远不朽。那发见美洲的哥仑布固可以不朽,那些和他同行的水手火头、造船的工人、造罗盘器械的工人,供给他粮食衣服银钱的人,他所读的书的著作家,生他的父母,生他父母的父母祖宗,以及生育、训练那些工人、商人的父母祖宗,以及他以前和同时的社会……都永远不朽。社会是有机的组织,那英雄伟人可以不朽,那挑水的、烧饭的,甚至于浴堂里替你擦背的,甚至于每天替你家掏粪倒马桶的,也都永远不朽。至于那第二层缺点,也可免去。如今说立德不朽,行恶也不朽;立功不朽,犯罪也不朽;"流芳百世"不朽,"遗臭万年"也不朽;功德盖世因是不朽的善因,吐一口痰也有不朽的恶果。我的朋友李守常先生说得好:"稍一失脚,必致遗留层层罪恶种子于未来无量的人——即未来无量的我——永不能消除,永不能忏悔。"这就是消极的裁制了。

中国儒家的宗教提出一个父母的观念和一个祖先的观念,来做人生一切行为的裁制力。所以说,"一出言而不敢忘父母,一举足而不敢忘父母"。父母死后,又用丧礼祭礼等等见神见鬼的方法,时刻提醒这种人生行为的裁制力。所以又说,"斋明盛服,以承祭祀,洋洋乎如在其上,如在其左右"。又说,"斋三日,则见其所为斋者;祭之日,入室,僾然必有见乎其位;周还出户,肃然必有闻乎其容声;出户而听,忾然必有闻乎其叹息之声"。这都是"神道设教",见神见鬼的手段。这种宗教的手段在今日是不中用了。还有那种"默示"的宗教,神权的宗教,崇拜偶像的宗教,在我们心里也不能发生效力,不能裁制我们一生的行为。以我个人看来,这种"社会的不朽"观念很可以做我的宗教了。我的宗教的教旨是:

我这个现在的"小我",对于那永远不朽的"大我"的无穷过去,须负重大的责任,对于那永远不朽的"大我"的无穷未来,也须负重大的责任。我须要时时想着,我应该如何努力利用现在的"小我",方才可以不孤负了那"大我"的无穷过去,方才可以不遗害那"大我"的无穷未来?

民国八年二月十九日稿

(附注)这一篇和本志四卷二号陈独秀先生的《人生真义》,陶孟和先生的《新青年之新道德》,四卷四号李守常先生的《"今"》大旨都相同。这四篇差不多可算是代表《新青年》的人生观的文字,读者可以参看。(适)

(原载《新青年》第6卷第2号)

新青年之新道德

陶履恭

人心浇薄，世俗窳败，君子道消，小人道长，其他类此之言辞种种，要皆当世之人对于今日社会之批评也。而所谓当世之人，观乎吾群滥污不可收拾之状态，充其极量，亦不过怆焉忧愤，惕然危惧，疾首蹙额，长吁短叹而已。及夷考其行，其能奋发自强，振拔流俗者，吾诚不数数观。而众生之大多数，固犹攘攘熙熙，醉生梦死，日惟沈湎于吃喝嫖赌之中，征逐于功名利禄之场。即其嘲骂社会，睥睨群氓，要亦不过述人云亦云之口头禅而已。

社会非他，不外个人与个人之关系，总括而成。此旨吾已殚述（见本志第三卷内），于今无俟复赘。故社会之腐败，要在个人与个人之关系。有所未当，个人不得辞其咎。风俗之浇漓，端在个人与个人之交涉，有失其正，个人未能卸其责。凡社会状态之所呈，吾人可以善恶、良窳、进退、文野，诸形容词加之者，莫不肇端于个人之行为，原因于个人之努力。吾兹所谓个人，非谓自身以外之个人，即吾亦在其中；非谓莫须有之个人，凡吾人日常所直接间接接触者，亦莫不在其中。而深考社会情状，则人既同居于地球之上，不问男女老幼之别，未有不直接间接相接触者也。先贤以修身为群治之大本，谓"身修而后家齐，家齐而后国治，国治而后天下平"，与兹所说，其理正同。今人不察，以为一己之行为，无所重轻，而独超然脱离于社会之外之上，肆为谩骂批评。不自省察，果否无辜于人群，无辜于国体，而竟臧否社会。不思克己修身，而惟社会之是责，他人之是谤。则其诋评社会，又何以异于诋评一己？如斯之人，耶教之所谓伪君子伪信者（Hypocrite）也，则其口头禅之批评，夫复奚贵。

然则吾人苟有所不满于今之社会，移风易俗，化弊为良，其责任端在吾各人之身。吾人之行为举动，凡有影响于吾以外之人者，莫非多少有移化社会之势力。故必慎必戒，谨恪将事，以期无负于人，无罪于社会，然后更进而抉社会之弊害，除社会之积毒。兹数语者，绝似老生常谭，尽人能道之。然吾谓必明乎新道德之性质者，乃足以语此；必明乎新道德之势力者，乃能深信此语而不疑；必履行新道德者,乃能识此语之真价值。

一、新道德乃创造的

　　新道德所以别乎旧道德而言,范围畸广,包括人生活动之各方面。若语其详,则绝非此短篇所能罄述。然新道德最要之一特点,即为创造的,而非已成就的。吾人每日之行为,皆前之所无,前之所未现,以吾之种种运动,然后出现者也。如此文本昔之所无,以吾之凝思运笔而使之有;吾之演说,本昔之所不闻,以吾之发作声浪而使之闻,更撮录成文而使之存。由是观之,吾人之活动种种,凡可以发诸外者,无往而非创造的。吾人一生直迄于最末之一息,实创造不绝者也。特以吾人惯于创造,遂不自觉为创造耳。人生斯世,既假以创造之机会,其责任之艰巨为何如?举手投足,发言为文,苟触及于吾以外之人,咸有无穷之影响,岂可以苟且出之?世人动辄苛于责人而薄于责己:一己有过,则以为无足重轻,掩饰其非;他人有过,则以为众所观听,盛言其罪。吾以为自新道德之方面观之,则每种行为,尽属创造,初不必问其出自谁某。贩夫走卒,学士大夫,其为创造一也;其所负道德上之责任,初不问其身分性别而有所轩轾也。奈何轻视一己,而不审慎思行,以期创造大善乎?

二、新道德乃进取的

　　吾人之行为,即属创造的,同时必且为积极的进取的。人之修炼德行,戒恶习,却癖好,洁身持己,无损于人,表面上固已善矣。昔学究先生修养功夫,多能达此程度。然此与不雕木塑之偶像又何以异?居今日之世界,人绝不能仅止于不为恶,必且进至于使罪恶减杀;绝不能止于修养一己,必且更进于修养己以外之人;不特止于己所不欲勿施于人,必更进至施己之所欲于己以外之人。盖创造之精神,即寓进取之意也。且社会之成,既成于个人与个人之关系,则社会之进善,岂可仅止于无关系,必且创造关系,特创造良善之关系。学究先生以为洁身自好,即世上少一恶人,而对于罪恶之猖獗,凶暴之横行,惟有咨嗟太息,悲叹世运之衰而已。未闻有崛起而锄恶驱暴者也;也未闻有自退缩之地位,而思积极进取者也。此吾所以不满意于学究先生之道德,以为充其极,不过为静止的、消极的、乏生命的。其所成就,不过道德生命之半途,犹未能企及其最重要之部分也。

王阳明之知行合一,基督之道德进取,咸存新道德之精神,而新青年所当取法者也。

三、新道德需用智识

道德之行为,视作者之知识程度如何,可大别为二种:或知其为善而为之,或不知其为善而为之。村氓无知,不罹法网,不造罪恶,是不知善而为之也。都市之民,智巧远胜于村氓,而犹能安分守己,谋公利、进公善,是知善而为之也。二者之中,吾取后者。吾以为将来之国家、将来之社会,必尽使人民知善而为之,乃能成完善之社会,完善之国家。盖行为其物,原有俟于其人之知识。知识低,则其所见者迩、所见者狭,不能审察其行为各方面之影响结果。即使所行为善,要亦不过为盲目之行动,机械的模范他人、模拟社会而已,要亦无足大贵。然试察社会之中,蚩蚩之民,孰非被社会之暗示,局于礼、迫于法,然后有所不为有所不敢为耶?教育高,知识富,则人之所见者远而阔,能周瞩情势,详审利害。故其行为为自觉的、为自动的,不以社会习俗为准绳,不为腐旧礼法所拘囿。道德之进化,社会之革新,端赖此类之人。易言以明之,知识可以为道德之方法,世固有假新获得之知识以争权夺利,戕贼同胞者矣。无他,其方法用之未得其正也。近世欧美之进步,若民政政治、劳动保护、工业革新,何莫非利用新知识以进道德,采取新知识以救济社会上、政治上、经济上诸般固有之罪恶耶?

　　(附注)吾国讲因果报应者,谓有心为善,虽善不赏。此说之是非,要视"有心"二字作如何解释。若谓"有心"为希冀死后来生之幸福,则其行为为洁一己之利,不能称为道德的。此犹耶教徒之有所畏于地狱之火焰,而不敢悖上帝之意旨也。若谓有心为善,为知善而为之,则其行为可称为道德的。总之,道德的行为,必据一己之知识心思,以为裁夺,然后行之,而又绝不能以一己之利害为前提者也。

元旦后五日稿

(原载《新青年》第 4 卷第 2 号)

吾人最后之觉悟

陈独秀

人之生也必有死,固非为死而生,亦未可漠然断之曰为生而生。人之动作,必有其的,其生也亦然,洞明此的,斯真吾人最后之觉悟也。世界一切哲学宗教,皆缘欲达此觉悟而起,兹之所论,非其伦也。兹所谓最后之觉悟者,吾人生聚于世界之一隅,历数千年至于今日,国力文明,果居何等?易词言之,即盱衡内外之大势,吾国吾民,果居何等地位,应取何等动作也?故于发论之先,申立言之旨,为读者珍重告焉。

吾华国于亚洲之东,为世界古国之一,开化日久。环吾境者皆小蛮夷,闭户自大之局成。而一切学术政教,悉自为风气,不知其他。魏晋以还,象教流入,朝野士夫,略开异见。然印土自己不振,且其说为出世之宗,故未能使华民根本不变,资生事之所需也。其足使吾人生活状态变迁,而日趋觉悟之途者,其欧化之输入乎?欧洲输入之文化,与吾华固有之文化,其根本性质极端相反。数百年来,吾国扰攘不安之象,其由此两种文化相触接相冲突者,盖十居八九。凡经一次冲突,国民即受一次觉悟,惟吾人惰性过强,旋觉旋迷,甚至愈觉愈迷,昏瞆糊涂。至于今日,综计过境,略分七期。第一期在有明之中叶。西教西器初入中国,知之者乃极少数之人,亦复惊为河汉,信之者惟徐光启一人而已。第二期在清之初世。火器历法见纳于清帝,朝野旧儒群起非之,是为中国新旧相争之始。第三期在清之中世。鸦片战争以还,西洋武力震惊中土,情见势绌,互市局成,曾李当国,相继提倡西洋制械练兵之术,于是洋务、西学之名词,发现于朝野。当时所争者,在朝则为铁路非铁路问题,在野则为地圆动地非圆不动问题。今之童稚皆可解决者,而当时之顽固士大夫,奋笔鼓舌,哓哓不已,咸以息邪说正人心之圣贤自命,其睡眠无知之状态,当世必觉其可恶,后世只觉其可怜耳。第四期在清之末季。甲午之役军破国削,举国上中社会大梦初觉,稍有知识者,多承认富强之策,虽圣人所不废。康梁诸人,乘时进以变法之说,耸动国人,守旧党尼之,遂有戊戌之变,沈梦复酣,暗云满布,守旧之见趋于极端,遂积成庚子之役,虽国几不国,而旧势力顿失凭依,新思想渐拓领土,遂由行政制度问题,一折而入政治根本问题。第五期在民国初元。甲午以还,新旧之所争论,康梁之所提倡,皆不越行政制度良否问题之范围,而于政治根本问题,去之尚远。当世所诧为新奇者,其实至为肤浅,顽固党当国,并此肤浅者而亦抑之,遂激动一部分优秀国民,渐生政治根本问题之觉悟,进而为民主、共和、君主立宪之讨论。辛亥之役,共和告成,昔日仇视新政之君臣,欲求高坐庙堂从容变法而不可得矣。第六期则今兹之战役也。三年以来,吾人于共和国体之下,备受专制政治之痛苦。自经此次之实验,国中贤者,宝爱共和之心,因以勃发,厌弃专制之心,因以明确,吾人拜赐于执政,可谓没齿不忘者矣。然自今以往,共和国体,果能巩固无虞乎？立宪政治,果能施行无阻乎？以予观之,此等政治根本解决问题,犹待吾人最后之觉悟。此谓之第七期,民国宪法实行时代。

今兹之役,可谓为新旧思潮之大激战,浅见者咸以吾人最后之觉悟期之,而不知尚难实现也。何以言之？今之所谓共和所谓立宪者,乃少数政党之主张,多数国民不见有若何切身利害之感而有所取舍也。盖多数人之觉悟,少数人可为先导,而不可为代庖,共和立宪之大业,少数人可主张,而未可实现。人类进化,恒有轨辙可寻,故予于今兹之战役,固不容怀悲观而取卑劣之消极态度,复不敢怀乐观而谓可踌躇满志也。故吾曰此等政治根本解决问题,不得不待诸第七期吾人最后之觉悟。此觉悟维何？请为我青年国民珍重陈之。

(一) 政治的觉悟

吾国专制日久,惟官令是从,人民除纳税诉讼外,与政府无交涉,国家何物,政治何事,所不知也。积成今日国家危殆之势。而一般商民,犹以为干预政治,非分内之事,国政变迁,悉委诸政府及党人之手,自身取中立态度,若观对岸之火,不知国家为人民公产,人类为政治动物。斯言也,欧美国民多知之,此其所以莫敢侮之也。是为吾人政治的觉悟之第一步。吾人既未能置身政治潮流以外,则开宗明义之第一章,即为决择政体良否问题。古今万国,政体不齐,治乱各别,其拨乱为治者,罔不舍旧谋新,由专制政治趋于自由政治,由个人政治趋于国民政治,由官僚政治趋于自治政治。此所谓立宪制之潮流,此所谓世界系之轨道也。吾国既不克闭关自守,即万无越此轨道逆此潮流之理。进化公例,适者生存,凡不能应四周情况之需求而自处于适宜之境者,当然不免于灭亡,日之与韩,殷鉴不远。吾国欲图世界的生存,必弃数千年相传之官僚的专制的个人政治,而易以自由的自治的国民政治也。是为吾人政治的觉悟之第二步。所谓立宪政体,所谓国民政治,果能实现与否,纯然以多数国民能否对于政治,自觉其居于主人的主动的地位为唯一根本之条件。自居于主人的主动的地位,则应自进而建设政府,自立法度而自服从之,自定权利而自尊重之。倘立宪政治之主动地位属于政府而不属于人民,不独宪法乃一纸空文,无永久厉行之保障,且宪法上之自由权利,人民将视为不足重轻之物,而不以生命拥护之,则立宪政治之精神已完全丧失矣。是以立宪政治而不出于多数国民之自觉,多数国民之自动,惟日仰望善良政府、贤人政治,其卑屈陋劣,与奴隶之希冀主恩,小民之希冀圣君贤相施行仁政无以异也。古之人希冀圣君贤相施行仁政,今之人希冀伟人大老建设共和宪政,其卑屈陋劣亦无以异也。夫伟人大老,亦国民一分子,其欲建设共和宪政,岂吾之所否拒?第以共和宪政,非政府所能赐予,非一党一派人所能主持,更非一二伟人大老所能负之而趋。共和立宪而不出于多数国民之自觉与自动,皆伪共和也、伪立宪也,政治之装饰品也,与欧美各国之共和立宪绝非一物,以其于多数国民之思想人格无变更,与多数国民之利害休戚无切身之观感也。是为吾人政治的觉悟之第三步。

(二) 伦理的觉悟

伦理思想影响于政治,各国皆然,吾华尤甚。儒者三纲之说,为吾伦理政治之大原,共贯同条,莫可偏废。三纲之根本义,阶级制度是也。所谓名教所谓礼教,皆以拥护此别尊卑、明贵贱制度者也。近世西洋之道德政治,乃以自由、平等、独立之说为大原,与阶级制度极端相反。此东西文明之一大分水岭也。吾人果欲于政治上采用共和立宪制,复欲于伦理上保守纲常阶级制,以收新旧调和之效,自家冲撞,此绝对不可能之事。盖共和立宪制,以独立、平等、自由为原则,与纲常阶级制为绝对不可相容之物,存其一必废其一。倘于政治否认专制,于家族社会仍保守旧有之特权,则法律上权利平等、经济上独立生产之原则破坏无余,焉有并行之余地?自西洋文明输入吾国,最初促吾人之觉悟者为学术,相形见绌,举国所知矣。其次为政治,年来政象所证明,已有不克守缺抱残之势。继今以往,国人所怀疑莫决者,当为伦理问题。此而不能觉悟,则前之所谓觉悟者,非彻底之觉悟,盖犹在惝恍迷离之境。吾敢断言曰:伦理的觉悟,为吾人最后觉悟之最后觉悟。

(原载《青年杂志》第 1 卷第 6 号)

延伸阅读：

1. 高一涵：《自治与自由》，《青年杂志》第1卷第5号。
2. 易白沙：《我》，《青年杂志》第1卷第5号。
3. 陈独秀：《我之爱国主义》，《新青年》第2卷第2号。
4. 陈独秀：《〈科学与人生观〉序》，《新青年》季刊第2期。
5. 陈独秀：《答张君劢及梁任公》，《新青年》季刊第3期。
6. 陈独秀：《今日之教育方针》，《青年杂志》第1卷第2号。
7. 高一涵：《共和国家与青年之自觉》，《青年杂志》第1卷第1—3号。
8. 李亦民：《人生唯一之目的》，《青年杂志》第1卷第2号。
9. 陈独秀：《抵抗力》，《青年杂志》第1卷第3号。
10. 高一涵：《国家非人生之归宿论》，《青年杂志》第1卷第4号。
11. 高语罕：《青年与国家之前途》，《青年杂志》第1卷第5号。
12. 李大钊：《青春》，《新青年》第2卷第1号。
13. 高一涵：《乐利主义与人生》，《新青年》第2卷第1号。
14. 李大钊：《青年与老人》，《新青年》第3卷第2号。
15. 李大钊：《"今"》，《新青年》第4卷第4号。
16. 陈独秀：《新教育是什么》，《新青年》第8卷第6号。

第二章
《新青年》高举科学、民主的旗帜

《新青年》杂志创办以后,对"科学"与"民主"的宣传成为其主要内容。最早在《新青年》杂志的发刊词《敬告青年》一文中,陈独秀就提出了"国人而欲脱蒙昧时代,羞为浅化之民也,则急起直追,当以科学与人权并重"的口号,实际上就是提倡科学与民主。之后,该杂志又发表了大量文章,宣传"德先生"与"赛先生",并将批判的矛头直指封建思想与独裁专制。在《新青年》杂志的大力宣传下,"科学"与"民主"思想贯穿了整个五四时代。

《新青年》杂志将"科学"与"民主"比作"车的两轮,鸟的两翼",认为在中国现代化的道路上,此二者废一而不可。《新青年》同仁之所以对"科学"与"民主"及其关系如此看重,主要还是他们有着对中西文明发展史的深刻体认。在"新青年"同仁那里,西方近代文明的发生与发展,或是说现代性的演进,都是"科学"基础上的产物,而"人权"观念的落实也是"科学"观念的具体体现。他们认为在传统中国,科学被置于一个极为偏僻的角落。"我们中国人底脑子被几千年底文学、哲学闹得发昏,此时简直可以说没有科学的头脑和兴趣了。平常人不用说,就是习科学的人只是书架上放了几本科学书,书房里书桌上很少陈设着化学药品或机械工具。无论什么学校里都是国文、外国语、历史、地理底功课占了最大部分,出版界更是不用说了。更进一步说,不但中国,合全世界说,现在只应该专门研究科学,已经不是空谈哲学的时代了。"而对于数千年封建专制的中国来说,"民主"概念更是毫无踪迹可寻。所以《新青年》杂志无论是在推动文学革命、社会革命或是后期对马克思主义的宣传等一系列行动中,都将民主与科学奉为行动指南。对民主和科学的宣传,贯穿《新青年》杂志始终。

自从陈独秀将"德先生"与"赛先生"的概念提出后,《新青年》杂志的编辑们虽然曾在谈与不谈政治的问题上进行喋喋不休的争论,也曾在"标点符号""直排横行"问题上各执一词,甚至在最后关头由于经济利益而在"金牌杂志"的北上与南下问题上闹得不欢而散,但在维护"德先生"和"赛先生"的尊严这一点上却始终义无反顾、保持一致。在传统势力的重压之下,《新青年》同仁们始终奋力擎着这两面大旗,"西洋人因为拥护德、赛两先生,闹了多少事,流了多少血,德、赛两先生才渐渐从黑暗中把他们救出,引到光明世界。我们现在认定只有这两位先生,可以救治中国政治上、道德上、学术上、思想上一切的黑暗。若因为拥护这两位先生,一切政府的迫压,社会的攻击笑骂,就是断头流血,都不推辞"。无论是陈独秀、李大钊,还是蔡元培、鲁迅,抑或胡适、周作人,他们都为"德先生"和"赛先生"的到来"狠打了几次硬仗"。

以美育代宗教说

在北京神州学会演讲

蔡孑民

兄弟于学问界未曾为系统的研究,在学会中本无可以表示之意见。惟既承学会诸君子责以讲演,则以无可如何中,择一于我国有研究价值之问题,为到会诸君一言,即"以美育代宗教"之说是也。

夫宗教之为物,在彼欧西各国已为过去问题。盖宗教之内容,现皆经学者以科学的研究解决之矣。吾人游历欧洲,虽见教堂棋布,一般人民亦多入堂礼拜,此则一种历史上之习惯。譬如前清时代之袍褂,在民国本不适用,然因其存积甚多,毁之可惜,则定为乙种礼服而沿用之,未尝不可。又如祝寿、会葬之仪,在学理上了无价值,然戚友中既以请帖、讣闻相招,势能不循例参加,借通情愫。欧人之沿习宗教仪式,亦犹是耳。所可怪者,我中国既无欧人此种特别之习惯,乃以彼邦过去之事实作为新知,竟有多人提出讨论。此则由于留学外国之学生,见彼国社会之进化,而误听教士之言,一切归功于宗教,遂欲以基督教劝导国人。而一部分之沿习旧思想者,则承前说而稍变之,以孔子为我国之基督,遂欲组织孔教,奔走呼号,视为今日重要问题。

自兄弟观之,宗教之原始,不外因吾人精神之作用构成。吾人精神上之作用,普通分为三种:一曰智识,二曰意志,三曰感情。最早之宗教,常兼此三作用而有之。盖以吾人当未开化时代,脑力简单,视吾人一身与世界万物,均为一种不可思议之事。生自何来?死将何往?创造之者何人?管理之者何术?凡此种种皆当时之人所提出之问题,以求解答者也。于是有宗教家勉强解答之。如基督教推本于上帝,印度旧教则归之梵天,我国神话则归之盘古,其他各种现象,亦皆以神道为惟一之理由。此知识作用之附丽于宗教者也。且吾人生而有生存之欲望,由此欲望而发生一种利己之心。其初以为非损人不能利己,故恃强凌弱,掠夺攫取之事,所在多有。其后经验稍多,知利人之不可少,于是有宗教家提倡利他主义。此意志作用之附丽于宗教者也。又如跳舞、唱歌,虽野蛮人亦皆乐此不疲。而对于居室、雕刻、图画等事，虽石器时代之遗迹，皆足以考见其爱美之思想。此皆人情之常，而宗教家利用之以为诱人信仰之方法。于是未开化人之美术，无一不与宗教相关联。此又情感作用之附丽于宗教者也。天演之例，由浑而画。当时精神作用，至为浑沌，遂结合而为宗教。又并无他种学术与之对，故宗教在社会上遂具有特别之势力焉。

迨后社会文化日渐进步，科学发达，学者遂举古人所谓不可思议者，皆一一解释之以科学。日星之现象，地球之缘起，动植物之分布，人种之差别，皆得以理化、博物、人种、古物诸科学证明之。而宗教家所谓吾人为上帝所创造者，从生物进化论观之，吾人最初之始祖，实为一种极小之动物，后始日渐进化为人耳。此知识作用离宗教而独立之证也。宗教家对于人群之规则，以为神之所定，可以永远不变。然希腊诡辩家，因巡游各地之故，知各民族之所谓道德，往往互相抵触，已怀疑于一成不变之原则。

近世学者据生理学、心理学、社会学之公例，以应用于伦理，则知具体之道德不能不随时随地而变迁，而道德之原理，则可由种种不同之具体者而归纳以得之，而宗教家之演绎法，全不适用。此意志作用离宗教而独立之证也。知识、意志两作用，既皆脱离宗教以外，于是宗教所最有密切关系者，惟有情感作用，即所谓美感。凡宗教之建筑，多择山水最胜之处，吾国人所谓天下名山僧占多，即其例也。其间恒有古木名花，传播于诗人之笔，是皆利用自然之美以感人者。其建筑也，恒有峻秀之塔，崇闳幽邃之殿堂，饰以精致之造像，瑰丽之壁画，构成黯淡之光线，佐以微妙之音乐。赞美者必有著名之歌词，演说者必有雄辩之素养，凡此种种皆为美术作用，故能引人入胜。苟举以上种种设施而屏弃之，恐无能为役矣。

然而美术之进化史，实亦有脱离宗教之趋势。例如吾国南北朝著名之建筑，则伽蓝耳。其雕刻，则造像耳。图画，则佛像及地狱变相之属为多。文学之一部分，亦与佛教为缘。而唐以后诗文，遂多以风景人情世事为对象。宋元以后之图画，多写山水花鸟等自然之美。周以前之鼎彝，皆用诸祭祀。汉唐之吉金，宋元以来之名瓷，则专供把玩。野蛮时代之跳舞，专以娱神，而今则以之自娱。欧洲中古时代留遗之建筑，其最著者率为教堂。其雕刻图画之资料，多取诸新旧约。其音乐，则附丽于赞美歌。其演剧，亦排演耶稣故事，与我国旧剧《目莲救母》相类。

及文艺复兴以后，各种美术渐离宗教而尚人文。至于今日，宏丽之建筑多为学校、剧院、博物院。而新设之教堂,有美学上价值者,几无可指数。其他美术,亦多取资于自然现象及社会状态。于是以美育论,已有与宗教分合之两派。以此两派相较,美育之附丽于宗教者,常受宗教之累,失其陶养之作用,而转以激刺感情。盖无论何等宗教,无不有扩张己教攻击异教者之条件,回教之谟罕默德,左手持《可兰经》,而右手持剑,不从其教者杀之。基督教与回教冲突,而有十字军之战,几及百年。基督教中又有新旧教之战,亦亘数十年之久。至佛教之圆通,非他教所能及。而学佛者苟有拘牵教义之成见,则崇拜舍利受持经忏之陋习,虽通人亦肯为之。甚至为护法起见,不惜于共和时代,附和帝制。宗教之为累,一至于此,皆激刺感情之作用为之也。

鉴激刺感情之弊,而专尚陶养感情之术,则莫如舍宗教而易以纯粹之美育。纯粹之美育,所以陶养吾人之感情,使有高尚纯洁之习惯,而使人我之见、利己损人之思念,以渐消沮者也。盖以美为普遍性,决无人我差别之见能参入其中。食物之入我口者,不能兼果他人之腹;衣服之在我身者,不能兼供他人之温,以其非普遍性也。美则不然。即如北京左近之西山,我游之,人亦游之;我无损于人,人亦无损于我也。隔千里兮共明月,我与人均不得而私之。中央公园之花石,农事试验场之水木,人人得而赏之。埃及之金字塔、希腊之神祠、罗马之剧场,瞻望赏叹者若干人,且历若干年,而价值如故。各国之博物院,无不公开者,即私人收藏之珍品,亦时供同志之赏览。各地方之音乐会、演剧场,均以容多数人为快。所谓独乐乐不如人乐乐,与寡乐乐不如与众乐乐,以齐宣王之惛,尚能承认之,美之为普遍性可知矣。且美之批评,虽间亦因人而异,然不曰是于我为美,而曰是为美,是亦以普遍性为标准之一证也。

美以普遍性之故,不复有人我之关系,遂亦不能有利害之关系。马牛,人之所利用者,而戴嵩所画之牛,韩幹所画之马,决无对之而作服乘之想者。狮虎,人之所畏也,而芦沟桥之石狮,神虎桥之石虎,决无对之而生搏噬之恐者。植物之花,所以成实也,而吾人赏花,决非作果实可食之想。善歌之鸟,恒非食品。灿烂之蛇,多含毒液。而以审美之观念对之,其价值自若。美色,人之所好也,对希腊之裸像,决不敢作龙阳之想。对拉飞尔若鲁滨司之裸体画,决不致有周昉秘戏图之想。盖美之超绝实际也如是。且于普通之美以外,就特别之美而观察之,则其义益显。例如崇闳之美,有至大、至刚两种。至大者如吾人在大海中,惟见天水相连,茫无涯涘。又如夜中仰数恒星,知一星为一世界,而不能得其止境,顿觉吾身之小虽微尘不足以喻,而不知何者为所有,其至刚者,如疾风震霆、覆舟倾屋、洪水横流、火山喷薄,虽拔山盖世之气力,亦无所施,而不知何者为好胜。夫所谓大也、刚也,皆对待之名也。今既自以为无大之可言,无刚之可恃,则且忽然超出乎对待之境,而与前所谓至大至刚者脗合而为一体,其愉快遂无限量。

当斯时也,又岂尚有利害得丧之见能参入其间耶!其他美育中如悲剧之美,以其能破除吾人贪恋幸福之思想。小雅之怨悱,屈子之离忧,均能特别感人。《西厢记》若终于崔张团圆,则平淡无奇,惟如原本之终于草桥一梦,始足发人深省。《石头记》若如《红楼后梦》等,必使宝黛成婚,则此书可以不作。原本之所以动人者,正以宝黛之结果一死一亡,与吾人之所谓幸福全然相反也。又如滑稽之美,以不与事实相应为条件。如人物之状态,各部分互有比例。而滑稽画中之人物,则故使一部分特别长大或特别短小。作诗则故为不谐之声调,用字则取资于同音异义者。方朔割肉以遗细君,不自责而反自夸。优旃谏漆城,不言其无益,而反谓漆城荡荡寇来不得上,皆与实际不相容,故令人失笑耳。要之美学之中,其大别为都丽之美、崇闳之美(日本人译言优美、壮美)。而附丽于崇闳之悲剧,附丽于都丽之滑稽,皆足以破人我之见,去利害得失之计较,则其所以陶养性灵,使之日进于高尚者,固已足矣。又何取乎侈言阴骘,攻击异派之宗教,以激刺人心,而使之渐丧其纯粹之美感为耶。

(原载《新青年》第 3 卷第 6 号)

本志罪案之答辩书

陈独秀

本志经过三年，发行已满三十册；所说的都是极平常的话，社会上却大惊小怪，八面非难，那旧人物是不用说了，就是咭咭叫的青年学生，也把《新青年》看作一种邪说，怪物，离经叛道的异端，非圣无法的叛逆。本志同人，实在是惭愧得很；对于吾国革新的希望，不禁抱了无限悲观。

社会上非难本志的人，约分为二种：一是爱护本志的，一是反对本志的。这第一种人对于本志的主张，原有几分赞成，惟看见本志上偶然指斥那世界公认的废物，便不必细说理由，措词又未装出绅士的腔调，恐怕本志因此在社会上减了信用。系这种反对，本志同人，是应该感谢他们的好意。

这第二种人对于本志的主张，是根本上立在反对的地位了。他们所非难本志的，无非是破坏孔教，破坏礼法，破坏国粹，破坏贞节，破坏旧伦理（忠、孝、节），破坏旧艺术（中国戏），破坏旧宗教（鬼神），破坏旧文学，破坏旧政治（特权、人治），这几条罪案。

这几条罪案，本社同人当然直认不讳。但是追本溯源，本志同人本来无罪，只因为拥护那德英克拉西（Democracy）和赛因斯（Science）两位先生，才犯了这几条滔天的大罪。要拥护那德先生，便不得不反对孔教、礼法、贞节、旧伦理、旧政治；要拥护那赛先生，便不得不反对旧艺术、旧宗教；要拥护德先生又要拥护赛先生，便不得不反对国粹和旧文学。大家平心细想，本志除了拥护德、赛两先生之外，还有别项罪案没有呢？若是没有，请你们不用专门非难本志，要有气力有胆量来反对德、赛两先生，才算是好汉，才算是根本的办法。

社会上最反对的，是钱玄同先生废汉文的主张。钱先生是中国文字音韵学的专家，岂不知道语言文字自然进化的道理（我以为只有这一个理由可以反对钱先生）？他只因为自古以来汉文的书籍，几乎每本每页每行，都带着反对德、赛两先生的臭味；又碰着许多老少汉学大家，开口一个国粹，闭口一个古说，不晋声明汉学是德、赛两先生天造地设的对头；他愤极了才发出这种激切的议论，像钱先生这种"用石条压驼背"的医法,本志同人多半是不大赞成的。但是社会上有一班人,因此怒骂他,讥笑他,却不肯发表意见和他辩驳,这又是什么道理呢?难道你们能断定汉文是永远没有废去的日子吗?

西洋人因为拥护德、赛两先生,闹了多少事,流了多少血,德、赛两先生才渐渐从黑暗中把他们救出,引到光明世界。我们现在认定只有这两位先生,可以救治中国政治上、道德上、学术上、思想上一切的黑暗。若因为拥护这两位先生,一切政府的迫压,社会的攻击笑骂,就是断头流血,都不推辞。

此时正是我们中国用德先生的意思废了君主第八年的开始,所以我要写出本志得罪社会的原由,布告天下。

(原载《新青年》第6卷第1号)

新文化运动是什么？

陈独秀

"新文化运动"这个名词，现在我们社会里很流行；究竟新文化底内容是些什么，倘然不明白他的内容，会不会有因误解及缺点而发生流弊的危险，这都是我们赞成新文化运动的人应该注意的事呵！

要问"新文化运动"是什么，先要问"新文化"是什么；要问"新文化"是什么，先要问"文化"是什么。

文化是对军事、政治（是指实际政治而言，至于政治哲学仍应该归到文化）、产业而言，新文化是对旧文化而言。文化底内容，是包含着科学、宗教、道德、美术、文学、音乐这几样；新文化运动，是觉得旧的文化还有不足的地方，更加上新的科学、宗教、道德、文学、美术、音乐等运动。

科学有广狭二义：狭义的是指自然科学而言，广义的是指社会科学而言。社会科学是拿自然科学的方法，用在一切社会人事的学问上，像社会学、伦理学、历史学、法律学、经济学等，凡用自然科学方法来研究、说明的都算是科学；这乃是科学最大的效用。我们中国人向来不认识自然科学以外的学问，也有科学的威权；向来不认识自然科学以外的学问，也要受科学的洗礼；向来不认识西洋除自然科学外没有别种应该输入我们东洋的文化；向来不认识中国底学问有应受科学洗礼的必要。我们要改去从前的错误，不但应该提倡自然科学，并且研究、说明一切学问（国故也包含在内），都应该严守科学方法，才免得昏天黑地乌烟瘴气的妄想、胡说。现在新文化运动声中，有两种不祥的声音：一是科学无用了，我们应该注重哲学；一是西洋人现在也倾向东方文化了。各国政治家、资本家固然利用科学做了许多罪恶，但这不是科学本身底罪恶；科学无用，这句话不知从何说起？我们的物质生活上需要科学，自不待言；就是精神生活离开科学也很危险。哲学虽不是抄集各种科学结果所能成的东西，但是不用科学的方法下手研究、说明的哲学，不知道是什么一种怪物！杜威博士在北京现在演讲底《现代的三个哲学家》：一个是美国詹姆士，一个是法国柏格森，一个是英国罗素，都是代表现代思想的哲学家。前两个是把哲学建设在心理学上面,后一个是把哲学建设在数学上面,没有一个不采用科学方法的。用思想的时候,守科学方法才是思想,不守科学方法便是诗人底想象或愚人底妄想,想象、妄想和思想大不相同。哲学是关于思想的学问,离开科学谈哲学,所以现在有一班青年,把周秦诸子,儒佛耶回,康德、黑格尔横拉在一起说一阵昏话,便自命为哲学大家,这不是怪物是什么?西洋文化我们固然不能满意,但是东方文化我们更是领教了,他的效果人人都是知道的,我们但有一毫一忽羞恶心,也不至以此自夸。西洋人也许有几位别致的古董先生怀着好奇心要倾向他;也许有些圆通的人拿这话来应酬东方的土政客,以为他们只听得懂这些话;也许有些人故意这样说来迎合一般朽人底心理;但是主张新文化运动底青年,万万不可为此呓语所误。"科学无用了""西洋人倾向东方文化了"这两个妄想倘然合在一处,是新文化运动一个很大的危机!

宗教在旧文化中占很大的一部分,在新文化中也自然不能没有它。人类底行为动作,完全是因为外部的刺激,内部发生反应。有时外部虽有刺激,内部究竟反应不反应,反应取什么方法,知识固然可以居间指导,真正反应进行底司令,最大的部分还是本能上的感情冲动。利导本能上的感情冲动,叫他浓厚、挚真、高尚,知识上的理性、德义都不及美术、音乐、宗教底力量大。知识和本能倘不相并发达,不能算人间性完全发达。所以詹姆士不反对宗教,凡是社会上有实际需要的实际主义者都不应反对。因为社会上若还需要宗教,我们反对是无益的,只有提倡较好的宗教来供给这需要,来代替那较不好的宗教,才真是一件有益的事。罗素也不反对宗教,他预言将来须有一新宗教。我以为新宗教没有坚固的起信基础,除去旧宗教底传说的附会的非科学的迷信,就算是新宗教。有人嫌宗教是他力,请问扩充我们知识底学说,利导我们感情底美术、音乐,那一样免了他力?又有人以为宗教只有相对价值,没有绝对的价值,请问世界上什么东西有绝对价值?现在主张新文化运动的人,既不注意美术、音乐,又要反对宗教,不知道要把人类生活弄成一种什么机械的状况,这是完全不曾了解我们生活活动的本源,这是一桩大错,我就是首先认错的一个人。

我们不满意于旧道德,是因为孝悌底范围太狭了。说什么爱有等差,施及亲始,未免太猾头了;就是达到他们人人亲其亲长其长的理想世界,那时社会的纷争恐怕更加利害;所以现代道德底理想,是要把家庭的孝悌扩充到全社会的友爱。现在有一班青年却误解了这个意思,他并没有将爱情扩充到社会上,他却打着新思想新家庭的旗帜,抛弃了他的慈爱的、可怜的老母;这种人岂不是误解了新文化运动的意思？因为新文化运动是主张教人把爱情扩充，不主张教人把爱情缩小。

通俗易解是新文学底一种要素，不是全体要素。现在欢迎白话文的人，大半只因为他通俗易解；主张白话文的人，也有许多只注意通俗易解。文学、美术、音乐，都是人类最高心情底表现，白话文若是只以通俗易解为止境，不注意文学的价值，那便只能算是通俗文，不配说是新文学，这也是新文化运动中一件容易误解的事。

欧美各国学校里、社会里、家庭里，充满了美术和音乐底乐趣自不待言；就是日本社会及个人的音乐、美术及各种运动、娱乐，也不像我们中国人底生活这样干燥无味。有人反对妇女进庙烧香，青年人逛新世界，我却不以为然，因为他们去烧香、去逛新世界，总比打麻雀好。吴稚晖先生说："中国有三种大势力：一是孔夫子，是关老爷，一是麻先生。"我以为麻先生底势力比孔关两位还大，不但信仰他的人比信仰孔关的人多，而且是真心信仰，不像信仰孔关还多半是装饰门面。平时长幼尊卑男女底界限很严，只有麻先生底力量可以叫他们鬼混做一团。他们如此信仰这位麻先生虽然是邪气，我也不反对，因为他们去打麻雀，还比吸鸦片烟好一点。鸦片烟、麻雀牌何以有这般力量叫我们堕落到现时的地步？这不是偶然的事，不是一个简单的容易解决的问题，不是空言劝止人不要吸烟打牌可以有效的。那吸烟打牌的人，也有他们的一面理由，因为我们中国人社会及家庭的音乐、美术及各种运动娱乐一样没有，若不去吸烟打牌，资本家岂不要闲死，劳动者岂不要闷死？所以有人反对郑曼陀底时女画，我以为可以不必；有人反对新年里店家打十番锣鼓，我以为可以不必；有人反对大舞台、天蟾舞台底皮簧戏曲，我以为也可以不必。表现人类最高心情底美术、音乐，到了郑曼陀底时女画、十番锣鼓、皮簧戏曲这步田地，我们固然应该为西洋人也要来倾向的东方文化一哭；但是倘若并这几样也没有，我们民族的文化里连美术、音乐底种子都绝了，岂不更加可悲！所以蔡子民先生曾说道："新文化运动莫忘了美育。"前几天我的朋友张申甫给我的一封信里也说道："宗教本是发宣人类的不可说的最高的情感［罗素谓之'精神'（Spirit）］的，将来恐怕非有一种新宗教不可。但美术也是发宣人类最高的情感的（罗丹说：'美是人所有的最好的东西之表示，美术就是寻求这个美的。'就是这个意思）。而且宗教是偏于本能的，美术是偏于知识的，所以美术可以代宗教，而合于近代的心理。现在中国没有美术真不得了，这才真是最致命的伤。社会没有美术，所以社会是干枯的；种种东西都没有美术的趣味，所以种种东西都是干枯的；又何从引起人的最高情感？中国这个地方若缺知识，还可以向西方去借；但若缺美术，那便非由这个地方的人自己创造不可。"

关于各种新文化运动中底误解及缺点，上面已略略说过；另外还有应该注意的三件事：

一、新文化运动要注重团体的活动。美公使说中国人没有组织力，我以为缺乏公共心才没有组织力。忌妒独占的私欲心，人类都差不多，西洋人不比中国人特别好些；但是因为他们有维持团体的公共心牵制，所以才有点组织能力，不像中国人这样涣散。中国人最缺乏公共心，纯然是私欲心用事，所以遍政界、商界、工界、学界，没有十人以上不冲突、三五年不涣散的团体。最近学生运动里也发生了无数的内讧，和南北各派政争遥遥相映。新文化运动倘然不能发挥公共心，不能组织团体的活动，不能造成新集合力，终久是一场失败，或是效力极小。中国人所以缺乏公共心，全是因为家族主义太发达的缘故。有人说是个人主义妨碍了公共心，这却不对。半聋半瞎的八十衰翁，还要拼着老命做官发财，买田置地，简直是替儿孙做牛马，个人主义决不是这样。那卖国贪赃的民贼，也不尽为自己的享乐，有许多竟是省吃俭用的守财奴。所以我以为戕贼中国人公共心的不是个人主义，中国人底个人权利和社会公益，都做了家庭底牺牲品。"各人自扫门前雪，不管他人瓦上霜。"这两句话描写中国人家庭主义独盛没有丝毫公共心，真算十足了。

二、新文化运动要注重创造的精神。创造就是进化，世界上不断的进化只是不断的创造，离开创造便没有进化了。我们不但对于旧文化不满足，对于新文化也要不满足才好；不但对于东方文化不满足，对于西洋文化也要不满足才好；不满足才有创造的余地。我们尽可以前无古人，却不可后无来者；我们固然希望我们胜过我们的父亲，我们更希望我们不如我们的儿子。

三、新文化运动要影响到别的运动上面。新文化运动影响到军事上，最好能令战争止住，其次也要叫他做新文化运动底朋友不是敌人。新文化运动影响到产业上，应该令劳动者觉悟他们自己的地位，令资本家要把劳动者当做同类的"人"看待，不要当做机器、牛马、奴隶看待。新文化运动影响到政治上，是要创造新的政治理想，不要受现实政治底羁绊。譬如中国底现实政治，什么护法，什么统一，都是一班没有饭吃的无聊政客在那里造谣生事，和人民生活、政治理想都无关系，不过是各派的政客拥着各派的军人争权夺利，好像狗争骨头一般罢了。

他们争夺是狗的运动,新文化运动是人的运动;我们只应该拿人的运动来轰散那狗的运动,不应该抛弃我们人的运动去加入他们狗的运动!

(原载《新青年》第 7 卷第 5 号)

新思潮的意义

胡 适

研究问题　　输入学理　　整理国故　　再造文明

（一）

近来报纸上发表过几篇解释"新思潮"的文章，我读了这几篇文章，觉得他们所举出的新思潮的性质，或太琐碎，或太笼统，不能算作新思潮运动的真确解释，也不能指出新思潮的将来趋势，即如包世杰先生的《新思潮是什么》一篇长文，列举新思潮的内容，何尝不详细？但是他究竟不曾使我们明白那种种新思潮的共同意义是什么。比较最简单的解释要算我的朋友陈独秀先生所举出的新青年两大罪案——其实就是新思潮的两罪大案——一是拥护德莫克拉西先生（民治主义），一是拥护赛因斯先生（科学）。陈先生说：

> 要拥护那德先生，便不得不反对孔教、礼法、贞节、旧伦理、旧政治；要拥护那赛先生，便不得不反对旧艺术、旧宗教；要拥护德先生，又要拥护赛先生，便不得不反对国粹和旧文学。（《新青年》六卷一号页一〇）

这话虽然很简明，但是还嫌太笼统了一点。假使有人问："何以要拥护德先生和赛先生便不能不反对国粹和旧文学呢？"答案自然是："因为国粹和旧文学是同德、赛两位先生反对的。"又问："何以凡同德、赛两位先生反对的东西都该反对呢？"这个问题可就不是几句笼统简单的话所能回答的了。

据我个人的观察，新思潮的根本意义只是一种新态度，这种新态度可叫做"评判的态度"。

评判的态度，简单说来，只是凡事要重新分别一个好与不好。仔细说来，评判的态度含有几种特别的要求：

(1) 对于习俗相传下来的制度风俗,要问:"这种制度现在还有存在的价值吗?"

(2) 对于古代遗传下来的圣贤教训,要问:"这句话在今日还是不错吗?"

(3) 对于社会上糊涂公认的行为与信仰,都要问:"大家公认的,就不会错了吗?人家这样做,我也该这样做吗?难道没有别样做法比这个更好,更有理,更有益的吗?"

尼采说现今时代是一个"重新估定一切价值"(Transvaluation of all values)的时代,"重新估定一切价值"八个字便是评判的态度的最好解释。从前的人说妇女的脚越小越美,现在我们不但不认小脚是"美",简直说这是"惨无人道"了。十年前,人家和店家都用鸦片烟敬客,现在鸦片烟变成犯禁品了。二十年前,康有为是洪水猛兽一般的维新党,现在康有为变成老古董了。康有为并不曾变换,估价的人变了,故他的价值也跟着变了,这叫做"重新估定一切价值"。

我以为现在所谓"新思潮",无论怎样不一致,根本上同有这公共的一点:评判的态度。孔教的讨论只是要重新估定孔教的价值,文学的评论只是要重新估定旧文学的价值,贞操的讨论只是要重新估定贞操的道德在现代社会的价值,旧戏的评论只是要重新估定旧戏在今日文学上的价值,礼教的讨论只是要重新估定古代的纲常礼教在今日还有什么价值,女子的问题只是要重新估定女子在社会上的价值,政府与无政府的讨论,财产私有与公有的讨论,也只是要重新估定政府与财产等等制度在今日社会的价值……我也不必往下数了,这些例很够证明:这种评判的态度是新思潮运动的共同精神。

(二)

这种评判的态度,在实际上表现时,有两种趋势:一方面是讨论社会上、政治上、宗教上、文学上种种问题;一方面是介绍西洋的新思想、新学术、新文学、新信仰。前者是"研究问题",后者是"输入学理",这两项是新思潮的手段。

我们随便翻开这两三年以来的新杂志,便可以看出这两种的趋势。在研究问题一方面,我们可以指出:(1)孔教问题;(2)文学改革问题;(3)国语统一问题;(4)女子解放问题;(5)贞操问题;(6)礼教问题;(7)教育改良问题;(8)婚姻问题;(9)父子问题;(10)戏剧改良问题;等等。在输入学理一方面,我们可以指出《新青年》的《易卜生号》《马克思号》,《民铎》的《现代思潮号》,《新教育》的

《杜威号》《建设》的"全民政治"的学理,和《北京晨报》《国民公报》《每周评论》,上海《星期评论》《时事新报》《解放与改造》,广州《民风周刊》等等杂志报纸所介绍的种种西洋新学说。

为什么要研究问题呢?因为我们的社会现在正当根本动摇的时候,有许多风俗制度,向来不发生问题的,现在因为不能适应时势的需要,不能使人满意,都渐渐的变成困难的问题,不能不彻底研究,不能不考问旧日的解决法是否错误。如果错了,错在什么地方,错误寻出了,可有什么更好的解决方法,有什么方法可以适应现时的要求。例如孔教的问题,向来不成什么问题,后来东方文化与西方文化接近,孔教的势力渐渐衰微,于是有一班信仰孔教的人妄想要用政府法令的势力来恢复孔教的尊严,却不知道这种高压的手段恰好挑起一种怀疑的反动。因此,民国四五年的时候,孔教会的活动最大,反对孔教的人也最多,孔教成为问题就在这个时候。现在大多数明白事理的人,已打破了孔教的迷梦,这个问题又渐渐的不成问题了,故安福部的议员通过孔教为修身大本的议案时,国内竟没有人睬他们了!

又如文学革命的问题,向来教育是少数"读书人"的特别权利,于大多数人是无关系的,故文字的艰深不成问题。近来教育成为全国人的公共权利,人人知道普及教育是不可少的,故渐渐的有人知道文言在教育上实在不适用,于是文言白话就成为问题了。后来有人觉得单用白话做教科书是不中用的,因为世间绝没有人情愿学一种除了教科书以外便没有用处的文字。这些人主张:古文不但不配做教育的工具,并且不配做文学的利器,若要提倡国语的教育,先须提倡国语的文学。文学革命的问题就是这样发生的。现在全国教育联合会已全体一致通过小学教科书改用国语的议案,况且用国语做文章的人也渐渐的多了,这个问题又渐渐的不成问题了。

为什么要输入学理呢?这个大概有几层解释。一来呢,有些人深信中国不但缺乏炮弹、兵船、电报、铁路,还缺乏新思想与新学术,故他们尽量的输入西洋近世的学说。二来呢,有些人自己深信某种学说,要想他传播发展,故尽力提倡。三来呢,有些人自己不能做具体的研究工夫,觉得翻译现成的学说比较容易些,故乐得做这种稗贩事业。四来呢,研究具体的社会问题或政治问题,一方面做那破坏事业,一方面做对症下药的工夫,不但不容易,并且狠遭犯忌讳,狠容易惹祸,故不如做介绍学说的事业,借"学理研究"的美名,既可以避"过激派"的罪名,又还可以种下一点革命的种子。五来呢,研究问题的人,势不能专就问题本身讨论,不能不从那问题的意义上着想,但是问题引申到意义上去,便不能不靠许多学理做参考比较的材料,故学理的输入往往可以帮助问题的研究。

这五种动机虽然不同,但是多少总含有一种"评判的态度",总表示对于旧有学术思想的一种不满意,和对于西方的精神文明的一种新觉悟。

但是这两三年新思潮运动的历史应该给我们一种狠有益的教训,什么教训呢?就是:这两三年来新思潮运动的最大成绩差不多全是研究问题的结果,新文学的运动便是一个最明白的例。这个道理狠容易解释,凡社会上成为问题的问题,一定是与许多人有密切关系的。这许多人虽然不能提出什么新解决,但是他们平时对于这个问题自然不能不注意。若有人能把这个问题的各方面都细细分析出来,加上评判的研究,指出不满意的所在,提出新鲜的救济方法,自然容易引起许多人的注意。起初自然有许多人反对,但是反对便是注意的证据,便是兴趣的表示。试看近日报纸上登的马克思的赢余价值论,可有反对的吗?可有讨论的吗?没有人讨论,没有人反对,便是不能引起人注意的证据。研究问题的文章所以能发生效果,正为所研究的问题一定是社会人生最切要的问题,最能使人注意,也最能使人觉悟。悬空介绍一种专家学说,如"赢余价值论"之类,除了少数专门学者之外,决不会发生什么影响。但是我们可以在研究问题里面做点输入学理的事业,或用学理来解释问题的意义,或从学理上寻求解决问题的方法。用这种方法来输入学理,能使人于不知不觉之中感受学理的影响。不但如此,研究问题最能使读者渐渐的养成一种批评的态度,研究的兴趣,独立思想的习惯。十部《纯粹理性的评判》,不如一点评判的态度;十篇《赢余价值论》,不如一点研究的兴趣;十种《全民政治论》,不如一点独立思想的习惯。

总起来说,研究问题所以能于短时期中发生狠大的效力,正因为研究问题有这几种好处:(1)研究社会人生切要的问题最容易引起大家的注意;(2)因为问题关切人生,故最容易引起反对,但反对是该欢迎的,因为反对便是兴趣的表示,况且反对的讨论不但给我们许多不要钱的广告,还可使我们得讨论的益处,使真理格外分明;(3)因为问题是逼人的活问题,故容易使人觉悟,容易得人信从;(4)因为从研究问题里面输入的学理,最容易消除平常人对于学理的抗拒力,最容易使人于不知不觉之中受学理的影响;(5)因为研究问题可以不知不觉的养成一班研究的、评判的、独立思想的革新人才。

这是这几年新思潮运动的大教训!我希望新思潮的领袖人物以后能了解这个教训,能把全副精力贯注到研究问题上去;能把一切学理不看作天经地义,但看作研究问题的参考材料;能把一切学理应用到我们自己的种种切要问题上去;能在研究问题上面做输入学理的工夫;能用研究问题的工夫来提倡研究问题的态度,来养成研究问题的人才。

这是我对于新思潮运动的解释,这也是我对于新思潮将来的趋向的希望。

(注)参看《每周评论》(31)《多研究些问题,少谈些主义》,又(33)《问题与主义》,又(35)《再论问题与主义》,又(36)《三论问题与主义》。

(三)

以上说新思潮的"评判的精神"在实际上的两种表现,现在要问:"新思潮的运动对于中国旧有的学术思想,持什么态度呢?"

我的答案是:"也是评判的态度。"

分开来说,我们对于旧有的学术思想有三种态度:第一,反对盲从;第二,反对调和;第三,主张整理国故。

盲从是评判的反面,我们既主张"重新估定一切价值",自然要反对盲从,这是不消说的了。

为什么要反对调和呢? 因为评判的态度只认得一个是与不是,一个好与不好,一个适与不适,不认得什么古今中外的调和。调和是社会的一种天然趋势。人类社会有一种守旧的惰性,少数人只管趋向极端的革新,大多数人至多只能跟你走半程路。这就是调和,调和是人类懒病的天然趋势,用不着我们来提倡。我们走了一百里路,大多数人也许勉强走三四十里。我们若先讲调和,只走五十里,他们就一步都不走了。所以革新家的责任只是认定"是"的一个方向走去,不要回头讲调和,社会上自然有无数懒人懦夫出来调和。

我们对于旧有的学术思想,积极的只有一个主张,就是"整理国故"。整理就是从乱七八糟里面寻出一个条理脉络来;从无头无脑里面寻出一个前因后果来;从胡说谬解里面寻出一个真意义来;从武断迷信里面寻出一个真价值来。为什么要整理呢? 因为古代的学术思想向来没有条理,没有头绪,没有系统,故第一步是条理系统的整理。因为前人研究古书,很少有历史进化的眼光的,故从来不讲究一种学术的渊源,一种思想的前因后果,所以第二步是要寻出每种学术思想怎样发生,发生之后有什么影响效果。因为前人读古书,除极少数学者以外,大都是以讹传讹的谬说,如太极图、爻辰、先天图、卦气之类,故第三步是要用科学的方法,作精确的考证,把古人的意义弄得明白清楚。因为前人对于古代的学术思想,有种种武断的成见,有种种可笑的迷信,如骂杨朱墨翟为禽兽,却尊孔丘为德配天地、道冠古今!故第四步是综合前三步的研究,各家都还他一个本来真面目,各家都还他一个真价值。

这叫做"整理国故"。现在有许多人自己不懂得国粹是什么东西,却偏要高谈"保存国粹"。林琴南先生做文章论古文之不当废,他说:"吾知其理而不能言其所以然!"现在许多国粹党,有几个不是这样糊涂懵懂的?这种人如何配谈国粹?若要知道什么是国粹,什么是国渣,先须要用评判的态度、科学的精神,去做一番整理国故的工夫。

(四)

新思潮的精神是一种评判的态度。

新思潮的手段是研究问题与输入学理。

新思潮的将来趋势,依我个人的私见看来,应该是注重研究人生社会的切要问题,应该于研究问题之中做绍介学理的事业。

新思潮对于旧文化的态度,在消极一方面是反对盲从,是反对调和;在积极一方面,是用科学的方法来做整理的工夫。

新思潮的唯一目的是什么呢?是再造文明!

文明不是笼统造成的,是一点一滴的造成的。进化不是一晚上笼统进化的。是一点一滴的进化的。现今的人爱谈"解放与改造",须知解放不是笼统解放,改造也不是笼统改造。解放是这个那个制度的解放,这种那种思想的解放,这个那个人的解放,是一点一滴的解放。改造是这个那个制度的改造,这种那种思想的改造,这个那个人的改造,是一点一滴的改造。

再造文明的下手工夫,是这个那个问题的研究。再造文明的进行,是这个那个问题的解决。

中华民国八年十一月一日晨三时

(原载《新青年》第 7 卷第 1 号)

基督教与中国人

陈独秀

（一）

凡是社会上有许多人相信的事体，必有他重大的理由，在社会上也必然是一个重大的问题。基督教在中国已经行了四五百年，奉教的人虽然不全是因为信仰，因为信仰奉教的人自必不少，所以在近代史上生了许多重大的问题。因为我们向来不把他当做社会上一个重大的问题，只看做一种邪教，和我们的生活没有关系，不去研究解决方法，所以只是消极的酿成政治上、社会上许多纷扰问题，没有积极的十分得到宗教的利益。现在若仍然轻视他，不把他当做我们生活上一种重大的问题，说他是邪教，终久是要被我们圣教淘汰的，那么，将来不但得不着他的利益，并且在社会问题上还要发生纷扰。因为既然有许多人信仰他，便占了我们精神生活上一部分，而且影响到实际的生活，不是什么圣教所能包办的了，更不是竖起什么圣教底招牌所能消灭了。所以我以为基督教底问题，是中国社会上应该研究的重大问题，我盼望我们青年不要随着不懂事的老辈闭起眼睛瞎说！

（二）

在欧洲中世，基督教徒假信神信教的名义，压迫科学，压迫自由思想家，他们所造的罪恶，我们自然不能否认。但是欧洲底文化从那里来的？一种源泉是希腊各种学术，一种源泉就是基督教，这也是我们不能否认的。因为近代历史学、自然科学都是异常进步，基督教底"创世说""三位一体说"和各种灵异，无不失了威权，大家都以为基督教破产了。我以为基督教是爱的宗教，我们一天不学尼采反对人类相爱，便一天不能说基督教已经从根本崩坏了。基督教底根本教义只是信与爱，别的都是枝叶，不但耶稣如此，《旧约》上开宗明义就说：

有害你们生命流你们血的,无论是兽是人,我必讨他的罪。人与人是弟兄,人若害人的生命,我必讨他罪。凡流人血的,人也必流他的血,因为上帝造人,是按着自己形象造的。(《创世记》第九章之五、六)

所以基督徒或是反对者,都别忽略了这根本教义。

(三)

基督教在中国行了几百年,我们没得着多大利益,只生了许多纷扰,这是什么缘故呢?是有种种原因:(1)吃教的多,信教的少,所以招社会轻视。(2)各国政府拿传教做侵略的一种武器,所以招中国人底怨恨。(3)因为中国人底尊圣、攘夷两种观念,古时排斥杨、墨,后来排斥佛、老,后来又排斥耶稣。(4)因为中国人底官迷根性,看见四书上和孔、孟往来的人都是些诸侯、大夫,看见《新约》上和耶稣往来的,是一班渔夫、病人,没有一个阔老,所以觉得他无聊。(5)偏于媚外的官激怒人民,偏于尊圣的官激怒教徒。(6)正直的教士拥护教徒底人权,遭官场愤恨、人民忌妒;邪僻的教士袒庇恶徒,扩张教势,遭人民怨恨。(7)基督教义与中国人底祖宗牌位和偶像显然冲突。(8)白话文的《旧约》《新约》,没有五经四书那样古雅。(9)因为中国人没有教育,反以科学为神奇鬼怪,所以造出许多无根的谣言。(10)天主教神秘的态度,也是惹起谣言的引线。

上列十种原因当中,平心而论,实在是中国人底错处多,外国人底错处不过一两样。他们这一两样错处,差不多已经改去了,我盼望他们若真心信奉耶稣最后的遗言——《马太传》底末章最后二节所说,今后不要再错了。我们中国人回顾从前的历史,实在是惭愧,但现在是觉悟到什么程度?我盼望尊圣卫道的先生们总得平心研究,不要一味横蛮!横蛮是孟轲、韩愈底态度,孔子不是那样。

(四)

我们今后对于基督教问题,不但要有觉悟,使他不再发生纷扰问题,而且要有甚深的觉悟,要把耶稣崇高的、伟大的人格,和热烈的、深厚的情感,培养在我们的血里,将我们从堕落在冷酷、黑暗、污浊坑中救起。

支配中国人心底最高文化,是唐虞三代以来伦理的道义。支配西洋人心底最高文化,是希腊以来美的情感和基督教信与爱的情感。这两种文化的源泉相同的地方,都是超物质的精神冲动,他们不同的地方,道义是当然的、知识的、理性的,情感是自然的、盲目的、超理性的。道义的行为,是知道为什么应该如此,是偏于后天的知识;情感的行为,不问为什么,只是情愿如此,是偏于先天的本能。道义的本源,自然也出于情感,逆人天性(即先天的本能)的道义,自然算不得是道义,但是一经落到伦理的轨范,便是偏于知识、理性的冲动,不是自然的、纯情感的冲动。同一忠、孝、节的行为,也有伦理的、情感的两种区别。情感的忠、孝、节,都是内省的、自然而然的、真纯的;伦理的忠、孝、节,有时是外铄的、不自然的、虚伪的。知识、理性的冲动,我们固然不可看轻;自然情感的冲动,我们更当看重。我近来觉得对于没有情感的人,任你如何给他爱父母、爱乡里、爱国家、爱人类的伦理知识,总没有什么力量能叫他向前行动。梁漱溟先生说:"大家要晓得人的动作不是知识要他动作的,是欲望与情感要他往前动作的。单指出问题是不行的,必要他感觉着是个问题才行。指点出问题是偏于知识一面的,而感觉他真是我的问题都是情感的事。"梁先生这话极有道理,但是他说:"富于情感是东方人的精神。"又说:"这情感与欲望的偏盛是东西两文化分歧的大关键。"他这两层意思,我都不大明白。情感果都是美吗? 欲望果都是恶吗? 情感果能绝对离开欲望吗? 只有把欲望专属物质的冲动,情感专属超物质的冲动,才可以将他两家分开。其实情感与欲望都兼有物质的、超物质的两种冲动,不能把他们分开,不能把他们两家比出个是非高下。欲望情感底物质的冲动,是低级冲动,是人类底普遍天性(即先天的本能,他自性没有善恶),恐怕没有东洋、西洋的区别。欲望情感底超物质的冲动,是高级冲动,也是人类底普遍天性,也没有东洋、西洋的区别,所以就是极不开化的蛮族也有他们的宗教。所以我以为西洋、东洋(殊于中国)两文化底分歧,不是因为情感与欲望的偏盛,是在同一超物质的欲望、情感中,一方面偏于伦理的道义,一方面偏于美的、宗教的纯情感。东洋的文化自然以中国为主,阿利安人(Aryan)底美术、宗教,本是介在这两文化系间的一种文化,与其说他近于中国文化,不如说他近于西洋文化,至于希伯来(Hebrew)文化,更不消说的了。

中国底文化源泉里,缺少美的、宗教的纯情感,是我们不能否认的。不但伦理的道义离开了情感,就是以表现情感为主的文学,也大部分离了情感加上伦理的(尊圣、载道)、物质的(纪功、怨穷、诲淫)色彩,这正是中国人堕落底根由,我们实在不敢以"富于情感"自夸。

中国社会麻木不仁,不说别的好现象,就是自杀的坏现象都不可多得,文化源泉里缺少情感至少总是一个重大的原因。现在要补救这个缺点,似乎应当拿美与宗教来利导我们的情感。离开情感的伦理道义,是形式的不是里面的,离开情感的知识是片段的不是贯串的,是后天的不是先天的,是过客不是主人,是机器、柴炭,不是蒸汽与火。美与宗教的情感,纯洁的深入普遍我们生命源泉底里面。我主张把耶稣崇高的、伟大的人格,和热烈的、深厚的情感,培养在我们的血里,就是因为这个理由。

(五)

我们一方面固然要晓得情感底力量伟大,一方面也要晓得他盲目的、超理性的危险,我们固然不可依靠知识,也不可抛弃知识。譬如走路,情感是我们自己的腿,知识是我们自己的眼或是引路人的眼,不可说有了腿便不要眼。

基督教底"创世说""三位一体说"和各种灵异,大半是古代的传说、附会,已经被历史学和科学破坏了,我们应该抛弃旧信仰,另寻新信仰。新信仰是什么?就是耶稣崇高的、伟大的人格,和热烈的、深厚的情感。

不但那些古代不可靠得传说、附会不必信仰,就是现代一切虚无琐碎的神学,形式的教仪,都没有耶稣底人格、情感那样重要。耶稣说:

我告诉你们,现有一比神殿更大者在此。(《马太传》十二之六)

又说:

我不为祭祀而为怜悯。(《马太传》十二之七)

犹太人杀害耶稣的罪状,就是因为他说:

我能破坏这神殿,并且三日内造成。(《马太传》二十六之六十一)

我们应该崇拜的,不是犹太人眼里四十六年造成的神殿(《约翰传》二之二十),是耶稣心里三日再造的、比神殿更大的本尊。我们不用请教什么神学,也不用依赖什么教仪,也不用借重什么宗派,我们直接去敲耶稣自己的门,要求他崇高的、伟大的人格和热烈的、深厚的情感与我合而为一。他曾说:

你求,便有人给你;你寻,便得着;你敲门,便有人为你开。(《马太传》七之七)

(六)

耶稣所教我们的人格、情感是什么?
(1) 崇高的牺牲精神。他说:

我是从天降下的活面包,吃这面包的人永生,为了人世底生命,我所贡献的面包就是我的肉。(《约翰传》六之五十一)

我的肉真是食物,我的血真是饮物。(《约翰传》六之五十五)

吃我肉饮我血的人,与我合一,我也与他合一。(《约翰传》六之五十六)

爱父母过于爱我的人,不配做我的门徒;爱子女过于爱我的人,不配做我的门徒。(《马太传》十之三十七)

不背着他的十字架随我的人,不配做我的门徒。(《马太传》十之三十八)

想保全他的生命的人,将来必失去生命,他为我失去生命,将来必得着生命。(《马太传》十六之二十五)

耶稣在将要被难之前,知道他的十二门徒中,有一人要卖他,他举起酒杯向他们道:

请你们满饮此杯,因为这是我的血,为誓约为众人赦罪流的血。(《马太传》二十六之二十七、二十八)

(2) 伟大的宽恕精神。他说:

你们宽免别人的罪,天父也要宽免你们的罪。(《马太传》六之十四)

悔改与赦罪将由他的名义从耶路撒冷起,宣传万国。(《路加传》二十四之四十七)

一人悔罪,天使大喜。(《路加传》十五之十)

我告诉你,那妇人许多罪恶都赦免了,因此他爱也多;被赦免的少,爱也少了。(《路加传》七之四十七)

神欢喜一个有罪的人悔改过于欢喜九十九个正直的人无须悔改。(《路加传》十五之七)

别人告诉你们:爱你们的邻人,恨你们的敌人。我告诉你们:爱你们的敌人,为迫害你们的人祈祷,这样才是天父底儿子,他的日光照善人也照恶人,他降雨给正义的人也给不义的人。(《马太传》五之四十三、四十四、四十五)

勿敌恶人:有人打你右边脸,你再把左边向他。有人到官告你,取去你的上衣,再把外套给他。(《马太传》五之三十九、四十)

我不是为无罪的人而来,乃为有罪的人而来。(《马太传》九之十三)

(3) 平等的博爱精神。他说:

使瞎子能看,跛子能走,聋子能听,有癞病的人洁净,死的人复活,穷人得着福音。(《马太传》十一之五)

尊敬你的父母,爱邻人如爱你自己。(《马太传》十九之十九)

卖你所有的东西,送给穷人,如此你将得着天国底财宝。(《马太传》十九之二十一)

富人入天国,比骆驼穿过针孔还难。(《马太传》十九之二十四)

第一,尽全心全精神全意爱你的神;第二,爱邻人如爱你自己,一切法律、预言者,都是遵这两大诫。(《马太传》二十二之三十七、三十八、三十九、四十)

你们须相爱,你们须相爱如同我爱你们。(《约翰传》十三之三十四)

穷人少的布施,多过富人多的布施,因为富人布施的是他的有余,穷人布施的是他的不足,是尽其所有。(《路加传》二十之三、四)

Pharisee 人与学者讥诮耶稣和税吏及罪人同食,耶稣对他们说道:

你们堂中,谁有一百只羊,若失去一只,他不离开这九十九只,去将那失去的寻得吗?寻得了,是要喜欢的把他背在肩上。他回到家里,他要邀集他的朋友、他的邻人,问他们说,恭喜我寻回来了我失去的羊。我告诉你们,神喜欢一个有罪的人悔改过于喜欢九十九个正直的人无须悔改,也是这样。(《路加传》十五之一至七)

这就是耶稣教我们的人格,教我们的情感,也就是基督教底根本教义。除了耶稣底人格、情感,我们不知道别的基督教义。这种根本教义,科学家不曾破坏,将来也不会破坏。

(七)

耶稣说:

听到我的话而不实行的人,好比一个愚人,把房屋做在沙上。风吹、雨打、洪水来了,这屋是要倾覆的,这是很大的倾覆。(《马太传》七之二十六、二十七)

现在全世界底基督教徒都是不是愚人?把传教当饭碗的人不用说了,各国都有许多自以为了不得的基督教信者,何以对于军阀、富人种种非基督教的行为,不但不反抗,还要助纣为虐?眼见"万国人祈祷的家做了盗贼底巢穴",不去理会,死守着荒唐无稽的传说,当做无上教义,我看从根本上破坏基督教的,正是这班愚人,不是反对基督教的科学家。大倾覆底责任,不得不加在这班愚人身上!

中国底基督教状况怎么样?恐怕还是吃教的人占多数。

最可怕的,政客先生现在又来利用基督教。他提倡什么"基督教救国论"来反对邻国,他忘记了耶稣不曾为救国而来,是为救全人类底永远生命而来,他忘记了耶稣教我们爱邻人如爱我们自己,他忘记了耶稣教我们爱我们的敌人,为迫害我们的人祈祷。他大骂无产社会是"将来之隐患""大乱之道",他忘记了基督教是穷人底福音,耶稣是穷人底朋友。

(原载《新青年》第7卷第3号)

实行民治的基础

陈独秀

地方自治与同业联合　两种小组织

民治是什么？难道就是北京《民治日报》所说的民治？杜威博士分民治主义的元素四种：

（一）政治的民治主义就是用宪法保障权限，用代议制表现民意之类。

（二）民权的民治主义就是注重人民的权利，如言论自由、出版自由、信仰自由、居住自由之类。

（三）社会的民治主义就是平等主义，如打破不平等的阶级，去了不平等的思想，求人格上的平等。

（四）生计的民治主义就是打破不平等的生计，铲平贫富的阶级之类。

前二种是关于政治方面的民治主义，后二种是关于社会经济方面的民治主义。原来"民治主义"（Democracy），欧洲古代单是用做"自由民"（对奴隶而言）参与政治的意思，和"专制政治"（Autocracy）相反，后来人智日渐进步，民治主义的意思也就日渐扩张，不但拿他来反对专制帝王，无论政治、社会、道德、经济、文学、思想，凡是反对专制的、特权的，遍人间一切生活，几乎没有一处不竖起民治主义的旗帜。所以杜威博士列举民治主义的元素，不限于政治一方面。

我们现在所盼望的实行民治，自然也不限于政治一方面。而且我个人的意思觉得"社会生活向上"是我们的目的，政治、道德、经济的进步，不过是达到这目的的各种工具。政治虽是重要的工具，总不算得是目的，我敢说若要改良政治，别忘了政治是一种工具，别拿工具当目的，才可以改良出来适合我们目的的工具，我敢说最进步的政治，必是把社会问题放在重要地位，别的都是闲文。因此我们所主张的民治，是照着杜威博士所举的四种元素，把政治和社会经济两方面的民治主义，当做达到我们目的——社会生活向上——的两大工具。

在这两种工具当中，又是应该置重社会经济方面的，我以为关于社会经济的设施,应当占政治的大部分,而且社会经济的问题不解决,政治上的大问题没有一件能解决的,社会经济简直是政治的基础。

杜威博士关于社会经济(即生计)的民治主义的解释,可算是各派社会主义的公同主张,我想存心公正的人都不会反对。至于他关于政治的民治主义的解释,觉得还有点不彻底。我们既然是个"自由民"不是奴隶,言论、出版、信仰、居住、集会,这几种自由权,不用说都是生活必需品,宪法我们也是要的,代议制也不能尽废,但是单靠"宪法保障权限""用代议制表现民意",恐怕我们生活必需的几种自由权,还是握在人家手里,不算归我们所有。我们政治的民治主义的解释是由人民直接议定宪法,用宪法规定权限,用代表制照宪法的规定执行民意。换一句话说,就是打破治者与被治者的阶级,人民自身同时是治者又是被治者。老实说,就是消极的不要被动的官治,积极的实行自动的人民自治,必须到了这个地步,才算得真正民治。

我们中国社会经济的民治,自然还没有人十分注意,就是政治的民治,中华民国的假招牌虽然挂了八年,却仍然卖的是中华帝国的药,中华官国的药,并且是中华匪国的药。"政治的民治主义"这七个好看的字,大家至今看了还不大顺眼。但是我决不因此灰心短气,因为有三个缘故:一是中国创造共和的岁月,比起欧美来还是太浅,陈年老病那有著手成春的道理。二是中国社会史上的现象,真算得与众不同,上面是极专制的政府,下面是极放任的人民,除了诉讼和纳税以外,政府和人民几乎不生关系。这种极放任不和政府生关系的人民,自己却有种种类乎自治团体的联合,乡村有宗祠,有神社,有团练;都会有会馆,有各种善堂(育婴、养老、施诊、施药、积谷、救火之类),有义学,有各种工商业的公所。像这些各种联合,虽然和我们理想的民治隔得还远,却不能说中国人的民治制度,没有历史上的基础。三是中国人工商业不进化和国家观念不发达,从坏的方面说起来,我们因此物质文明不进步,因此国民没有一致团结力;从好的方面说起来,我们却因此没有造成像欧洲那样的资产阶级和军国主义,而且自古以来,就有许行的"并耕",孔子的"均无贫"种种高远理想,"限田"的讨论是我们历史上很热闹的问题,"自食其力"是无人不知道的格言,因此可以证明我们的国民性里面,确实含着许多社会经济的民治主义的成分。我因为有这些理由,我相信政治的民治主义和社会经济的民治主义,将来都可以在中国大大的发展,所以我不灰心短气,所以我不抱悲观。

现在政象不佳,没有实行民治主义的缘故,也有好几层:一是改建共和未久。二是我们从前把建设共和看得太容易，革命以前宣传民治主义的工夫做太少了。三是共和军全由军人主动，一般国民自居在第三者地位。四是拥护共和的进步、国民两党人，都不懂得民治主义的真相，都以为政府万能，把全副精神用在宪法问题、国会问题、内阁问题、省制问题、全国的水利交通问题，至于民治的基础——人民的自治与联合——反来无人过问。五是少数提倡地方自治的人，虽不迷信中央政府，却仍旧迷信大规模的省自治和县自治，其实这种自治，只算是地方政府对于中央政府的分治，是划分行政区域和地方长官权限的问题，仍旧是官治，和民治的真正基础——人民直接的实际的自治与联合——截然是两件事。我们现在要实行民治主义，首先要注重民治的坚实基础，必须把上面说的二、三、四、五，这几层毛病通同除去，多干实事，少出风头，把大伟人、大政治家、大政客、大运动家、大爱国者的架子收将起来，低下头在那小规模的极不威风的坚实的民治基础——人民直接的实际的自治与联合——上做工夫，不然，无论北洋军人执政也罢，西南军人执政也罢，交通系得势也罢，北方的安福部得势也罢，南方的安福部（就是政学会）得势也罢，进步党的内阁也罢，国民党的内阁也罢，旧官僚的内阁也罢，我可以断定中国的民治，仍旧是北京《民治日报》的民治，不是杜威博士所讲"美国之民治的发展"的民治。

　　我不是说不要宪法，不要国会，不要好内阁，不要好省制，不要改良全国的水利和交通，也不是反对省自治、县自治，我以为这些事业必须建筑在民治的基础上面，才会充分发展；大规模的民治制度，必须建筑在小组织的民治的基础上面，才会实现；基础不坚固的建筑，像那沙上层楼，自然容易崩坏；没有坚固基础的民治，即或表面上装饰得如何堂皇，实质上毕竟是官治，是假民治，真正的民治决不会实现，各种事业也不会充分发展。

　　社会经济的民治主义，那一国都还没有实行；政治的民治主义，英、美两国比较其余的国家，总算是发达的了。他们所以发达的由来，乃是经许多岁月，由许多小组织的地方自治团体和各种同业联合，合拢起来，才能够发挥今天这样大规模的民治主义，好像一个生物体，不是一把散沙，也不是一块整物，乃无数细胞组织、器官组织，合拢起来，才能够成就全体的作用。他们的民治主义，不是由中央政府颁布一部宪法几条法令，就会马上涌现出来的，乃是他们全体人民一小部分一小部分自己创造出来的。所以杜威博士在他《美国之民治的发展》讲演中说道："美国是一个联邦的国家，当初移民的时候，每到一处便造成一个小村，由许多小村，合成一邑，由许多邑合成一州，再由许多州合成一国。小小的一个乡村，一切事都是自治。"又说道："美国的联邦是由那些有独立自治能力的小村合并起来的，历史上的进化是由一村一村联合起来的。美国的百姓是为找自由而来的，所以他们当初只要自治不要国家，后来因有国家的需要，所以才组成联邦。"

我们现在要实行民治主义，是应当拿英美做榜样，是要注意政治经济两方面，是应当在民治的坚实基础上做工夫，是应当由人民自己一小部分一小部分创造这基础。这基础是什么？就是人民直接的实际的自治与联合。这种联合自治的精神就是要人人直接的，不是用代表间接的，是要实际去做公共生活需要的事务，不是挂起招牌就算完事。这种联合自治的形式就是地方自治和同业联合两种组织。

现在有许多人的心理，以为时局如此纷乱，政府那里顾得到地方自治的问题，而且地方自治的法案，还未经正式国会详细规定出来，我们怎样着手？至于同业联合的组织法，政府国会都还未曾想到，更是无从组织。我想这种见解是大错而特错，是有两个根本上的错误：第一个错误，是以为地方自治和同业联合都要政府提倡，才能够实现。我以为这种从上面提倡的自治联合，就是能够实现，也只是被动的官式的假民治，我们不要，我们所要的，是从底下创造发达起来的，人民自动的真民治。第二个错误，是以为法律能够产生事实，事实不能够产生法律。我的见解恰恰和他正相反对，我以为法律产生事实的力量小，事实产生法律的力量大，社会上先有一种已成的事实，政府承认他的"当然"就是法律，学者说明他的"所以然"就是学说。一切法律和学说，大概都从已成的事实产生出来的。譬如英、美两国的自治制度，都是先由他们的人民创造出来这种事实，后来才由政府编成法典，学者演成学说，并不是先由政府颁布法典，学者创出学说，他们人民才去照办的。所以我觉得时局纷乱不纷乱，政府提倡不提倡，国会有没有议决法案，都和我们人民组织地方自治同业联合不生关系。

我所说的同业联合，和那由店东组织的各业公所及欧洲古时同业协会（Guild）不同，和欧洲此时由工人组织的职工联合（旧译工联，Trade Union）及其他各种劳动组合也不同。因为此时中国工商界，像那上海、天津、汉口几个大工厂和各处铁路、矿山的督办总办，都是阔老官，当然不能和职工们平起平坐，其余一般商界的店东店员，工界的老板伙计，地位都相差不远，纯粹资本作用和劳力没有发生显然的冲突以前，凡是亲身从事业务的，都可以同在一个联合。

关于地方自治和同业联合的种种学说、制度，非常之多，至于详细的办法，一时更说不尽。我现在单只就中国社会状态的需要而且可以实行的，举出几条原则，免得失了直接的实际的精神，就会发生笼统、涣散、空洞、利用、盘据、腐败，种种不可救药的老毛病：

最小范围的组织

乡间的地方自治，从一村一镇着手，不可急急去办那一乡的自治；城市的地方自治，要按着街道马路或是警察的分区，分做许多小自治区域，先从这小区域着手，不可急急去办那城自治市自治。同业联合是要拿一个地方的一种职业做范围，譬如一个码头的水手、船户、搬运夫、一个矿山的矿夫、一条铁路的职工、一个城市的学校教职员、新闻记者、律师、医生、木匠、瓦匠、车夫、轿夫、铁工、纺织工、漆工、裁缝、剃头匠、排印工人、邮差、脚夫等，各办各的同业联合，商业的店东管事和店员，在小城市里便归在一个联合，在大城市里，譬如上海地方，就按行业或马路分办各的同业联合，万万不可急于组织那笼统空洞的什么"工会"，广大无边的什么"上海商界联合会"，什么"全国工人联合会"。凡是笼统空洞没有小组织做基础的大组织，等于没有组织，这种没有组织的大组织，消极方面的恶结果，就是造成多数人冷淡、涣散，放弃责任；积极方面的恶结果，就是造成少数人利用、把持、腐败。

人人都有直接议决权

这种小组织的地方团体和同业团体，人数都必然不多，团体内的成年男女，都可以到会直接议决事务，无须采用代表制度。若是一团体的事务，各个分子都有直接参与的权利，他所生的效果，在消极方面，可以免得少数人利用、把持、腐败；在积极方面，可以养成多数人的组织能力，可以引起大家向公共的利害上着想，向公共的事业上尽力，可以免得大家冷淡旁观团体涣散。中国现在的地方自治办不好，就是因为大家让少数的绅董盘踞在那里作恶，同业联合没有好效果，就是因为现在各业公所的组织，只是店东管事独霸的机关，与多数的职工店员无涉。我所以主张小组织，就是因为小组织的人少，便于全体直接参与，一扫从前绅董、店东、工头，少数人把持的积弊，又可以磨练多数人办事的能力。若有人疑心多数的教育程度不够，还是用代表制度的好，我便拿杜威博士《美国之民治的发展》讲演上的话来回答："民治主义何以好呢？因为他自身就是一种教育，就是教育的利器，叫人要知道政治的事不是大人先生的事，就是小百姓也都可以过问的。人民不问政事，便把政治的才能糟蹋完了，再也不会发展了。民治政治叫人去投票,叫人知道对于政治有很大的责任,然后自然能养成一种政治人才。美国的浩雷斯曼说:'我们的主张不是说人生下来就配干预政治,不过总要叫他配干预才是。'这就是民治主义的教育。从前美国的选举也有财产教育男女的限制,现在才把这些限制去了,去了限制之后,从没听人说过那个人不会选举,可见得政治的才能是学得的,不是生来的。"若有人疑心女子不便加入,我以为男女应该有同等权利的理论,姑且不提,单就事实上说,女子加入的坏处,我一时想不出,我却想出许多女子加入的好处,女子的和平、稳静、精细,有秩序,顾名誉,富于同情心等,可以使团体凝结的性质,都比男子好,他们第一美点,就是不利用团体去夤缘官做。

执行董事不宜专权久任

执行团体议决事务的董事,由团体全员投票选举,选举权和被选举权,都不应当有教育财产男女地位的限制。董事的人数宜多,任期宜短,不能连任,每半年改选三分之一,满期退任的次第,抽签预定。无论大会或是董事会,都只设临时主席,取合议制,不设会长总董。这都是防备少数人盘踞必不可缺的制度。

注重团体自身生活的实际需要

地方自治应该注重的是教育(小学校及阅书报社),选举(国会省县议会及城乡自治会),道路,公共卫生,乡村的地方,加上积谷、水利、害虫三件事。同业联合应该注重的是教育(补习夜学、阅书报社、通俗讲演),储蓄,公共卫生,相互救济(疾病、老、死、失业等事),消费公社,职业介绍,公共娱乐,劳工待遇等事。上海工业界现在有许多同业的联合会发生,我们十分欢迎,但是我们也有十分担心的两个疑问:(一)是否仅仅为了外交的感触,还是另有团体本身生活上实际需要的觉悟?(二)是否店东管事们在那里包办?上海各马路的商界联合会,颇和我主张的小组织相同,但我们不能满意的地方:(一)到会的会员都只有各店代表一百多人,不但不是全体,并没有过半数。(二)这些代表恐怕多半是店东管事,没有店员的分。(三)本身的组织和实际生活需要的问题,都没有谈起,请了许多事外的人来演说,发些救国裕商的空套议论,这是做什么!我盼望社会上理想高明的人,不要以为我所注重的实际生活需要讨价过低,说我主张不彻底,我相信照中国现社会的状况,只有这种小组织,注重这种实际生活的需要,乃是民治主义坚实的基础,乃是政治经济彻底改造必经的门路。我盼望官场中神经过敏的人,不要提起地方自治,马上就联想到破坏统一,不要提起同业联合,马上就联想到社会革命。我主张的这种小组织,实在平易可行,实在是共和国家政治经济的实际需要,实在说不上什么破坏统一,什么社会革命。这种小组织的地方自治,固然和你们政权无涉,于你们官兴多碍,就是这种小组织的同业联合,所注重的实际需要,也都是在现社会现经济制度之下的行动,并非什么过激的办法,不但比不上法国的工团主义(Syndicalism)那样彻底,就是比英国的工联(Trade Union)还要和平简陋得多。

断绝军人官僚政客的关系

　　军人、官僚、政客是中国的三害,无论北洋军人,西南军人,老官僚,新官僚,旧交通系,新交通系,安福系,己未系,政学会,可以总批他"明抢暗夺误国殃民"八个大字,一定要说那个好那个歹,都是一偏之见,缺少阅历。自从五四运动以来,我们中国一线光明的希望,就是许多明白有良心的人,想冲出这三害的重围,另造一种新世界,这新世界的指南针,就是唤醒老百姓,都提起脚来同走"实行民治"这一条道路。这条道路的基础上最后要留意的,就是别让三害鬼混进来,伸出他背上的那只肮脏黑手,把我们的一线光明遮住了。蝇营狗苟的新官僚(就是政客先生),惯会看风头,乘机窃取起来,更是眼明腿快,我们要格外严防,别让他利用我们洁白的劳动工人和青年学生,来办什么政党什么劳动党,做他当总长的敲门砖,最好是各种小组织的事务所,都贴上"小心扒手",好叫大众留神。我所以主张小组织,固然重在民治要有坚实的基础,也是故意摆出矮户低檐的景象,好叫这班阔人恐怕碰坏了纱帽翘,不来光顾才好。

　　这篇文章刚做好寄到上海付印,就看见张东荪先生新做的《头目制度与包办制度的打破》那篇文章(见《解放与改造》的一卷五号),说得很透彻,可以补我这篇文章的遗漏,读者务必要参看。我所主张的小组织好叫人人有直接参与权,似乎是打破一切寡头制度(头目包办制度自然包含在内)的根本方法,这种思想倘然能够成为事实,成为习惯,不但现在经济方面的恶制度可以扫除,就是将来较大的政治方面、经济方面的大组织,自然也不会有寡头专制的事发生,真民治主义才会实现。我所主张的同业联合,也含着有"两元的社会组织"的性质,但是我心中所想的未必和《联合会日刊》所说的尽同,而且我不愿意采用"两元"的名词。因为本来我们所痛苦的是现代社会制度的分裂生活,我们所渴望的是将来社会制度的结合生活,我们不情愿阶级争斗发生,我们渴望纯粹资本作用——离开劳力的资本作用渐渐消灭,不至于造成阶级争斗。怎奈我们现在所处的不结合而分裂的——劳资、国界、男女等社会,不慈善而争斗的人心,天天正在那里恶作剧(现在美国劳资两元组织的产业会议,就是一个例)。我心中所想说的话,不愿说出,恐怕有人误作调和政策,为一方面所利用,失了我的本意。此话说来太长,而且不是本篇的论旨,改日再谈罢。

十一月二日夜

(原载《新青年》第7卷第1号)

延伸阅读：

1. 胡适：《实验主义》，《新青年》第6卷第4号。
2. 陈独秀：《有鬼论质疑》，《新青年》第4卷第5号。
3. 任鸿隽：《何为科学家？》，《新青年》第6卷第3号。
4. 王星拱：《什么是科学方法？》，《新青年》第7卷第5号。
5. 高一涵：《民约与邦本》，《青年杂志》第1卷第3号。
6. 陈独秀：《当代二大科学家之思想》，《新青年》第2卷第1号。
7. 陈独秀：《驳康有为共和平议》，《新青年》第4卷第3号。
8. 陈大齐：《辟"灵学"》，《新青年》第4卷第5号。
9. 易乙玄：《答陈独秀先生〈有鬼论质疑〉》，《新青年》第5卷第2号。
10. 刘叔雅：《难易乙玄君》，《新青年》第5卷第2号。
11. 王星拱：《科学的起源和效果》，《新青年》第7卷第1号。
12. 钱玄同、刘半农：《随感录·斥灵学丛志》，《新青年》第4卷第5号。

第三章
《新青年》评判孔子之道

民国初年,社会环境比较复杂,在经历了清朝灭亡之后,整个社会正处于转型比较急促的时期,一些政治家忙于新权力分配,军阀混战,以《新青年》杂志为中心而展开的新文化运动,关注现实,针砭时弊,从思想层面开创了中国由传统社会向现代社会、由旧民主主义向新民主主义转型的新时代。

在新文化运动期间,批判和重估孔子之道是重中之重。这一时期针对孔教的批判,是为了巩固辛亥革命后建立的民主共和制度,反对复辟帝制的反动逆流。批判的矛头指向以封建礼教为中心的封建专制主义,倡导符合现代民主共和制度的平等、自由、科学等价值观念。

1916年,国会在针对是否重新立孔教为国教进行讨论时,康有为分别致信总统和国会陈明赞同恢复。对此,陈独秀专门发表了《驳康有为致总统总理书》《宪法与孔教》《孔子之道与现代生活》《再论孔教问题》进行辩驳,将矛头直指孔教,有着现实的政治意义。陈独秀主要考察了以尊君为中心的礼教形成的原因及孔子被奉为万世师表的原因。他认为这一礼教虽在孔子创立的当时具有历史价值,但因其以尊君为中心,是特别服务于历代君王的专制统治需要的。陈独秀发表的《旧思想与国体问题》认为,"腐旧思想布满国中","要诚心巩固共和国体,非将这班反对共和的伦理文学等等旧思想,完全洗刷得干干净净不可"。1918年陈独秀发表的《偶像破坏论》,提出国家偶像破坏论的主张。除此之外,吴虞在《吃人与礼教》中,用举例的方式痛批历史上的仁义道德,与鲁迅的《狂人日记》相呼应,斥责吃人恶果全是孔教所结,呼吁大家摆脱纲常礼教。

新文化运动之所以会反对孔教，一个重要的社会因素是中国社会的政治制度发生了重大变动，即辛亥革命后建立了现代意义上的民主共和制度，政治体制需要从帝制的框架下彻底变更过来。与此相应，人们的思想观念、行为方式、思维方式也要变过来，以便中国能够在新的政治制度下，适应变幻莫测的现代社会，抵御国际上的强权政治及帝国主义的压迫，同时也能使中国融入世界，与世界文明一起发展。

宪法与孔教

陈独秀

"孔教"本失灵之偶像、过去之化石,应于民主国宪法,不生问题。只以袁皇帝干涉宪法之恶果,《天坛草案》遂于第十九条附以尊孔之文,敷衍民贼,致遗今日无谓之纷争。然既有纷争矣,则必演为吾国极重大之问题。其故何哉?盖孔教问题不独关系宪法,且为吾人实际生活及伦理思想之根本问题也。

余尝谓:"自西洋文明输入吾国,最初促吾人之觉悟者为学术,相形见绌,举国所知矣。其次为政治,年来政象所证明,已有不克守缺抱残之势。继今以往,国人所怀疑莫决者,当为伦理问题。此而不能觉悟,则前此之所谓觉悟者,非彻底之觉悟,盖犹在惝恍迷离之境。"(见本志前卷六号《吾人最后之觉悟》篇中)盖伦理问题不解决,则政治学术,皆枝叶问题,纵一时舍旧谋新,而根本思想,未尝变更,不旋踵而仍复旧观者,此自然必然之事也。

孔教之精华曰礼教,为吾国伦理政治之根本。其存废为吾国早当解决之问题,应在国体宪法问题解决之先。今日讨论及此,已觉甚晚。吾国人既已纷纷讨论,予亦不得不附以赘言。

增进自然界之知识,为今日益世觉民之正轨。一切宗教,无裨治化,等诸偶象,吾人可大胆宣言者也。今让一步言之,即云浅化之民,宗教在所不废。然通行吾国各宗教,若佛教教律之精严,教理之高深,岂不可贵?又若基督教尊奉一神,宗教意识之明了,信徒制行之清洁,往往远胜于推尊孔教之士大夫。今蔑视他宗,独尊一孔,岂非侵害宗教信仰之自由乎?(所谓宗教信仰自由者,任人信仰何教,自由选择,皆得享受国家同等之待遇,而无所歧视。今有议员王谢家建议,以为倘废祀孔,乃侵害人民信教之自由,其言实不可解。国家未尝祀佛,未尝祀耶,今亦不祀孔,平等待遇,正所以尊重信教自由,何云侵害?盖王君目无佛、耶,只知有孔,未尝梦见信教自由之为何物也)

今再让一步言之,或云佛、耶二教非吾人固有之精神,孔教乃中华之国粹。然旧教九流,儒居其一耳。阴阳家明历象,法家非人治,名家辨名实。墨家有兼爱、节葬、非命诸说,制器敢战之风,农家之并耕食力,此皆国粹之优于儒家孔子者也。今效汉武之术,罢黜百家,独尊孔氏,则学术思想之专制,其湮塞人智,为祸之烈,远在政界帝王之上。

今再让一步言之,或谓儒教包举百家,独尊其说,乃足以化民善俗。夫非人是己,宗风所同。使孔教会仅以私人团体,立教于社会,国家固应予以与各教同等之自由。使仅以"孔学会"号召于国中,尤吾人所赞许(西人于前代大哲,率有学会以祀之)。今乃专横跋扈,竟欲以四万万人各教信徒共有之国家,独尊祀孔氏,竟欲以四万万人各教信徒共有之宪法,独规定以孔子之道为修身大本。呜呼!以国家之力强迫信教,欧洲宗教战争,殷鉴不远。即谓吾民酷爱和平,不至激成战斗,而实际生活,必发生种种撞扰不宁之现象(例如假令定孔教为国教,则总统选举法,及官吏任用法,必增加异教徒不获当选一条。否则异教徒之为总统官吏者,不祀孔则违法,祀孔则叛教,无一是处。又如学校生徒之信奉佛、道、耶、回各教者,不祀孔则违背校规,祀孔则毁坏其信仰,亦无一是处)。去化民善俗之效也远矣。

以何者为教育大本,万国宪法,无此武断专横之规定。而孔子之道适宜于民国教育精神与否,犹属第二问题。盖宪法者,全国人民权利之保证书也,决不可杂以优待一族、一教、一堂、一派人之作用。以今世学术思想之发达,无论集硕学若干辈,设会讨论教育大本,究应以何人学说为宗,吾知其未敢轻决而著书宣告于众。况挟堂堂国宪,强全国之从同,以阻思想信仰之自由,其无理取闹,宁非奇谈!

凡兹理由,俱至明浅,稍有识者皆知之。此时贤之尊孔者,所以不以孔教为宗教者有之,以为宗教而不主张假宪法以强人信从者有之。此派之尊孔者,虽无强人同己之恶习,其根本见解予亦不敢盲从。故今所讨论者,非孔教是否宗教问题,且非但孔教可否定入宪法问题,乃孔教是否适宜于民国教育精神之根本问题也。此根本问题,贯彻于吾国之伦理、政治、社会制度、日常生活者,至深且广,不得不急图解决者也。欲解决此问题,宜单刀直入,肉薄问题之中心。

其中心谓何?即民国教育精神果为何物,孔子之道又果为何物,二者是否可以相容是也。

西洋所谓法治国者,其最大精神,乃为法律之前,人人平等,绝无尊卑贵贱之殊。虽君主国亦以此为主宪之正轨,民主共和,益无论矣。然则共和国民之教育,其应发挥人权平等之精神,毫无疑义。复次欲知孔子之道果为何物,此主张尊孔与废孔者，皆应有明了之概念，非何笼统其词以为褒贬也。

今之尊孔者，率分甲乙二派：甲派以三纲五常为名教之大防，中外古今，莫可逾越；西洋物质文明，固可尊贵，独至孔门礼教，固彼所未逮，此中国特有之文明，不可妄议废弃者也。乙派则以为三纲五常之说，出于纬书，宋儒盛倡之，遂酿成君权万能之末弊，原始孔教，不如是也。持此说之最有条理者，莫如顾实君，谓宋以后之孔教，为君权化之伪孔教；原始孔教，为民间化之真孔教；三纲五常，属于伪孔教范畴；取司马迁之说，以四教（文、行、忠、信）、四绝（毋意、毋必、毋固、毋我）、三慎（斋、战、疾）为原始之真孔教范畴（以上皆顾实君之说，详见第二号《民彝》杂志《社会教育及共和国魂之孔教论》）。愚则宁是甲而非乙也。

三纲五常之名词，虽不见于经，而其学说之实质，非起自两汉唐宋以后，则不可争之事实也。教忠（忠有二义：一对一切人，一对于君。与孝并言者，必为对君之忠可知），教孝[吴稚晖先生，谓孝为古人用爱最挚之一名词，非如南宋以后人之脑子，合忠孝为一谈，一若言孝，而有家庭服从之组织，隐隐寓之于中；又云孝之名即不存，以博爱代之：父与父言博爱，慈矣；子与子言博爱，孝矣。（以上见十月九日《中华新报》《说孝》）倘认人类秉有相爱性，何独无情于骨肉？吴先生以爱代孝之说尚矣。惟儒教之言孝，与墨教之言爱，有亲疏等差之不同，此儒、墨之鸿沟，孟氏所以斥墨为无父也。吴先生之言，必为墨家所欢迎，而为孔孟所不许。父母死三年，尚无改其道，何论生存时家庭服从之组织？儒教莫要于礼，礼莫重于祭，祭则推本于孝。（《祭统》云："凡治人之道，莫急于礼。礼有五经，莫重于祭。"又云："祭者，所以追养继孝也。"）儒以孝为人类治化之大原，何只与忠并列？《祭统》云："忠臣以事其君，孝子以事其亲，其本一也。"《孝经》云："资于事父以事君而敬同。"又云："孝莫大于严父。"又云："父母之道，天性也，君臣之义也。"又云："要君者无上，非圣人者无法，非孝者无亲，此大乱之道也。"审是，忠孝并为一谈，非始于南宋，乃孔门立教之大则也。吴先生所云，毋乃犹避腐儒非古侮圣之讥也欤]，教从（《郊特牲》曰："妇人，从人者也：幼从父兄，嫁从夫，夫死从子。"），非皆片面之义务，不平等之道德，阶级尊卑之制度，三纲之实质也耶？"不仕无义，长幼之节，不可废也，君臣之义，如之何其废之"；"挞之流血，起敬起孝"；"妇人者，伏于人者也"；"夫不在，敛枕箧簟席襡，器而藏之"。此岂宋以后人尊君、尊父、尊男、尊夫之语耶？《纬书》，古史也，可以翼经，岂宋后之著作？董仲舒、马融、班固，皆两汉大儒。董造《春秋繁露》，马注《论语》，班辑《白虎通》，皆采用三纲之说。朱子不过沿用旧义，岂可独罪宋儒？

愚以为三纲说不徒非宋儒所伪造,且应为孔教之根本教义。何以言之?儒教之精华曰礼。礼者何?《坊记》曰:"夫礼者,所以章疑别微,以为民坊者也。故贵贱有等,衣服有别。"又曰:"天无二日,土无二王,家无二主,尊无二上,示民有君臣之别也。"《哀公问》曰:"民之所由生,礼为大。非礼无以节事天地之神也,非礼无以辨君臣、上下、长幼之位也。"《曲礼》曰:"夫礼者,所以定亲疏,决嫌疑,别同异,明是非也。"又曰:"君臣上下,父子兄弟,非礼不定。"《礼运》曰:"礼者,君之大柄也。"《礼器》曰:"礼之近人情者,非其至者也。"《冠义》曰:"责成人礼焉者,将责为人子,为人弟,为人臣,为人少者之礼行焉。"是皆礼之精义。(晏婴所讥盛容繁饰,登降之礼,趋详之节,累世不能殚其学,当年不能究其礼,此犹属仪文之末)。尊卑贵贱之所由分,即三纲之说之所由起也[三纲之义,乃起于礼别尊卑,始于夫妇,终于君臣,共贯同条,不可偏废者也。今人欲偏废君臣,根本已摧,其余二纲,焉能存在?而浏阳李女士,主张夫妻平等,以为无伤于君父二纲(见本年第五号《妇女杂志》《社说》),是皆不明三纲一贯之根本精神之出于礼教也]。

此等别尊卑、明贵贱之阶级制度,乃宗法社会封建时代所同然,正不必以此为儒家之罪,更不必讳为原始孔教之所无。愚且以为儒教经汉、宋两代之进化,明定纲常之条目,始成一有完全统系之伦理学说,斯乃孔教之特色,中国独有之文明也。若夫温、良、恭、俭、让、信、义、廉、耻诸德,乃为世界实践道德家所同遵,未可自矜特异,独标一宗者也。

使今犹在闭关时代,而无西洋独立平等之人权说以相较,必无人能议孔教之非。即今或谓吾华贱族,与皙人殊化,未可强效西颦,愚亦心以为非而口不能辨。惟明明以共和国民自居,以输入西洋文明自励者,亦于与共和政体、西洋文明绝对相反之别尊卑、明贵贱之孔教,不欲吐弃,此愚之所大惑也。以议员而尊孔子之道,则其所处之地位,殊欠斟酌;盖律以庶人不议,则代议政体,民选议院,岂孔教之所许(《礼运》所谓天下为公,选贤与能,乃指唐虞之世,君主私相禅授而言,略类袁氏金匮石室制度,与今世人民之有选举权,绝不同也)?以宪法而有尊孔条文,则其余条文,无不可废;盖今之宪法,无非采用欧制,而欧洲法制之精神,无不以平等人权为基础。吾见民国宪法草案百余条,其不与孔子之道相抵触者,盖几希矣,其将何以并存之?

吾人倘以为中国之法,孔子之道,足以组织吾之国家,支配吾之社会,使适于今日竞争世界之生存,则不徒共和宪法为可废。凡十余年来之变法维新,流血革命,设国会,改法律(民国以前所行之大清律,无一条非孔子之道)及一切新政治、新教育,无一非多事,且无一非谬误,应悉废罢,仍守旧法,以免滥费吾人之财力。万一不安本分,妄欲建设西洋式之新国家,组织西洋式之新社会,以求适今世之生存,则根本问题,不可不首先输入西洋式社会国家之基础。所谓平等人权之新信仰,对于与此新社会、新国家、新信仰不可相容之孔教,不可不有彻底之觉悟,猛勇之决心,否则不塞不流,不止不行!

(原载《新青年》第 2 卷第 3 号)

孔子之道与现代生活

陈独秀

甲午之役，兵破国削，朝野惟外国之坚甲利兵是羡。独康门诸贤，洞察积弱之原，为贵古贱今之政制、学风所致，以时务知新主义，号召国中。尊古守旧者，觉不与其旧式思想、旧式生活状态相容，遂群起哗然非之，詈为离经畔道，名教罪人。湖南叶德辉所著《翼教丛篇》，当时反康派言论之代表也。吾辈后生小子，愤不能平，恒于广座为康先生辨护。乡里瞽儒，以此指吾辈为康党，为孔教罪人，侧目而远之。

戊戌庚子之际，社会之视康党为异端，为匪徒也（其时张勋等心目中之康有为，必较今日之唐绍仪尤为仇恶也），与辛亥前之视革命党相等。张之洞之《劝学篇》，即为康党而发也。张氏亦只知歆羡坚甲利兵之一人，而于西洋文明大原之自由、平等、民权诸说，反复申驳，谓持此说者为"自堕污泥"（《劝学篇》中语），意在指斥康、梁，而以息邪说正人心之韩愈、孟轲自命也。未开化时代之人物之思想，今日思之，抑何可笑，一至于斯！

不图当日所谓离经畔道之名教罪人康有为，今亦变而与夫未开化时代之人物之思想同一臭味。其或自以为韩愈、孟轲，他人读其文章，竟可杂诸《翼教丛篇》《劝学篇》中，而莫辨真伪。康先生欲为韩愈、孟轲乎？然此荣誉当让诸当代卫道功臣叶德辉先生。叶先生见道甚早，今犹日夜太息，痛恨邪说之兴，兴于康有为，而莫可息；人心之坏，坏于康有为，而莫可正；居恒欲手刃其人，以为畔道离经者戒。康先生闻之，能勿汗流浃背沾衣耶？

或谓"叶、康皆圣人之徒，能予人以自新；康既悔过自首，叶必嘉其今是而赦其昨非"，此说然否，吾无所容心焉。盖康先生今日应否悔过尊从孔教问题，乃其个人信仰之自由，吾人可置之不论不议之列。吾人所欲议论者，乃律以现代生活状态，孔子之道，是否尚有尊从之价值是也。

自古圣哲之立说，宗教属出世法，其根本教义，不易随世间差别相而变迁，故其支配人心也较久。其他世法诸宗，则不得不以社会组织、生活状态之变迁为兴废。一种学说,可产生一种社会;一种社会,亦产生一种学说。影响复杂,随时变迁。其变迁愈复杂而期间愈速者,其进化之程度乃愈高。其欲独尊一说,以为空间上人人必由之道,时间上万代不易之宗,此于理论上决为必不可能之妄想,而事实上惟于较长期间不进化之社会见之耳。若夫文明进化之社会,其学说之兴废,恒时时视其社会之生活状态为变迁。故欧美今日之人心,不但不为其古代圣人亚里斯多德所拘囚,且并不为其近代圣人康德所支配。以其生活状态有异于前也。

即以不进化之社会言之,其间亦不无微变。例如吾辈不满于康先生,而康先生曾亦不满于张之洞与李鸿章,而张之洞、李鸿章亦曾不满于清廷反对铁路与海军之诸顽固也。宇宙间精神物质,无时不在变迁即进化之途,道德彝伦,又焉能外?"顺之者昌,逆之者亡",史例俱在,不可谓诬。此亦可以阿斯特瓦尔特之说证之:一种学说,一种生活状态,用之既久,其精力低行至于水平,非举其机械改善而更新之,未有不失其效力也。此"道与世更"之原理,非稽之古今中外而莫能破者乎?

试更以演绎之法,推论孔子之道,实证其适用于现代与否,其断论可得而知之矣。康先生前致总统总理书,以孔教与婆、佛、耶、回并论,且主张以"孔子为大教,编入宪法",是明明以孔教为宗教之教,而欲尊为国教矣。今观其与教育范总长书(见《国是报》),乃曰:"孔子之经,与佛、耶之经有异。佛经皆出世清净之谈,耶经只尊天养魂之说,其于人道举动云为,人伦日用,家国天下,多不涉及,故学校之不读经无损也。若孔子之经,则于人身之举动云为,人伦日用,家国天下,无不纤悉周匝,故读其经者,则于人伦日用,举动云为,家国天下,皆有德有礼,可持可循;故孔子之教,乃为人之道。故曰:'道不远人。人之为道而远人,不可以为道。'若不读经,则于人之一身,举动云为,人伦日用,家国天下,皆不知所持循。"是又明明不以孔教为出世养魂之宗教,而谓为人伦日用之世法矣。

余以康先生此说诚得儒教之真,不似前之宗教说厚诬孔子也。惟是依道与世更之原理,世法道德必随社会之变迁为兴废,反不若出世远人之宗教,不随人事变迁之较垂久远(康先生与范书极称西洋尊教诵经之盛,不知正以其为出世远人之宗教则尔也,今亦已稍稍杀矣)。康先生意在尊孔以为日用人伦之道,必较宗教之迂远,足以动国人之信心,而不知效果将适得其反。盖孔教不适现代日用生活之缺点,因此完全暴露,较以孔教为宗教者尤为失败也。现代生活,以经济为之命脉,而个人独立主义,乃为经济学生产之大则,其影响遂及于伦理学。故现代伦理学上之个人人格独立,与经济学上之个人财产独立,互相证明,其说遂至不可摇动;而社会风纪,物质文明,因此大进。中土儒者,以纲常立教。为人子为人妻者,既失个人独立之人格,复无个人独立之财产。父兄畜其子弟(父兄养成年之子弟,伤为父兄者之财产也小,伤为子弟者之独立人格及经济能力也大。儒教慈、孝、悌并称,当然终身相养而不以为怪异),子弟养其父兄(人类有相爱互助之谊,何独忍情于父兄?况养亲报恩,乃情理之常。惟以伦理见解,不论父兄之善恶,子弟之贫富,一概强以孝养之义务不可也)。《坊记》曰:"父母在,不敢有其身,不敢私其财。"此甚非个人独立之道也。康先生与范书引"鳏寡孤独有所养""我不欲人之加诸我也,吾亦欲无加诸人"等语,谓为个人独立之义,孔子早已有之。此言真如梦呓!夫不欲人我相加,虽为群己间平等自由之精义,然有孝悌之说以相消,则自由平等只用之社会,而不能行之于家庭。人格之个人独立既不完全,财产之个人独立更不相涉。"鳏寡孤独有所养"之说,适与个人独立之义相违。西洋个人独立主义,乃兼伦理、经济二者而言,尤以经济上个人独立主义为之根本也。

现代立宪国家,无论君主共和,皆有政党。其投身政党生活者,莫不发挥个人独立信仰之精神,各行其是,子不必同于父,妻不必同于夫。律以儒家教孝、教从之义,父死三年,尚不改其道;妇人从父与夫,并从其子。岂能自择其党,以为左右袒耶?

妇人参政运动,亦现代文明妇人生活之一端。律以孔教"妇人者,伏于人者也""内言不出于阃""女不言外"之义,妇人参政,岂非奇谈?西人孀居生活,或以笃念旧好,或尚独身清洁之生涯,无所谓守节也。妇人再醮,决不为社会所轻(美国今大总统威尔逊之夫人,即再醮者。夫妇学行,皆为国人所称)。中国礼教有"夫死不嫁"(见《郊特牲》)之义。男子之事二主,女子之事二夫,遂共目为失节,为奇辱。礼又于寡妇夜哭有戒(见《坊记》),友寡妇之子有戒(见《坊记》及《曲礼》)。国人遂以家庭名誉之故,强制其子媳孀居。不自由之名节,至凄惨之生涯,年年岁岁,使许多年富有为之妇女,身体精神俱呈异态者,乃孔子礼教之赐也!

今日文明社会,男女交际,率以为常。论者犹以为女性温和,有以制男性粗暴,而为公私宴聚所必需。即素不相知之男女,一经主人介绍,接席并舞,不以为非。孔子之道则曰"男女不杂坐";曰"嫂叔不通问";曰"已嫁而返,兄弟弗与同席而坐,弗与同器而食";曰"男女非有行媒,不相知名;非受币,不交不亲"(均见《曲礼》);曰"女子出门,必拥蔽其面";曰"七年(即七岁)男女不同席,不共食"(均见《内则》);曰"男女无媒不交,无币不相见";曰"礼非祭,男女不交爵"(均见《坊记》)。是等礼法,非独与西洋社会生活状态绝殊,又焉能行于今日之中国?

西洋妇女独立自营之生活,自律师、医生以至店员、女工,无不有之。而孔子之道则曰:"男女授受不亲"(见《坊记》);"男不言内,女不言外,非祭,非丧,不相授器"(见《内则》);"妇人,从人者也。"是盖以夫为妇纲,为妇者当然被养于夫,不必有独立生活也。

妇于夫之父母,素不相知,只有情而无义。西洋亲之与子,多不同居;其媳更无孝养翁姑之义务。而孔子之道则曰:"戒之敬之,夙夜毋违命。"(见《士昏礼》)"妇顺者,顺于舅姑。"(见《昏义》)"妇事舅姑,如事父母。""父母舅姑之命,勿逆勿怠。""子甚宜其妻,父母不悦,出。"(古人夫妻情好甚笃,若不悦于其亲而出之,致遗终身之憾者甚多,例如陆游即是也)。"凡妇,不命适私室,不敢退;妇将有事,大小必请于舅姑。"(均见《内则》)此恶姑虐媳之悲剧所以不绝于中国之社会也!

西俗于成年之子,不甚责善,一任诸国法与社会之制裁。而孔子之道则曰:"父母怒不悦,而挞之流血,不敢疾怨,起敬起孝。"此中国所以有"父要子死,不得不死;君要臣亡,不得不亡"之谚也。

西洋丧葬之仪甚简,略类中国墨子之道。儒家主张厚葬,丧礼之繁,尤害时废业,不可为训。例如"寝苫枕块,非丧事不言"之礼,试问今之尊孔诸公居丧时,除以"苫块昏迷"妄语欺人外,曾有一实行者乎?

以上所举孔子之道。吾愿尊孔诸公叩之良心:自身能否遵行,征之事实能否行之社会,即能行之,是否增进社会福利国家实力,而免于野蛮黑暗之讥评耶?吾人为现代尚推求理性之文明人类,非古代盲从传说之野蛮人类,乌可以耳代脑,徒以儿时震惊孔夫子之大名,遂真以为万世师表,而莫可议其非也!

孔子生长封建时代,所提倡之道德,封建时代之道德也;所垂示之礼教,即生活状态,封建时代之礼教,封建时代之生活状态也;所主张之政治,封建时代之政治也。封建时代之道德、礼教、生活、政治,所心营目注,其范围不越少数君主贵族之权利与名誉,于多数国民之幸福无与焉。何以明之?儒家之言:社会道德与生活,莫大于礼;古代政治,莫重于刑。而《曲礼》曰:"礼不下庶人,刑不上大夫。"此非孔子之道及封建时代精神之铁证也耶?

康先生所谓孔子之经,于人身之举动云为,人伦日用,家国天下,无不纤悉周匝。吾知其纤悉周匝者,即在数千年前宗法时代封建时代,亦只行于公卿大夫士之人伦日用,而不行之于庶人,更何能行于数千年后之今日共和时代国家时代乎?立国于今日民政民权发张之世界,而惟注意于少数贵族之举动云为,人伦日用,可乎不可?稍有知识之尊孔诸公,其下一良心之判断!

康先生与范书曰:"中国人,上者或博极群书,下者或手执一业,要其所以心造自得,以为持身涉世修己治人之道,盖无不从少年读论孟来也。"斯言也,吾大承认之。惟正以社会上下之人,均自少至老,莫不受孔教之陶镕,乃所以有今日之现象。今欲一仍其旧乎?抑或欲改进以求适现代之争存乎?稍有知识之尊孔诸公,其下一良心之判断!

康先生与范书曰:"夫同此中国人,昔年风俗人心,何以不坏?今者风俗人心,何以大坏?盖由尊孔与不尊孔故也。"是直瞽说而已!吾国民德之不隆,乃以比较欧美而言。若以古代风俗人心,善于今日,则妄言也。风俗人心之坏,莫大于淫杀。此二者古今皆不免,而古甚于今。黄巢、张献忠之惨杀,今未闻也。有稍与近似者,亦惟反对新党赞成帝制孔教之汤芗铭、龙济光、张勋、倪嗣冲而已。古之宫庭秽乱,史不绝书。防范之策,至用腐刑。此等惨无人道之事,今日尚有之乎?古之防范妇人,乃至出必蔽面,入不共食;今之朝夕晤对者,未必即乱。古之显人,往往声妓自随,清季公卿,尚公然嬖男宠,今皆无之。溺女蛮风,今亦渐息。此非人心风俗较厚于古乎?

共和思想流入以来,民德尤为大进。黄花岗七十二士,同日为国就义,扶老助弱,举止从容。至今思之,令人垂泪!中国前史,有此美谈乎?袁氏称帝,冯、段诸公,竟不以私交废公义;唐、蔡、岑、陆,均功成不居。此事在欧、美、日本为寻常,而为中国古代军人所罕有。国民党人,苦战余生,以尊重约法之故,首先主张癸丑年与为政敌之黎元洪继任,为天下倡。此非共和范为民德之效耶?

浅人所目为今日风俗人心之最坏者,莫过于臣不忠,子不孝,男不尊经,女不守节。然是等谓之不尊孔则可,谓之为风俗人心之大坏,盖未知道德之为物,与真理殊,其必以社会组织生活状态为变迁,非所谓一成而万世不易者也。吾愿世之尊孔者勿盲目耳食,随声附和,试揩尔目,用尔脑,细察孔子之道果为何物,现代生活果作何态,诉诸良心,下一是非、善恶、进化或退化之明白判断,勿依违,勿调和,依违调和为真理发见之最大障碍。

(原载《新青年》第2卷第4号)

再论孔教问题

陈独秀

吾国人学术思想不进步之重大原因，乃在持论笼统与辨理之不明。近来孔教问题之纷呶不决，亦职此故。余故于发论之先，敢为读者珍重申明之。

第一，余之信仰。人类将来真实之信解行证，必以科学为正轨，一切宗教，皆在废弃之列。其理由颇繁，姑略言之。盖宇宙间之法则有二：一曰自然法；一曰人为法。自然法者，普遍的、永久的、必然的也，科学属之；人为法者，部分的、一时的、当然的也，宗教、道德、法律皆属之。无食则饥，衰老则死，此全部生物永久必然之事，决非一部分、一时期当然遵循者。若夫礼拜耶和华，臣殉君，妻殉夫，早婚有罚，此等人为之法，皆只行之一国土、一时期，决非普遍永久必然者。人类将来之进化，应随今日方始萌芽之科学，日渐发达，改正一切人为法则，使与自然法则有同等之效力，然后宇宙人生，真正契合。此非吾人最大最终之目的乎？或谓宇宙人生之秘密，非科学所可解，决疑释忧厥惟宗教。余则以为，科学之进步，前途尚远，吾人未可以今日之科学自画，谓为终难决疑。反之，宗教之能使人解脱者，余则以为必先自欺，始克自解，非真解也。真能决疑，厥惟科学。故余主张以科学代宗教，开拓吾人真实之信仰，虽缓终达。若迷信宗教以求解脱，直"欲速不达"而已。

复次，则论孔教。夫"孔教"二字，殊不成一名词。中国旧说中，惟阴阳家言，属于宗教。墨家明鬼，亦尚近之。儒以道得民，以六艺为教。孔子，儒者也，孔子以前之儒，孔子以后之儒，均以孔子为中心。其为教也，文行忠信，不论生死，不语鬼神，其称儒行于鲁君也，皆立身行己之事，无一言近于今世之所谓宗教者。孔教名词，起源于南北朝三教之争。其实道家之老子与儒家之孔子，均非教主。其立说之实质，绝无宗教家言也。夫孔教之名词既不能成立，强欲定孔教为国教者，讵非妄人相传有二近视者，因争辨匾额字画之是非，至于互斗。明眼人自旁窃笑，盖并匾额而无之也。今之主张孔教者，亦无异于是！

假令从社会之习惯，承认孔教或儒教为一名词，亦不可牵入政治，垂之宪章。

盖政教分途,已成公例。宪法乃系法律性质,全国从同,万不能涉及宗教、道德,使人得有出入依违之余地。此蔡孑民先生所以谓"孔子是孔子,宗教是宗教,国家是国家,义理各别,勿能强作一谈"也。蔡先生不反对孔子,更不绝对反对宗教,此余之所不同也。其论孔子、宗教、国家,三者性质绝异,界限分明,不能强合,此余之所同也。孔教而可定为国教,加入宪法,倘发生效力,将何以处佛、道、耶、回诸教徒之平等权利,倘不发生效力,国法岂非儿戏,政教混合,将以启国家无穷之纷争。孔子之道,可为修身之大本,定入宪法,则先于孔子之尧、舜、禹、汤、文武、周公之道,后于孔子之杨、墨、孟、荀、程、朱、陆、王之道,何一不可为修身之大本?乌可一言而决者,其纷争又岂让于教祸。

或谓国教诚不可有,孔子亦非宗教家。惟孔门修身之道,为百国德教之源,数千年人心所系,一旦摈弃,重为风俗人心之患,故应定入宪法,以为教育之大方针。余对此说,有三疑问,以求解答。

(1) 孔门修身伦理学说,是否可与共和立宪政体相容儒家礼教,是否可以施行于今世国民之日用生活。

(2) 宪法是否可以涉及教育问题及道德问题。

(3) 万国宪法条文中,有无人之姓名发现。

倘不能解答此三种疑问,则宪法中加入孔道修身之说,较之定孔教为国教,尤为荒谬!因国教虽非良制,而尚有先例可言。至于教育,应以何人之说为修身大本,且规定于宪法条文中,可谓为万国所无之大笑话!国会议员中,竟有多数人作此毫无知识之主张者,无惑乎解散国会之声盈天下也!余辈对于科学之信仰,以为将来人类达于觉悟,获享幸福,必由之正轨,尤为吾国目前所急需,其应提倡尊重之也,当然在孔教、孔道及其他宗教哲学之上。然提倡之,尊重之,可也;规定于宪法,使人提倡之,尊重之,则大不可。宪法纯然属于法律范围,不能涉及教育问题,犹之不能涉及实业问题,非以教育、实业为不重也。不能以法律规定尊重孔子之道,犹之不能以法律规定尊重何种科学,非以孔道、科学为不重也。至于孔子之道,不能为共和国民修身之大本,尚属别一问题。宪法中不能规定以何人之道为修身大本,固不择孔子与卢梭也,岂独反对民权、共和之孔道,不能定入宪法,以为修身之大本,即提倡民权、共和之学派,亦不能定入宪法,以为修身之大本。盖法律与宗教、教育义各有畔,不可相乱也。

今之反对国教者,无不持约法中信教自由之条文,以为戈矛。都中近且有人发起"信教自由会",以鼓吹舆论。余固以为合理,而于事实则犹有未尽者。何以言之中国文庙遍于郡县,春秋二祀,官厅学校,奉行日久,盖俨然国教也。而信仰他教者,政府亦未尝加以迫害或禁止。即令以孔教为国教,定入宪法,余料各科并行,仍未必有所阻害。故余以为,各教信徒,对于政府所应力争者,非人民信教自由之权利,乃国家待遇各教平等之权利也。国家收入,乃全国人民公共之担负,非孔教徒独力之担负。以国费立庙祀孔,亦当以国费建寺院祀佛、道,建教堂祀耶、回,否则一律不立庙,不致祭。国家待遇各教,方无畸重畸轻之罪戾。各教教徒对于国家担负平等,所享权利,亦应平等。必如是,而后教祸始不酝酿于国中。由斯以谈,非独不能以孔教为国教,定入未来之宪法,且应毁全国已有之孔庙而罢其祀!

(原载《新青年》第2卷第5号)

驳康有为致总统总理书

陈独秀

南海康有为先生，为吾国近代先觉之士，天下所同认。吾辈少时，读八股，讲旧学，每疾视士大夫习欧文谈新学者，以为皆洋奴，名教所不容也；后读康先生及其徒梁任公之文章，始恍然于域外之政教学术，粲然可观，茅塞顿开，觉昨非而今是。吾辈今日得稍有世界知识，其源泉乃康梁二先生之赐。是二先生维新觉世之功，吾国近代文明史所应大书特书者矣。

厥后任公先生且学且教，贡献于国人者不少，而康先生则无闻焉。不谓辛亥以还，且于国人流血而得之共和，痛加诅咒。《不忍》杂志，不啻为筹安会导其先河。天下之敬爱先生者，无不为先生惜之！

中国帝制思想，经袁氏之试验，或不至死灰复燃矣。而康先生复于别尊卑、重阶级，事天尊君，历代民贼所利用之孔教，锐意提倡，一若惟恐中国人之"帝制根本思想"或至变弃也者。近且不惜词费，致书黎段二公，强词夺理，率肤浅无常识，识者皆目笑存之，本无辨驳之价值。然中国人脑筋不清，析理不明，或震其名而惑其说，则为害于社会思想之进步也甚巨，故不能已于言焉。

惟是康先生虽自夸"三周大地，游遍四洲，经三十国，日读外国之书"，然实不通外国文，于外国之论理学、宗教史、近代文明史、政治史，所得甚少，欲与之析理辨难，知无济也。

曷以明其然哉？原书云："今万国之人，莫不有教，惟生番野人无教。今中国不拜教主，岂非自认为无教之人乎？则甘认与生番野人等乎？"按台湾生番与内地苗民，迷信其宗教，视文明人尤笃。则人皆有教，生番野人无教之大前提已误。不拜教主，且仅指不拜孔子，竟谓为无教之人乎？则不拜教主即为无教之小前提又误。大小前提皆误，则中国人无教与生番野人等之断案，诉诸论理学，谓为不误可乎？是盖与孟子"无父无君，是禽兽也"之说，同一谬见。故知其不通论理学也。

欧美宗教，由加特力教（Catholicism）一变而为耶稣新教（Protestantism），再变而为唯一神教(Unitarianism)，教律宗风，以次替废。唯一神教但奉真神，不信三位一体之说，斥教主灵迹为惑世之诬言，谓教会之仪式为可废，此稍治宗教史者所知也。德之倭根，法之柏格森，皆当今大哲，且信仰宗教者也（倭根对于一切宗教皆信仰，非只基督教已也）。其主张悉类唯一神教派，而主教之膜拜，教会之仪式，尤所蔑视。审是，西洋教宗，且已由隆而之杀。吾华宗教，本不隆重。况孔教绝无宗教之实质（宗教实质，重在灵魂之救济，出世之宗也。孔子不事鬼，不知死，文行忠信，皆入世之教，所谓性与天道，乃哲学，非宗教）与仪式，是教化之教，非宗教之教。乃强欲平地生波，惑民诬孔，诚吴稚晖先生所谓"凿孔栽须"者矣！

　　君权与教权以连带之关系，同时削夺，为西洋近代文明史上大书特书之事。信教自由，已为近代政治之定则。强迫信教，不独不能行之本国，且不能施诸被征服之属地人民。其反抗最烈、影响最大者，莫如英国之清教徒，以不服国教专制之故，不惜移住美洲，叛母国而独立。康先生蔑视佛道耶回之信仰，欲以孔教专利于国中，吾故知其所得于近世文明史、政治史之知识必甚少也。然此种理论，必为康先生所不乐闻；即闻之而不平心研究，则终亦不甚了了。吾今所欲言者，乃就原书中指陈其不合事实、缺少常识、自相矛盾之言，以告天下，以质之康先生。

　　康先生电请政府拜孔尊教，南北报纸，无一赞同者；国会主张删除宪法中尊孔条文，内务部取消拜跪礼节，南北报纸，无一反对者。而原书一则曰"当道措施，殊有令国人骇愕者"，再则曰"国务有司所先行，在禁拜圣令，天下骇怪笑骂！"吾知夫骇愕笑骂者，康先生外宁有几人？乌可代表国人，厚诬天下？此不合事实者一也。

　　欧洲"无神论"之哲学，由来已久，多数科学家，皆指斥宗教之虚诞，况教主耶？今德国硕学赫克尔，其代表也。"非宗教"之声，已耸动法兰西全国，即尊教信神之唯一神教派，亦于旧时教义教仪，多所吐弃。而原书云："数千年来，无论何人何位，无有敢议废拜教主之礼，黜教主之祀者。"不知何所见而云然？此不合事实者二也。

　　吾国四万万人，佛教信者最众。其具完全宗教仪式者，耶回二教，遍布中国，数亦匪鲜。而原书云："四万万人民犹在也，而先自弃其教，是谓无教。"又云："今以教主孔子之神圣，必黜绝而力攻之，是导其民于无教也。"以不尊孔即为无教，此不合事实者三也。

第三章 《新青年》评判孔子之道

原书命意设词,胥乏常识;其中最甚者,莫若袭用古人极无常识之套语:曰,以《春秋》折狱;曰,以三百五篇作谏书;曰,以《易》通阴阳;曰,以《中庸》传心;曰,以《孝经》却贼;曰,以《大学》治鬼;曰,以半部《论语》治天下。吾且欲为补一言,曰,以《禹贡》治水,谅为先生所首肯!

夫《春秋》之所口诛笔伐者,乱臣贼子也;今有狱于此,首举叛旗,倾覆清室者,即原书所称"缁衣好贤宵旰忧劳"之今大总统,不知先生将何以折之(辛亥义师起,康先生与其徒徐勤书,称之曰贼曰叛,当不许以种族之故,废孔教之君臣大义也)?所谓以《大学》治鬼者,未审与说部《绿野仙踪》所载齐贡生之伎俩如何?所谓半部《论语》治天下,不识"民可使由之,不可使知之""天下有道,则庶人不议"等语,是否在此半部中也?

呜呼!先生休矣!先生硁硁以为议院、国务院,无擅议废拜废祀之权,一面又乞灵议院,以"以孔子为大教,编入宪法,要求政府。""明令保守府县学宫及祭田,皆置奉祀官。"(以上皆原书语)夫无权废之,何以有权兴之?

然此犹矛盾之小者也。孔教与帝制,有不可离散之因缘;若并此二者而主张之,无论为祸中国与否,其一贯之精神,固足自成一说。不图以曾经通电赞成共和之康先生,一面又推尊孔教;既推尊孔教矣,而原书中又期以"不与民国相抵触者,皆照旧奉行"。主张民国之祀孔,不啻主张专制国之祀华盛顿与卢梭,推尊孔教者而计及抵触民国与否?是乃自取其说而根本毁之耳,此矛盾之最大者也!

吾最后尚有一言以正告康先生曰:吾国非宗教国,吾国人非印度犹太人,宗教信仰心,由来薄弱。教界伟人,不生此土,即勉强杜撰一教宗,设立一教主,亦必无何等威权,何种荣耀。若虑风俗人心之漓薄,又岂干禄作伪之孔教所可救治?古人远矣!近代贤豪,当时耆宿,其感化社会之力,至为强大;吾民之德敝治污,其最大原因,即在耳目头脑中无高尚纯洁之人物为之模范,社会失其中枢,万事循之退化。(法国社会学者孔特,谓人类进化,由其富于模仿性,英雄硕学,乃人类社会之中枢,资其模仿者也)若康先生者,吾国之耆宿,社会之中枢也,但务端正其心,廉洁其行,以为小子后生之模范,则裨益于风俗人心者,至大且捷,不必远道乞灵于孔教也。

(原载《新青年》第2卷第2号)

旧思想与国体问题

在北京神州学会讲演

陈独秀

今日本会开讲演会,适遇国会纪念日,鄙人不觉发动一种感想,所以选择此题。鄙人感想非他,即现今之国会非君主国的国会,乃共和国的国会。方才李石曾先生演说《学术之进化》有云:"政治进化的潮流,由君主而民主,乃一定之趋势,吾人可以怀抱乐观。"鄙人以为李先生的理论,固然不错,但是鄙人对于我国现在情形,总觉得共和国体有无再经一次变动,却不能无疑。

自从辛亥年革命以来,我国行了共和政体好几年。前年筹安会忽然想起讨论国体问题,在寻常道理上看起来,虽然是很奇怪,鄙人当时却不以为奇怪。袁氏病殁,帝制取消,在寻常道理上看起来,大家都觉得中国以后帝制应该不再发生,共和国体算得安稳了,鄙人却又不以为然。

鄙人怀着此种意见,不是故意与人不同,更不是倾心帝制舍不得抛弃,也并不是说中国宜于帝制不宜于共和,只因为此时,我们中国多数国民口里虽然是不反对共和,脑子里实在装满了帝制时代的旧思想。欧美社会国家的文明制度,连影儿也没有,所以口一张手一伸,不知不觉都带君主专制臭味。不过胆儿小,不敢像筹安会的人,堂堂正正的说将出来。其实心中见解,都是一样。

袁世凯要做皇帝,也不是妄想。他实在见得多数民意相信帝制,不相信共和,就是反对帝制的人,大半是反对袁世凯做皇帝,不是真心从根本上反对帝制。

数年以来,创造共和再造共和的人物,也算不少。说良心话,真心知道共和是什么,脑子里不装着帝制时代旧思想的,能有几人?西洋学者尝言道:"近代国家是建设在国民总意之上。"现在袁世凯虽然死了,袁世凯所利用的倾向君主专制的旧思想,依然如故。要帝制不再发生,民主共和可以安稳,我看比登天还难!

如今要巩固共和,非先将国民脑子里所有反对共和的旧思想,一一洗刷干净不可。因为民主共和的国家组织、社会制度、伦理观念,和君主专制的国家组织、社会制度、伦理观念全然相反,一个是重在平等精神,一个是重在尊卑阶级,万万不能调和的。若是一面要行共和政治,一面又要保存君主时代的旧思想,那是万万不成。而且此种"脚踏两只船"的办法,必至非驴非马。既不共和,又不专制,国家无组织,社会无制度,一塌糊涂而后已!

现在中华民国的政治人心,就是这种现象:

分明挂了共和招牌,而政府考试文官,居然用"上天下泽,履君子以辨上下,定民志""百姓足,君孰与不足"和"学则三代共之,皆所以明人伦也,人伦明于上,小民亲于下"为题。不知道辨的是什么上下,定的是什么民志;不知道共和国家何以有君;又不知道共和国民是如何小法。孟子所谓人伦,是指忠君、孝父、从夫为人之大伦。试问民主共和的国家组织、社会制度、伦理观念,是否能容这"以君统民,以父统子,以夫统妻"不平等的学说?

分明挂了共和招牌,而国会议员居然大声疾呼,定要尊重孔教。按孔教的教义,乃是教人忠君、孝父、从夫。无论政治、伦理,都不外这种重阶级尊卑三纲主义。孟子道:"孔子成《春秋》,而乱臣贼子惧。"荀子道:"礼有三本:天地者,生之本也;先祖者,类之本也;君师者,治之本也。"董仲舒道:"《春秋》之法,以人随君,以君随天。"这都是孔教说礼、尊君的精义。若是用此种道理做国民的修身大本,不是教他拿孔教修身的道理来破坏共和,就是教他修身修不好,终久要做乱臣贼子。我想主张孔教加入宪法的议员,他必定忘记了他自己是共和民国的议员,所议的是共和民国的宪法。与其主张将尊崇孔教加入宪法,不如爽快讨论中华国体是否可以共和。若一方面既然承认共和国体,一方面又要保存孔教,理论上实在是不通,事实上实在是做不到。

分明挂了共和招牌,而学士文人,对于颂扬功德、铺张宫殿、田猎的汉赋,和那思君明道的韩文杜诗,还是照旧推崇。偶然有人提倡近代通俗的国民文学,就要被人笑骂。一般社会应用的文字,也还仍旧是君主时代的恶习。城里人家大门对联,用那"恩承北阙""皇恩浩荡"字样的不在少处。乡里人家厅堂上,照例贴一张"天地君亲师"的红纸条,讲究的还有一座"天地君亲师"的牌位。

这腐旧思想布满国中,所以我们要诚心巩固共和国体,非将这班反对共和的伦理文学等等旧思想,完全洗刷得干干净净不可。否则不但共和政治不能进行,就是这块共和招牌,也是挂不住的。

若是一旦帝制恢复,蔡子民先生所说的"以美术代宗教",李石曾先生所说的

"近代学术之进化",张溥泉先生所说的"新道德",在政治上是"叛徒",在学术上是"异端",各种学问,都没有发展的余地。贵学会还有甚么学问可讲呢?

(原载《新青年》第 3 卷第 3 号)

偶像破坏论

陈独秀

"一声不做,二目无光,三餐不吃,四肢无力,五官不全,六亲无靠,七窍不通,八面威风,九(音同久)坐不动,十(音同实)是无用。"这几句形容偶像的话,何等有趣!

偶像何以应该破坏,这几句话可算说得淋漓尽致了。但是世界上受人尊重,其实是个无用的废物,又何只偶像一端?凡是无用而受人尊重的,都是废物,都算是偶像,都应该破坏!

世界上真实有用的东西,自然应该尊重,应该崇拜;倘若本来是件无用的东西,只因人人尊重他,崇拜他,才算得有用,这班骗人的偶像倘不破坏,岂不教人永远上当么?

泥塑木雕的偶像,本来是件无用的东西,只因有人尊重他,崇拜他,对他烧香磕头,说他灵验;于是乡愚无知的人,迷信这人造的偶像真有赏善罚恶之权,有时便不敢作恶,似乎这偶像却很有用。但是偶像这种用处,不过是迷信的人自己骗自己,非是偶像自身真有什么能力。这种偶像倘不破坏,人间永远只有自己骗自己的迷信,没有真实合理的信仰,岂不可怜!

天地间鬼神的存在,倘不能确实证明,一切宗教,都是一种骗人的偶像:阿弥陀佛是骗人的,耶和华上帝也是骗人的,玉皇大帝也是骗人的;一切宗教家所尊重的崇拜的神佛仙鬼,都是无用的骗人的偶像,都应该破坏!

古代草昧初开的民族,迷信君主是天的儿子,是神的替身,尊重他,崇拜他,以为他的本领与众不同,他才能居然统一国土。其实君主也是一种偶像,他本身并没有什么神圣出奇的作用;全靠众人迷信他,尊崇他,才能够号令全国,称做元首。一旦亡了国,像此时清朝皇帝溥仪,俄罗斯皇帝尼古拉斯二世,比寻常人还要可怜。这等亡国的君主,好像一座泥塑木雕的偶像抛在粪缸里,看他到底有什么神奇出众的地方呢?但是这等偶像,未经破坏以前,却很有些作怪;请看中外史书,这等偶像害人的事还算少么?事到如今,这等不但骗人而且害人的偶像,已被我们看穿,还不应该破坏么?

　　国家是个什么?照政治学家的解释,越解释越教人糊涂。我老实说一句,国家也是一种偶像。一个国家,乃是一种或数种人民集合起来,占据一块土地,假定的名称;若除去人民,单剩一块土地,便不见国家在那里,便不知国家是什么。可见国家也不过是一种骗人的偶像,他本身并无什么真实能力。现在的人所以要保存这种偶像的缘故,不过是借此对内拥护贵族财主的权利,对外侵害弱国小国的权利罢了(若说到国家自卫主义,乃不成问题。自卫主义,因侵害主义发生。若无侵害,自卫何为?侵害是因,自卫是果)。世界上有了什么国家,才有什么国际竞争;现在欧洲的战争,杀人如麻,就是这种偶像在那里作怪。我想各国的人民若是渐渐都明白世界大同的真理,和真正和平的幸福,这种偶像就自然毫无用处了。但是世界上多数的人,若不明白他是一种偶像,而且明白这种偶像的害处,那大同和平的光明,恐怕不会照到我们眼里来!

　　世界上男子所受的一切勋位荣典,和我们中国女子的节孝牌坊,也算是一种偶像;因为功业无论大小,都有一个相当的纪念在人人心目中;节孝必出于施身主观的自动的行为,方有价值;若出于客观的被动的虚荣心,便和崇拜偶像一样了。虚荣心伪道德的坏处,较之不道德尤甚;这种虚伪的偶像倘不破坏,却是真功业真道德的大障碍!

　　破坏!破坏偶像!破坏虚伪的偶像!吾人信仰,当以真实的合理的为标准;宗教上、政治上、道德上自古相传的虚荣,欺人不合理的信仰,都算是偶像,都应该破坏!此等虚伪的偶像倘不破坏,宇宙间实在的真理和吾人心坎儿里彻底的信仰永远不能合一!

(原载《新青年》第5卷第2号)

复辟与尊孔

陈独秀

张、康复辟之谋,虽不幸而暂遭挫折,其隐为共和国家之患,视前无减。且复辟之变,何时第二次猝发不可知,天下妄谬无耻之人,群起而打死老虎。昔之称以大帅,目为圣人者,今忽以"张逆""康逆"呼之;昔之奉为盟主,得其数行手迹珍若拱璧者,今乃弃而毁之。何世俗炎凉,不知羞耻,至于斯极也!

夫张、康夙昔之为人及其主张,举国所晓,岂至今日始知其悖逆?张、康诚悖逆矣。愚独怪汝辈夙昔并不反对张、康之主张,而以为悖逆,及其实行所主张而失败,乃以悖逆目之也。汝辈当知自今日之政象及多数之人心观之,张、康所主张并未根本失败,奈何以悖逆目之耶?

愚固反对复辟,而恶张、康之为人者也,然自"始终一致主张贯彻"之点论之,人以张、康实行复辟而非之,愚独以此而敬其为人,不若依违于帝政共和自相矛盾者之可鄙。夫事理之是非,正自难言,乃至主张之者之自相矛盾,其必有一非而未能皆是也,断然无疑。譬如祀天者,帝政之典礼也。袁世凯祀天,严复赞同之。及袁世凯称帝,严复亦赞同之。其事虽非,其自家所主张之理论,固一致贯彻,未尝自陷矛盾,予人以隙。若彼于袁世凯之祀天,则为文以称扬之,及袁世凯称帝则举兵以反对之,乃诚见其惑矣!

张、康之尊孔,固尝宣告天下,天下未尝非之,而和之者且遍朝野。愚曾观政府文官试题,而卜共和之必将摇动(见本志三卷三号论文《旧思想与国体问题》),今不幸而言中。张、康虽败,而共和之名亦未为能久存,以与复辟论相依为命之尊孔论,依旧盛行于国中也。孔教与共和乃绝对两不相容之物,存其一必废其一,此义愚屡言之。张、康亦知之,故其提倡孔教必培共和,亦犹愚之信仰共和必排孔教。盖以孔子之道治国家,非立君不足以言治。

孔子之道,以伦理政治忠孝一贯为其大本,其他则枝叶也。故国必尊君,如家之有父。荀、董以后所述尊君之义,世或以为过当,非真孔道,而孟轲所言,不得谓非真孔道也。孔、孟论政,纯以君主贤否卜政治之隆污,故曰:"君仁莫不仁,君义莫不义,君正莫不正:一正君而国定矣。"(《离娄篇》)答滕文公问为国之言曰:"学则三代共之,皆所以明人伦也。人伦明于上,小民亲于下,有王者起,必来取法。(赵注:"人伦者,人事也。"非是。按人伦即指五伦。孟氏语陈相曰:"使契为司徒,教以人伦:父子有亲,君臣有义,夫妇有别,长幼有序,朋友有信。"《尚书》之所谓五典、五品、五教,皆即此也)所谓保民,所谓仁政,已非今日民主国所应有,而当时实以为帝主创业之策略,故一则曰:"保民而王,莫之能御也。"(《梁惠王篇》)再则曰:"行仁政而王,莫之能御也。"(《公孙丑篇》)陈仲子,齐之廉士也,而孟氏乃以无君臣上下薄之(见《尽心篇》),犹之孔门以废君臣之义洁身乱伦,责荷蓧丈人(见《论语·微子章》)。此后乎孔子者所述之孔道也。

前乎孔子论为治之道,莫备乎《尚书》。《夏书·五子之歌》曰:"皇祖有训,民可近,不可下。"(《传》云:"近谓亲之,下谓失分。")《商书·仲虺之诰》曰:"惟天生民有欲,无主乃乱。"(《传》云:"民无君主,则恣情欲,必致祸乱。")《太甲》曰:"民非后,罔克胥匡以生。"又曰:"一人元良,万邦以贞。"《咸有一德》曰:"后非民罔使,民非后罔事。"《盘庚》曰:"各长于厥居,勉出乃力,听予一人之作猷。"(按此即韩退之"作粟米麻丝以事其上"之说所由出也。)《说命》曰:"惟天聪明,惟圣时宪,惟臣钦若,惟民从乂。"(《传》云:"宪,法也,言圣王法天以立教。"又云:"民以从上为治,不从上命则乱,故从乂也。")《周书·泰誓》曰:"亶聪明作元后,元后作民父母";又曰:"天佑下民,作之君,作之师。"《洪范》曰:"天子作民父母以为天下王";又曰:"惟辟作福,惟辟作威,惟辟玉食。"(《传》云:"言惟君得专威福,为美食。")凡此抑民尊君之教典,皆孔子以己意删存,所谓"芟夷烦乱,剪截浮辞,举其宏纲,撮其机要,足以垂世立教"者也。

孔氏赞《易》,为其大业。班固所谓"孔子晚而好《易》,读之韦编三绝,而为之传,即《十翼》也"是已。说《易》者其义多端,而要其指归,即系辞之开宗明义"天尊地卑,乾坤定矣;卑高以陈,贵贱位矣;动静有常,刚柔断矣"数语。《说卦》云:"乾,健也;坤,顺也。"又云:"乾,天也,故称乎父;坤,地也,故称乎母。"又云:"乾为天,为圆,为君,为父……坤为地,为母……为众。"《序卦》云:"有天地然后有万物,有万物然后有男女,有男女然后有夫妇,有夫妇然后有父子,有父子然后有君臣,有君臣然后有上下,有上下然后礼义有所错。"《家人象》曰:"家人,女正位乎内,男正位乎外。男女正,天地之大义也。家人有严君焉,父母之谓也。父父子子,兄兄弟弟,夫夫妇妇,而家道正。正家而天下定矣。"《履卦象》曰:"上天下泽,履。君子以辩上下,定民志。"凡此皆与系辞之言相证明,皆所谓不易之道,易名三义之一也。(《易纬乾凿度》云:"易一名而含三义:所谓易也,变易也,不易也。……不易者,其位也。天在上,地在下,君南面,臣北面,父坐子伏,此其不易也。"郑康成采此说作《易赞易论》云:"易之为名也,一言而含三义:易简,一也;变易,二也;不易,三也。"又云:"天尊地卑,乾坤定矣;卑高以陈,贵贱位矣;动静有常,刚柔断矣。"此言其张设布列不易者也)孔氏视上下尊卑贵贱之义,不独民生之彝伦,政治之原则,且推本于天地,盖以为宇宙之大法也矣。《春秋》者,孔教大义微言之所在,孟轲以之比烈于夏禹、周公者也。(《滕文公篇》曰:"昔者,禹抑洪水而天下平,周公兼夷狄驱猛兽而百姓宁,孔子成《春秋》而乱臣贼子惧。")其开卷即大书特书曰:"王正月。"《公羊传》云:"曷为先言王而后言正月?王正月也。(何注云,以上系于王,知王者受命,布政施教,所制月也)何言乎王正月?大一统也。"《春秋》大义,莫大于尊王也可知。《孝经·纬》曰:"孔子云,欲观我褒贬诸侯之志在《春秋》,崇人伦之行在《孝经》。"是知孔子之道,《春秋》《孝经》相为表里,忠孝一贯,于斯可征。《天子》章曰:"夫孝,始于事亲,中于事君,终于立身。"《士》章曰:"资于事父以事君而敬同";又曰:"故以孝事君则忠。"《圣治》章曰:"父子之道,天性也,君臣之义也。"《五刑》章曰:"要君者无上,非圣人者无法,非孝者无亲,此大乱之道也。"(此即君亲师并重之义)《广扬名》章曰:"君子之事亲孝,故忠可移于君。"

《论语》者,记孔子言行之书也。《八佾》章曰:"夷狄之有君,不如诸夏之亡也。"《子路》章曰:"如知为君之难也,不几一言而兴邦乎?"《颜渊》章曰:"君子之德风,小人之德草,草上之风必偃。"(孔注曰:"加草以风,无不仆者,犹民之化于上。")《季氏》章曰:"天下有道,则礼乐征伐自天子出";又曰:"天下有道,则庶人不议。"《微子》章曰:"不仕无义。长幼之节,不可废也;君臣之义,如之何其废之?欲洁其身,而乱大伦。君子之仕也,行其义也。"(韩非及后世暴君之欲加刑戮于隐逸也,皆取此义)《泰伯》章曰:"民可使由之,不可使知之。"

上所征引,皆群经之要义,不得谓为后儒伪托,非真孔教矣,然据此以言治术,非立君将以何者为布政施教之主体乎?

今中国而必立君,舍清帝复辟外,全国中岂有相当资格之人足以为君者乎?故张、康之复辟也,罪其破坏共和也可,罪其扰害国家也亦可;罪其违背孔教国国民之心理则不可,罪其举动无意识自身无一贯之理由则更不可:盖主张尊孔,势必立君,主张立君,势必复辟,理之自然,无足怪者。故曰:张、康复辟,其事虽极悖逆,亦自有其一贯之理由也。

张、康虽败,而所谓"孔教会""尊孔会",尚遍于国中,愚皆以为复辟党也。盖复辟尚不必尊孔,以世界左袒君主政治之学说,非独孔子一人。若尊孔而不主张复辟,则妄人也,是不知孔子之道者也。去君臣之大伦,而谬言尊孔,张、康闻之,必字之曰"逆"。以此等人而骂张、康曰"逆",其何以服张、康之心?

说者或曰:"孔子生于二千年前君主之世,所言治术,自本于君政立言,恶得以其不合于后世共和政制而短之耶?"曰:"是诚然也。"愚之非难孔子之动机,非因孔子之道之不适于今世,乃以今之妄人强欲以不适今世之孔道,支配今世之社会国家,将为文明进化之大阻力也,故不能已于一言。

(原载《新青年》第3卷第6号)

吃人与礼教

吴 虞

我读《新青年》里鲁迅君的《狂人日记》,不觉得发了许多感想。我们中国人,最妙是一面会吃人,一面又能够讲礼教。吃人与礼教,本来是极相矛盾的事,然而他们在当时历史上,却认为并行不悖的,这真正是奇怪了!

《狂人日记》内说:"我翻开历史一查,这历史每叶上都写着'仁义道德'几个字。仔细看了半夜,才从字缝里看出字来,满本都写着两个字,是'吃人'。"我觉得他这日记,把吃人的内容和仁义道德的表面看得清清楚楚。那些戴着礼教假面具吃人的滑头伎俩,都被他把黑幕揭破了。我现在试举几个例来证明他的说法:

(1)《左传》:僖公九年,"周襄王使宰孔赐齐侯胙,曰:'天子有事于文、武,使孔赐伯舅胙。'齐侯将下拜。孔曰:'且有后命:天子使孔曰:'以伯舅耋老,加劳赐一级,无下拜!'对曰:'天威不违颜咫尺,小白余敢贪天子之命,无下拜? 恐陨越于下,以遗天子羞。敢不下拜?'下拜,登受。"这是记襄王祭文王、武王之后,拿祭肉分给齐侯,说"齐侯年老,可以不必下拜,讲君臣的礼节"。齐侯听得襄王如此分付,便同管仲商量。管仲答道:"照着襄王分付的话做去,不行旧礼,便成了为君不君,为臣不臣,那就是大乱的根本了。"(《齐语》)于是齐侯出去见客,便说道:"天子如天,鉴察不远,威严常在颜面之前,不敢不拜。"据这样看来,齐侯是很讲礼教的。君君臣臣的纲常名教,就是关于小小的一块祭肉,也不能苟且。讲礼教的人到这步田地,也就尽够了。就是如今刻《近思录》《传习录》的老先生讲起礼教来,未必有这样的认真,齐侯真不愧为五霸之首了。然而我又考《韩非子》说道:"易牙为君主味,君之所未尝食,唯人肉耳,易牙蒸其首子而进之。"《管子》说道:"易牙以调和事公,公曰:'惟蒸婴儿之未尝。'于是蒸其首子,而献之公。"(戴子高《管子校正》:《治要》"首子"作"子首",《韩子·难》篇同,今本误倒)你看齐侯一面讲礼教,尊周室,九合诸侯,不以兵车,葵丘大会说了多少"诛不孝,无以妾为妻,敬老慈幼"等等道德仁义的门面话;却是他不但是姑姊妹不嫁的就有七个人,而且是一位吃人肉的,岂不是怪事?好像如今讲礼学的人,家中淫盗都有,他反骂家庭不应该讲改革。表里相差,未免太远。然而他们这类人,在历史上,在社会上,都占了好位置,得了好名誉去了。所以奖励得历史上和社会上表面讲礼教,内容吃人肉的,一天比一天越发多了。

(2)就是汉高帝。《汉书》:高帝二年,"汉王为义帝发丧,袒而大哭,哀临三日。发使告诸侯曰:天下共立义帝,北面事之。今项羽放杀义帝江南,大逆无道。寡人亲为发丧,兵皆缟素,愿从诸侯王击楚之杀义帝者!"高帝虽是大流氓出身,但他这样举动,是确守名教纲常,最重礼教的了。十二年,过鲁,以太牢祀孔子。孔二先生背时多年,自高帝用太牢加礼以后,后世祀孔的典礼,便成了极重大的定例。武帝以后,用他传下这个方法,越发尊崇孔学,罢黜百家,儒教遂统一中国。这崇儒尊孔的发起人,是要推高帝。儒教在中国专制二千多年,也要推高帝为首功了。班固又恭维高帝道:"天下既定,命萧何次律令,韩信申军法,张苍定章程,叔孙通制礼仪,陆贾造《新语》,虽日不暇给,规摹弘远矣。"据这样看来,汉高帝哭义帝,斩丁公,他把名教纲常看得非常重要。他晓得三纲之中君臣一纲,关系自己的利害尤其吃紧,所以见得孔二先生说"君臣之义不可废"的话,他就立刻把从前未做皇帝时候"溺儒冠"的脾气改过,赶忙拿太牢去祀孔子,好借孔子种种尊君卑臣的说法来做护身符。他又制造许多律令礼仪来维持辅助,以期贯彻他那些名教纲常的主张。果然就传了四百年天下,骗了个"高皇帝"的尊号,史臣居然也就赞美他得天统了。却是我读《史记·项羽本纪》说:"项王与汉俱临广武而军,相守数月。当此时,彭越数反梁地,绝楚粮食。项王患之,为高俎,置太公其上,告汉王曰:'今不急下,吾烹太公!'汉王曰:'吾与项羽俱北面受命怀王,约为兄弟,吾翁即若翁,必欲烹而翁,幸分我一杯羹!'"汉王这样办法,幸而有位项伯在旁营救,说是"为天下者不顾家"——就是说想得天下做皇帝的人,本来就不顾他老爹死活的。项王幸亏听了他的话,未杀太公。假如杀了,分一杯羹给汉王,那汉王岂不是以吃他老爹的肉为"幸"吗?又读《史记·黥布列传》说:"汉诛梁王彭越,醢之。盛其醢,遍赐诸侯。"这也可见当时以人为醢,不但皇帝吃人肉,还要遍给诸侯,尝尝人肉的滋味。怪不得《左传》记"析骸易子而食"。曾国藩《日记》载"洪杨之乱,江苏人肉卖九十文钱一斤,涨到一百三十文钱一斤"。原来我们中国吃人的风气,都是霸主之首、开国之君提倡下来的。你看高帝一面讲礼教,一面尊孔子,一面吃人肉,这类崇儒重道的礼教家,可怕不可怕呢?后来太公得上尊号做"太上皇",没有弄到锅里去成了羹汤,真算是意外的侥幸呀!

（3）就是臧洪、张巡辈了。考《后汉书·臧洪传》："洪，中平末，弃官还家，太守张超请他做郡功曹。后来曹操围张超于雍丘，洪将赴其难，自以众弱，从袁绍请兵，袁绍不听，超城遂陷，张氏族灭，洪由是怨绍，绝不与通。绍兴兵围洪，城中粮尽，洪杀其爱妾，以食兵将，兵将咸流涕，无能仰视。"臧洪不过做张超的功曹，张超也不过是臧洪的郡将，就在三纲的道理说起来，也没有该死的名义。便有知己之感，也止可自己慷慨捐躯，以死报知己，就完事了。怎么自己想做义士，想身传图像，名垂后世，却把他人的生命拿来供自己的牺牲，杀死爱妾，以享兵将，把人当成狗屠呢？这样蹂躏人道、蔑视人格的东西，史家反称许他为"壮烈"，同人反亲慕他为"忠义"，真是是非颠倒，黑白混淆了。自臧洪留下这个榜样，后来有个张巡，也去摹仿他那篇文章。考《唐书·忠义传》载："张巡守睢阳城，尹子奇攻围既久，城中粮尽，易子而食，析骸而爨。巡乃出其妾，对二军杀之，以飨军士，曰：'请公为国家戮力守城，一心无二。巡不能自割肌肤以啖将士，岂可惜此妇人！'将士皆泣下，不忍食。巡强令食之。括城中妇人既尽，以男大老小继之，所食人口二三万。许远亦杀奴童以哺卒。"（《新书》）臧洪杀妾，兵将都流涕，不能仰视；张巡杀妾，军士都不忍食。可见越是自命忠义的人，那吃人的胆子越大，臧洪、张巡被礼教驱迫，至于忠于一个郡将，保守一座城池，便闹到杀人吃都不顾，甚至吃人上二三万口。仅仅他们一二人对于郡将、对于君主，在历史故纸堆中博得"忠义"二字，那成千累万无名的人，竟都被人白吃了！孔二先生的礼教讲到极点，就非杀人吃人不成功，真是惨酷极了。一部历史里面，讲道德、说仁义的人，时机一到，他就直接间接的都会吃起人肉来了。就是现在的人，或者也有没做过吃人的事，但他们想吃人，想咬你几口出气的心，总未必打扫得干干净净！

到了如今，我们应该觉悟！我们不是为君主而生的！不是为圣贤而生的！也不是为纲常礼教而生的！甚么"文节公"呀，"忠烈公"呀，都是那些吃人的人设的圈套，来诓骗我们的！我们如今应该明白了！吃人的就是讲礼教的！讲礼教的就是吃人的呀！

中华民国八年八月二十九日
吴虞　又陵草于成都师今室

（原载《新青年》第6卷第6号）

随 感 录

陈独秀

（一）

学术何以可贵？曰以牗吾德慧，厚吾生；文明之别于野蛮，人类之别于其他动物也。以此，学术为吾人类公有之利器，无古今中外之别，此学术之要旨也。必明乎此，始可与言学术。盲目之国粹论者，不明此义也。吾人之于学术，只当论其是不是，不当论其古不古；只当论其粹不粹，不当论其国不国。以其无中外古今之别也。中国学术，隆于晚周，差比欧罗巴古之希腊。所不同者，欧罗巴之学术，自希腊迄今，日进不已；近数百年，百科朋兴，益非古人所能梦见；中国之学术，则自晚周而后，日就衰落耳。以保存国粹论，晚周以来之学术，披沙岂不可以得金。然今之欧罗巴，学术之隆，远迈往古；吾人直径取用，较之取法，二千年前学术初兴之晚周希腊，诚劳少而获多。犹之欲得金玉者，不必舍五都之市而远适迂道，披沙以求之也。况夫沙中之金，量少而不易识别；彼盲目之国粹论者，守缺抱残，往往国而不粹，以沙为金，岂不更可悯乎！

吾人尚论学术，必守三戒：一曰勿尊圣。尊圣者以为群言必折中于圣人。而圣人岂耶教所谓全知全能之上帝乎？二曰勿尊古。尊古者以为学不师古，则卑无足取。岂知古人亦无所师乎？犯此二戒，则学术将无进步之可言。三曰勿尊国。尊国者以为"鄙弃国闻，非励进民德之道"（用"重组中国学报缘起"之语）。夫尊习国闻，曾足以励进民德乎？国闻以外，皆不足以励进民德乎？吾以为此种国粹论，以之励进民德而不足，杜塞民智而有余（古人以尊国尊圣故，排斥佛教，致印度要典，多未输入中国，岂非憾事？奈何复以此狭隘之眼光，蔑视欧学哉）。

国粹论者有三派：第一派以为欧洲夷学，不及中国圣人之道；此派人最昏聩，不可以理喻。第二派以为欧学诚美矣，吾中国固有之学术，首当尊习，不必舍己而从人也。不知中国学术差足观者，惟文史美术而已；此为各国私有之学术，非人类公有之文明。即此亦必取长于欧化，以史不明进化之因果，文不合语言之自然、音乐、绘画、雕刻，皆极简单也。其他益智厚生之各种学术，欧洲人之进步，一日千里，吾人捷足追之，犹恐不及，奈何自画。第三派以为欧人之学，吾中国皆有之。格致古微时代之老维新党无论矣，即今之闻人，大学教授亦每喜以经传比附科学，图博其学贯中西之虚誉。此种人即著书满家，亦与世界学术，无所增益；反不若抱残守缺之国粹家，使中国私有之文史及伦理学说，在世界学术史上得存其相当之价值也。例如今之妄人，往往举《大学》"生众食寡，为疾用舒"之说，以为孔门经济学；不知近世经济学说，《分配论》居重大之部分，《大学》未尝及之。即《生产论》及《消费论》中，资其劳力与时间问题，原则纷繁，又岂"生众食寡，为疾用舒"之简单理论所可包括；不但不能包括，且为"生产过剩"之原则所不容；倘执此以为经济学，何异据《难经》以言解剖，据《内经》以言疾埋，据《墨经》以言理化，据《毛诗》《楚词》以言动植学哉？

（独秀）

（二）

世人攻击国会议员最大之罪状有二：一曰捣乱，一曰无用。所谓捣乱者，大约以其时与政府冲突，或自相冲突；所谓无用者，大约以其未尝建立利国福民之事业。为此言者，盖不知国会之为何物也，国会唯一之责任与作用无他，即代表国民监督行政部之非法行动耳；此外固无事业可为，安得以有用无用评判之耶？吾国会时与政府捣乱者，正以实行监督政府之非法行动，若大借款，若外蒙俄约，若宋案，若伪公民团围攻议院事件，此之谓尽职，此之谓有用。其或自相冲突，亦因发挥民主政治之精神，与政府与党相扰战耳，此得谓之无用耶？国人须知国会之用处，正在捣乱。若夫不捣乱之参政院及今之参议院，斯真无用矣。

（独秀）

（三）

上海某日报，曾著论攻击北京大学设立"元曲"科目，以为大学应研求精深有用之学，而北京大学乃竟设科延师，教授戏曲；且谓"元曲"为亡国之音。不知欧美、日本各大学，莫不有戏曲科目；若谓"元曲"为亡国之音，则周秦诸子，汉唐诗文，无一有研究之价值矣。至若印度、希腊、拉丁文学，更为亡国之音无疑矣。此次北方发生之Pest,西医曾以科学实验之法,收养此种细菌,证明其喜寒而畏热。乃无识汉医,玄想以为北方热症。且推源于火坑煤炉之故,不信有细菌传染之说,妄立方剂;而北京各日报,往往传载此种妖言,殊可骇怪!国人最大缺点,在无常识;新闻记者,乃国民之导师,亦竟无常识至此,悲夫!

(独秀)

(原载《新青年》第4卷第4号)

延伸阅读：

1. 吴虞：《家族制度为专制主义之根据论》，《新青年》第 2 卷第 6 号。
2. 吴虞：《儒家主张阶级制度之害》，《新青年》第 3 卷第 4 号。
3. 易白沙：《孔子平议（上）》，《青年杂志》第 1 卷第 6 号。
4. 易白沙：《孔子平议（下）》，《新青年》第 2 卷第 1 号。
5. 陈独秀：《袁世凯复活》，《新青年》第 2 卷第 4 号。
6. 光升：《中国国民性及其弱点》，《新青年》第 2 卷第 6 号。
7. 高一涵：《非"君师主义"》，《新青年》第 5 卷第 6 号。
8. 鲁迅：《狂人日记》，《新青年》第 4 卷第 5 号。
9. 傅斯年：《中国学术思想界之基本误谬》，《新青年》第 4 卷第 4 号。

第四章
《新青年》对文学革命的提倡

新文化运动中,自由、民主、科学的精神渗透人心。由于新文化运动首举批孔斥封建的大旗,文字作为旧体制与旧道德的载体,必然遭到批判。这表明在文学领域展开一场革命早已是大势所趋。文学革命以反对文言文,提倡白话文,反对旧文学,提倡新文学为主要内容,彻底改变了中国文学的精神面貌,顺应了历史的发展潮流。作为新文化运动的一部分,文学革命是中国文化走向现代化的基础,是推动中国思想解放与启蒙的重要一环。

文学革命的发展与新文化运动同时进行。西方先进思想的传入、大量翻译著作的传播,使人们深感先进与落后的差别,感慨旧体制的愚昧与无知,不遗余力地展开对旧文学的攻击。

胡适作为最先关注文学革新的学者,曾发表《文学改良刍议》,着重点名文学"八事"——"须言之有物""不摹仿古人""须讲求文法""不作无病之呻吟""务去烂调套语""不用典""不讲对仗""不避俗字俗语",为文学革命的蓬勃发展开辟先锋道路。随后1917年2月,陈独秀在《文学革命论》中明确提出"三大主义",极力反对贵族、古典、山林文学,提倡国民、社会、写实文学。他认为要想革新社会,必须改变现有的文学形式。该倡议得到了青年读者的拥护与支持,沉重地打击了毒害人心的封建主义文学,为新文学的发展指明了方向。文章一经发表,钱玄同和刘半农等人积极响应,钱玄同还提议《新青年》的作者应该首先使用白话文写文章,以示表率。1918年,周作人在《新青年》第5卷第6号发表《人的文学》,将对新文学的关注的着眼点立足于人。因为中国社会向来不以个体主义为主,导致了非人的文学的出现,所以提倡人道主义文学才是正道。同年周树人以"鲁迅"为笔名发表小说《狂人日记》,标志着新文学在内容和形式上的真正革新。作为中国文化史上白话文小说的代表作,《狂人日记》深刻尖锐地批判了封建社会"吃人"的本质,揭露了家族和礼制的弊端。

  《新青年》的编者们在国难当头、民族危机不断加深的情况下,凭借一股爱国的热情与革新的韧劲,提出社会改革方案,展现了知识分子在国家危亡时刻的责任感与使命感。文学革命在历史进程中以其独特的姿态,推动了中国文学观念的变革,并为现代文学形式的雏形——白话文的推行奠定了基础。同时,文学革命极大地加快了先进思想的传播速度,不仅起到了反封建的作用,还推动了人的思想解放。

文学改良刍议

胡 适

今之谈文学改良者众矣,记者未学不文,何足以言此。然年来颇于此事再四研思,辅以友朋辨论,其结果所得,颇不无讨论之价值。因综括所怀见解,列为八事,分别言之,以与当世之留意文学改良者一研究之。

吾以为今日而言文学改良,须从八事入手。八事者何?

一曰,须言之有物。

二曰,不摹仿古人。

三曰,须讲求文法。

四曰,不作无病之呻吟。

五曰,务去烂调套语。

六曰,不用典。

七曰,不讲对仗。

八曰,不避俗字俗语。

一曰须言之有物

吾国近世文学之大病,在于言之无物。今人徒知"言之无文,行之不远",而不知言之无物,又何用文为乎?吾所谓"物",非古人所谓"文以载道"之说也。吾所谓"物",约有二事。

(一) 情感

《诗序》曰:"情动于中而形诸言。言之不足,故嗟叹之。嗟叹之不足,故咏歌之。咏歌之不足,不知手之舞之,足之蹈之也。"此吾所谓情感也。情感者,文学之灵魂。文学而无情感,如人之无魂,木偶而已,行尸走肉而已(今人所谓"美感"者,亦情感之一也)。

（二）思想

吾所谓"思想"，盖兼见地、识力、理想三者而言之。思想不必皆赖文学而传，而文学以有思想而益贵。思想亦以有文学的价值而益资也。此庄周之文，渊明老杜之诗，稼轩之词，施耐庵之小说，所以复绝千古也。思想之在文学，犹脑筋之在人身。人不能思想，则虽面目姣好，虽能笑啼感觉，亦何足取哉。文学亦犹是耳。

文学无此二物，便如无灵魂无脑筋之美人，虽有秾丽富厚之外观，抑亦未矣。近世文人沾沾于声调字句之间，既无高远之思想，又无真挚之情感，文学之衰微，此其大因已。此文胜之害，所谓言之无物者是也。欲救此弊，宜以质救之。质者何？情与思二者而已。

二曰不摹仿古人

文学者，随时代而变迁者也。一时代有一时代之文学。周秦有周秦之文学，汉魏有汉魏之文学，唐宋元明有唐宋元明之文学。此非吾一人之私言，乃文明进化之公理也。即以文论，有《尚书》之文，有先秦诸子之文，有司马迁、班固之文，有韩柳欧苏之文，有语录之文，有施耐庵、曹雪芹之文。此文之进化也。试更以韵文言之。击壤之歌，五子之歌，一时期也。三百篇之诗，一时期也。屈原、荀卿之骚赋，又一时期也。苏李以下，至于魏晋，又一时期也。江左之诗流为排比，至唐而律诗大成，此又一时期也。老杜香山之"写实"体诸诗（如杜之《石壕吏》《羌村》，白之《新乐府》），又一时期也。诗至唐而极盛，自此以后，词曲代兴。唐五代及宋初之小令，此词之一时代也。苏柳（永）辛姜之词，又一时代也。至于元之杂剧传奇，则又一时代矣。凡此诸时代，各因时势风会而变，各有其特长。吾辈以历史进化之眼光观之，决不可谓古人之文学皆胜于今人也。左氏史公之文奇矣。然施耐庵之《水浒传》视《左传》《史记》，何多让焉？《三都》《两京》之赋富矣。然以视唐诗宋词，则糟粕耳。此可见文学因时进化，不能自止。唐人不当作商周之诗，宋人不当作相如子云之赋。即令作之，亦必不工，逆天背时，违进化之迹，故不能工也。

既明文学进化之理，然后可言吾所谓"不摹仿古人"之说。今日之中国，当造今日之文学。不必摹仿唐宋，亦不必摹仿周秦也。前见国会开幕词，有云，"于铄国会，遵晦时休"。此在今日而欲为三代以上之文之一证也。更观今之"文学大家",文则下规姚曾,上师韩欧,更上则取法秦汉魏晋,以为六朝以下无文学可言,此皆百步与五十步之别而已,而皆为文学下乘。即令神似古人,亦不过为博物院中添几许"逼真赝鼎"而已,文学云乎哉。昨见陈伯严先生一诗云:

  涛园钞杜句,半岁秃千毫。所得都成泪,相过问奏刀。万灵噤不下,此老仰弥高。胸腹回滋味,徐看薄命骚。

此大足代表今日"第一流诗人"摹仿古人之心理也。其病根所在,在于以"半岁秃千毫"之工夫作古人的钞胥奴婢,故有"此老仰弥高"之叹。若能洒脱此种奴性,不作古人的诗,而惟作我自己的诗,则决不致如此失败矣!

吾每谓今日之文学,其足与世界"第一流"文学比较而无愧色者,独有白话小说(我佛山人、南亭亭长、洪都百炼生三人而已)一项。此无他故,以此种小说皆不事摹仿古人(三人皆得力于《儒林外史》《水浒》《石头记》。然非摹仿之作也),而惟实写今日社会之情状,故能成真正文学。其他学这个、学那个之诗古文家,皆无文学之价值也。今之有志文学者,宜知所从事矣。

三曰须讲求文法

今之作文作诗者,每不讲求文法之结构。其例至繁,不便举之,尤以作骈文律诗者为尤甚。夫不讲文法,是谓"不通"。此理至明,无待详论。

四曰不作无病之呻吟

此殊未易言也。今之少年往往作悲观。其取别号则曰"寒灰""无生""死灰"。其作为诗文,则对落日而思暮年,对秋风而思零落,春来则惟恐其速去,花发又惟惧其早谢。此亡国之哀音也。老年人为之犹不可,况少年乎。其流弊所至,遂养成一种暮气,不思奋发有为,服劳报国,但知发牢骚之音,感喟之文。作者将以促其寿年,读者将亦短其志气,此吾所谓无病之呻吟也。国之多患,吾岂不知之。然病国危时,岂痛哭流涕所能收效乎?吾惟愿今之文学家作费舒特(Fichte),作玛志尼(Mazzini),而不愿其为贾生、王粲、屈原、谢皋羽也。其不能为贾生、王粲、屈原、谢皋羽,而徒为妇人醇酒丧气失意之诗文者,尤卑卑不足道矣!

五曰务去烂调套语

今之学者，胸中记得几个文学的套语，便称诗人。其所为诗文处处是陈言烂调，"蹉跎""身世""寥落""飘零""虫沙""寒窗""斜阳""芳草""春闺""愁魂""归梦""鹃啼""孤影""雁字""玉楼""锦字""残更"……之类，累累不绝，最可憎厌。其流弊所至，遂令国中生出许多似是而非，貌似而实非之诗文。今试举一例以证之：

> 荧荧夜灯如豆，映幢幢孤影，凌乱无据。翡翠衾寒，鸳鸯瓦冷，禁得秋宵几度。幺弦漫语，早丁字帘前，繁霜飞舞。袅袅余音，片时犹绕柱。

此词骤观之，觉字字句句皆词也。其实仅一大堆陈套语耳。"翡翠衾""鸳鸯瓦"，用之白香山《长恨歌》则可，以其所言乃帝王之衾之瓦也。"丁字帘""幺弦"，皆套语也。此词在美国所作，其夜灯决不"荧荧如豆"，其居室尤无"柱"可绕也。至于"繁霜飞舞"，则更不成话矣。谁曾见繁霜之"飞舞"耶？

吾所谓务去烂调套语者，别无他法，惟在人人以其耳目所亲见、亲闻、所亲身阅历之事物——自己铸词以形容描写之。但求其不失真，但求能达其状物写意之目的，即是工夫。其用烂调套语者，皆懒惰不肯自己铸词状物者也。

六曰不用典

吾所主张八事之中，惟此一条最受友朋攻击，盖以此条最易误会也。吾友江亢虎君来书曰：

> 所谓典者，亦有广狭二义。饾饤獭祭，古人早悬为厉禁。若并成语故事而屏之，则非惟文字之品格全失，即文字之作用亦亡……文字最妙之意味，在用字简而涵义多。此断非用典不为功。不用典不特不可作诗，并不可写信，且不可演说。来函满纸"旧雨""虚怀""治头治脚""舍本逐末""洪水猛兽""发聋振聩""负弩先驱""心悦诚服""词坛""退避三舍""无病呻吟""滔天""利器""铁证"……皆典也。试尽抉而去之，代以俚语俚字，将成何说话。

其用字之繁简,犹其细焉。恐一易他词,虽加倍蓰而涵义仍终不能如是恰到好处,奈何……

此论极中肯要。今依江君之言,分典为广狭二义,分论之如下:

(一) 广义之典非吾所谓典也。广义之典约有五种

(甲) 古人所设譬喻　其取譬之事物,含有普通意义,不以时代而失其效用者,今人亦可用之。如古人言"以子之矛攻子之盾",今人虽不读书者,亦知用"自相矛盾"之喻。然不可谓为用典也,上文所举例中之"治头治脚""洪水猛兽""发聋振聩"……皆此类也。盖设譬取喻,贵能切当,若能切当,固无古今之别也。若"负弩先驱""退避三舍"之类,在今日已非通行之事物,在文人相与之间,或可用之,然终以不用为上。如言"退避",千里亦可,百里亦可,不必定用"三舍"之典也。

(乙) 成语　成语者,合字成辞,别为意义。其习见之句,通行已久,不妨用之。然今日若能另铸"成语",亦无不可也。"利器""虚怀""舍本逐末"……皆属此类。此非"典"也,乃日用之字耳。

(丙) 引史事　引史事与今所论议之事相比较,不可谓为用典也。如老杜诗云:"未闻殷周衰,中自诛褒妲。"此非用典也。近人诗云:"所以曹孟德,犹以汉相终。"此亦非用典也。

(丁) 引古人作比　此亦非用典也。杜诗云:"清新庾开府,俊逸鲍参军。"此乃以古人比今人,非用典也。又云:"伯仲之间见伊吕,指挥若定失萧曹。"此亦非用典也。

(戊) 引古人之语　此亦非用典也。吾尝有句云:"我闻古人言,艰难惟一死。"又云:"尝试成功自古无,放翁此语未必是。"此乃引语,非用典也。

以上五种为广义之典,其实非吾所谓典也。若此者可用可不用。

(二) 狭义之典,吾所主张不用者也

吾所谓"用典"者,谓文人词客不能自己铸词造句,以写眼前之景,胸中之意,故借用或不全切,或全不切之故事陈言以代之,以图含混过去,是谓"用典"。上所述广义之典,除戊条外,皆为取譬比方之辞。但以彼喻此,而非以彼代此也。狭义之用典,则全为以典代言,自己不能直言之,故用典以言之耳。此吾所谓用典与非用典之别也。狭义之典亦有工拙之别,其工者偶一用之,未为不可,其拙者则当痛绝之已。

(子)用典之工者　此江君所谓用字简而涵义多者也。客中无书不能多举其例,但杂举一二,以实吾言。

(1) 东坡所藏仇池石,王晋卿以诗借现,意在于夺。东坡不敢不借,先以诗寄之,有句云:"欲留嗟赵弱,宁许负秦曲。传观慎勿许,间道归应速。"此用蔺相如返璧之典,何其工切也。

(2) 东坡又有"章质夫送酒六壶,书至而酒不达"。诗云:"岂意青州六从事,化为乌有一先生。"此虽工,已近于纤巧矣。

(3) 吾十年前尝有读《十字军英雄记》一诗云:"岂有酖人羊叔子,焉知微服赵主父,十字军真儿戏耳,独此两人可千古。"以两典包尽全书,当时颇沾沾自喜,其实此种诗,尽可不作也。

(4) 江亢虎代华侨谏陈英士文有"未悬太白,先坏长城。世无锄麑,乃戕赵卿"四句,余极喜之。所用赵宣子一典,甚工切也。

(5) 王国维咏史诗,有"虎狼在堂室,徙戎复何补。神州遂陆沈,百年委榛莽。寄语桓元子,莫罪王夷甫"。此亦可谓使事之工者矣。

上述诸例,皆以典代言,其妙处,终在不失设譬比方之原意。惟为文体所限,故譬喻变而为称代耳。用典之弊,在于使人失其所欲譬喻之原意。若反客为主,使读者迷于使事用典之繁,而转忘其所为设譬之事物,则为拙矣。古人虽作百韵长诗,其所用典不出一二事而已(《北征》与白香山《悟真寺诗》皆不用一典)。今人作长律则非典不能下笔矣。尝见一诗八十四韵,而用典至百余事,宜其不能工也。

(丑)用典之拙者　用典之拙者,大抵皆衰惰之人,不知造词,故以此为躲懒藏拙之计。惟其不能造词,故亦不能用典也。总计拙典亦有数类:

(1) 比例泛而不切,可作几种解释,无确定之根据。今取王渔洋《秋柳》一章证之。

"娟娟凉露欲为霜,万缕千条拂玉塘,浦里青荷中妇镜,江干黄竹女儿箱。空怜板渚隋堤水,不见琅琊大道王。若过洛阳风景地,含情重问永丰坊。"

此诗中所用诸典无不可作几样说法者。

(2) 僻典使人不解。夫文学所以达意抒情也。若必求人人能读五车之书,然后能通其文,则此种文可不作矣。

(3) 刻削古典成语，不合文法。"指兄弟以孔怀，称在位以曾是"（章太炎语），是其例也。今人言"为人作嫁"亦不通。

(4) 用典而失其原意。如某君写山高与天接之状，而曰"西接杞天倾"是也。

(5) 古事之实有所指，不可移用者，今往乱用作普通事实。如古人灞桥折柳，以送行者，本是一种特别土风。阳关渭城亦皆实有所指。今之懒人不能状别离之情，于是虽身在滇越，亦言灞桥，虽不解阳关渭城为何物，亦皆"阳关三叠""渭城离歌"。又如张翰因秋风起而思故乡之莼羹鲈脍，今则虽非吴人，不知莼鲈为何味者，亦皆自称有"莼鲈之思"。此则不仅懒不可救，直是自欺欺人耳！

凡此种种，皆文人之下下工夫，一受其毒，便不可救。此吾所以有"不用典"之说也。

七曰不讲对仗

排偶乃人类言语之一种特性，故虽古代文字，如老子、孔子之文，亦间有骈句。如"道可道，非常道；名可名，非常名。无名天地之始，有名万物之母。故常无，欲以观其妙；常有，欲以观其微"，此三排句也。"食无求饱，居无求安""贫而无谄，富无而骄""尔爱其羊，我爱其礼"。此皆排句也。然此皆近于语言之自然，而无牵强刻削之迹；尤未有定其字之多寡，声之平仄，词之虚实者也。至于后世文学末流，言之无物，乃以文胜。文胜之极，而骈文律诗兴焉，而长律兴焉。骈文律诗之中非无佳作，然佳作终鲜。所以然者何？岂不以其束缚人之自由过甚之故耶（长律之中，上下古今，无一首佳作可言也）。今日而言文学改良，当"先立乎其大者"，不当枉废有用之精力于微细纤巧之末。此吾所以有废骈废律之说也。即不能废此两者，亦但当视为文学末技而已，非讲求之急务也。

今人犹有鄙夷白话小说为文学小道者。不知施耐庵、曹雪芹、吴趼人皆文学正宗，而骈文律诗乃真小道耳。吾知必有闻此言而却走者矣。

八曰不避俗语俗字

吾惟以施耐庵、曹雪芹、吴趼人为文学正宗，故有"不避俗字俗语"之论也（参看上文第二条下）。盖吾国言文之背驰久矣。自佛书之输入，译者以文言不足以达意，故以浅近之文译之，其体已近白话。其后佛氏讲义语录尤多用白话为之者,是为语录体之原始。及宋人讲学以白话为语录,此体遂成讲学正体(明人因之)。当是时,白话已久入韵文,观唐宋人白话之诗词可见也。及至元时,中国北部已在异族之下,三百余年矣(辽、金、元)。此三百年中,中国乃发生一种通俗行远之文学。文则有《水浒》《西游》《三国》之类,戏曲则尤不可胜计(关汉卿诸人,人各著剧数十种之多。吾国文人著作之富,未有过于此时者也)。以今世眼光观之,则中国文学当以元代为最盛,可传世不朽之作,当以元代为最多。此可无疑也。当是时,中国之文学最近言文合一,白话几成文学的语言矣。使此趋势不受沮遏,则中国乃有"活文学出现",而但丁、路得之伟业〔欧洲中古时,各国皆有俚语,而以拉丁文为文言,凡著作书籍皆用之,如吾国之以文言著书也。其后意大利有但丁(Dante)诸文豪,始以其国俚语著作。诸国踵兴,国语亦代起。路得(Luther)创新教始以德文译旧约新约,遂开德文学之先。英法诸国亦复如是。今世通用之英文新旧约,乃一六一一年译本,距今才三百年耳。故今日欧洲诸国之文学,在当日皆为俚语。迨诸文豪兴,始以"活文学"代拉丁之死文学。有活文学而后有言文合一之国语也〕,凡发生于神州。不意此趋势骤为明代所沮,政府既以八股取士,而当时文人如何李七子之徒,又争以复古为高,于是此千年难遇言文合一之机会,遂中道夭折矣。然以今世历史进化的眼光观之,则白话文学之为中国文学之正宗,又为将来文学必用之利器,可断言也(此"断言"乃自作者言之,赞成此说者今日未必甚多也)。以此之故,吾主张今日作文作诗,宜采用俗语俗字。与其用三千年前之死字(如"于铄国会,遵晦时休"之类),不如用二十世纪之活字。与其作不能行远不能普及之秦汉六朝文字,不如作家喻户晓之《水浒》《西游》文字也。

结论

上述八事,乃吾年来研思此一大问题之结果。远在异国,既无读书之暇晷,又不得就国中先生长者质疑问题,其所主张容有矫枉过正之处。然此八事皆文学上根本问题,有研究之价值。故草成此论,以为海内外留心此问题者作一草案。谓之刍议,犹云未定草也。伏惟国人同志有以匡纠是正之。

余恒谓中国近代文学史,施曹价值远在归姚之上。闻者咸大惊疑。今得胡君之论,窃喜所见不孤。白话文学,将为中国文学之正宗。余亦笃信而渴望之。吾生倘亲见其成,则大幸也。元代文学美术,本蔚然可观。余所最服膺者,为东篱,词隽意远,又复雄富。余尝称为"中国之沙克士比亚"。质之胡君及读者诸君以为然否。(独秀识)

(原载《新青年》第2卷第5号)

文学革命论

陈独秀

今日庄严灿烂之欧洲,何自而来乎?曰,革命之赐也。欧语所谓革命者,为革故更新之义,与中土所谓朝代鼎革,绝不相类。故自文艺复兴以来,政治界有革命,宗教界亦有革命,伦理道德亦有革命,文学艺术亦莫不有革命,莫不因革命而新兴而进化。近代欧洲文明史,宜可谓之革命史。故曰,今日庄严灿烂之欧洲,乃革命之赐也。

吾苟偷庸懦之国民,畏革命如蛇蝎,故政治界虽经三次革命,而黑暗未尝稍减。其原因之小部分,则为三次革命皆虎头蛇尾,未能充分以鲜血洗净旧污,其大部分,则为盘踞吾人精神界根深底固之伦理道德、文学艺术诸端,莫不黑幕层张,垢污深积,并此虎头蛇尾之革命而未有焉。此单独政治革命所以于吾之社会,不生若何变化,不收若何效果也,推其总因,乃在吾人疾视革命,不知其为开发文明之利器故。

孔教问题,方喧呶于国中,此伦理道德革命之先声也。文学革命之气运,酝酿已非一日,其首举义旗之急先锋,则为吾友胡适。余甘冒全国学究之敌,高张"文学革命军"大旗,以为吾友之声援。旗上大书特书吾革命军三大主义:曰推倒雕琢的、阿谀的贵族文学,建设平易的、抒情的国民文学;曰推倒陈腐的、铺张的古典文学,建设新鲜的、立诚的写实文学;曰推倒迂晦的、艰涩的山林文学,建设明了的、通俗的社会文学。

《国风》多里巷猥辞,《楚辞》盛用土语方物,非不斐然可观。承其流者,两汉赋家,颂声大作,雕琢阿谀,词多而意寡,此贵族之文、古典之文之始作俑也。魏晋以下之五言,抒情写事,一变前代板滞堆砌之风,在当时可谓为文学一大革命,即文学一大进化。然希托高古,言简意晦,社会现象,非所取材,是犹贵族之风,未足以语通俗的国民文学也。齐梁以来,风尚对偶,演至有唐,逐成律体。无韵之文,亦尚对偶,《尚书》《周易》以来,即是如此[古人行文,不但风尚对偶,且多韵语,故骈文家颇主张骈体为中国文章正宗之说(亡友王无生即主张此说之一人),

不知古书传钞不易,韵与对偶,以利传诵而已。后之作者,乌可泥此?]。东晋而后,即细事陈启,亦尚骈丽,演至有唐,遂成骈体。诗之有律,文之有骈,皆发源于南北朝,大成于唐代,更进而为排律,为四六。此等雕琢的、阿谀的、铺张的、空泛的贵族古典文学,极其长技,不过如涂脂抹粉之泥塑美人,以视八股试帖之价值,未必能高几何,可谓为文学之末运矣。韩柳崛起,一洗前人纤巧堆朵之习,风会所趋,乃南北朝贵族古典文学,变而为宋元国民通俗文学之过渡时代。韩柳元白,应运而出,为之中枢。俗论谓昌黎文章起八代之衰,虽非确论,然变八代之法,开宋元之先,自是文界豪杰之士。吾人今日所不满于昌黎者二事:一曰,文犹师古。虽非典文,然不脱贵族气派,寻其内容,远不若唐代诸小说家之丰富,其结果乃造成一新贵族文学。二曰,误于"文以载道"之谬见。文学本非为载道而设,而自昌黎以讫曾国藩,所谓载道之文,不过钞袭孔孟以来极肤浅极空泛之门面语而已。余尝谓唐宋八家文之所谓"文以载道",直与八股家之所谓"代圣贤立言",同一鼻孔出气。以此二事推之,昌黎之变古,乃时代使然,于文学史上,其自身并无十分特色可观也。元明剧本,明清小说,乃近代文学之粲然可观者,惜为妖魔所厄,未及出胎,竟尔流产,以至今日中国之文学,萎琐陈腐,远不能与欧洲比肩。此妖魔为何?即明之前后七子及八家文派之归方刘姚是也。此十八妖魔辈,尊古蔑今,咬文嚼字,称霸文坛,反使盖代文豪若马东篱、若施耐庵、若曹雪芹诸人之姓名,几不为国人所识。若夫七子之诗,刻意模古,直谓之抄袭可也。归方刘姚之文,或希荣誉墓,或无病而呻,满纸"之乎者也矣焉哉"。每有长篇大作,摇头摆尾,说来说去不知道说些甚么。此等文学,作者既非创造才,胸中又无物,其伎俩惟在仿古欺人,直无一字有存在之价值,虽著作等身,与其时之社会文明进化无丝毫关系。

今日吾国文学,悉承前代之弊。所谓"桐城派"者,八家与八股之混合体也;所谓"骈体文"者,思绮堂与随园之四六也;所谓"西江派"者,山谷之偶像也。求夫目无古人,赤裸裸的抒情写世,所谓代表时代之文豪者,不独全国无其人,而且举世无此想。文学之文既不足观,应用之文益复怪诞。碑铭墓志,极量称扬,读者决不见信,作者必照例为之;寻常启事,首尾恒有种种谀词,居丧者即"华居美食",而哀启必欺人曰"苫块昏迷";赠医生以匾额,不曰"术迈歧黄",即曰"著手成春";穷乡僻壤极小之豆腐店,其春联恒作"生意兴隆通四海,财源茂盛达三江"。此等国民应用之文学之丑陋,皆阿谀的、虚伪的、铺张的贵族古典文学阶之厉耳。

际兹文学革新之时代,凡属贵族文学、古典文学、山林文学,均在排斥之列。

以何理由而排斥此三种文学耶？曰：贵族文学，藻饰依他，失独立自尊之气象也；古典文学，铺张堆砌，失抒情写实之旨也；山林文学，深晦艰涩，自以为名山著述，于其群之大多数无所裨益也。其形体则陈陈相因，有肉无骨，有形无神，乃装饰品而非实用品；其内容则目光不越帝王权贵、神仙鬼怪及其个人之穷通利达，所谓宇宙，所谓人生，所谓社会，举非其构思所及，此三种文学公同之缺点也。此种文学，盖与吾阿谀夸张虚伪迂阔之国民性，互为因果，今欲革新政治，势不得不革新盘踞于运用此政治者精神界之文学。使吾人不张目以观世界社会文学之趋势及时代之精神，日夜埋头故纸堆中，所目注心营者，不越帝王权贵、鬼怪神仙与夫个人之穷通利达，以此而求革新文学、革新政治，是缚手足而敌孟贲也。

欧洲文化，受赐于政治科学者固多，受赐于文学者亦不少。予爱卢梭、巴士特之法兰西，予尤爱虞哥、左喇之法兰西，予爱康德、赫克尔之德意志，予尤爱桂特郝、卜特曼之德意志，予爱倍根、达尔文之英吉利，予尤爱狄铿士、王尔德之英吉利。吾国文学界豪杰之士，有自负为中国之虞哥、左喇、桂特郝、卜特曼、狄铿士、王尔德者乎？有不顾迂儒之毁誉，明目张胆以与十八妖魔宣战者乎？予愿拖四十二生的大炮，为之前驱。

（原载《新青年》第 2 卷第 6 号）

建设的文学革命论
国语的文学——文学的国语

胡 适

(一)

我的《文学改良刍议》发表以来,已有一年多了。这十几个月之中,这个问题居然引起了许多狠有价值的讨论,居然受了许多狠可使人乐观的响应。我想我们提倡文学革命的人,固然不能不从破坏一方面下手。但是我们仔细看来,现在的旧派文学实在不值得一驳。什么桐城派的古文哪,《文选》派的文学哪,江西派的诗哪,梦窗派的词哪,《聊斋志异》派的小说哪——都没有破坏的价值。他们所以还能存在国中,正因为现在还没有一种真有价值、真有生气、真可算作文学的新文学起来代他们的位置。有了这种"真文学"和"活文学",那些"假文学"和"死文学",自然会消灭了。所以我望我们提倡文学革命的人,对于那些腐败文学,个个都该存一个"彼可取而代也"的心理,个个都该从建设一方面用力,要在三五十年内替中国创造出一派新中国的活文学。

我现在作这篇文章的宗旨,在于贡献我对于建设新文学的意见。我且先把我从前所主张破坏的八事引来作参考的资料:

一、不作"言之无物"的文字。

二、不作"无病呻吟"的文字。

三、不用典。

四、不用套语烂调。

五、不重对偶——文须废骈,诗须废律。

六、不做不合文法的文字。

七、不摹仿古人。

八、不避俗话俗字。

这是我的"八不主义",是单从消极的、破坏的一方面着想的。

自从去年归国以后,我在各处演说文学革命,便把这"八不主义"都改作了肯定的口气,又总括作四条,如下:

一、要有话说,方才说话。这是"不做言之无物的文字"一条的变相。

二、有什么话,说什么话;话怎么说,就怎么说。这是二、三、四、五、六诸条的变相。

三、要说我自己的话,别说别人的话。这是"不摹仿古人"一条的变相。

四、是什么时代的人,说什么时代的话。这是"不避俗话俗字"的变相。这是一半消极,一半积极的主张。一笔表过,且说正文。

(二)

我的《建设新文学论》的唯一宗旨只有十个大字:"国语的文学,文学的国语。"我们所提倡的文学革命,只是要替中国创造一种国语的文学。有了国语的文学,方才可有文学的国语。有了文学的国语,我们的国语才可算得真正国语。国语没有文学,便没有生命,便没有价值,便不能成立,便不能发达。这是我这一篇文字的大旨。

我曾仔细研究:中国这二千年何以没有真有价值真有生命的"文言的文学"?我自己回答道:"这都因为这二千年的文人所做的文学都是死的,都是用已经死了的语言文字做的。死文字决不能产出活文学。所以中国这二千年只有些死文学,只有些没有价值的死文学。"

我们为什么爱读《木兰辞》和《孔雀东南飞》呢?因为这两首诗是用白话做的。为什么爱读陶渊明的诗和李后主的词呢?因为他们的诗词是用白话做的。为什么爱杜甫的《石壕吏》《兵车行》诸诗呢?因为他们都是用白话做的。为什么不爱韩愈的《南山》呢?因为他用的是死字死话……简单说来,自从"三百篇"到于今,中国的文学凡是有一些价值有一些儿生命的,都是白话的或是近于白话的。其余的都是没有生气的古董,都是博物院中的陈列品!

再看近世的文学:何以《水浒传》《西游记》《儒林外史》《红楼梦》可以称为"活文学"呢?因为他们都是用一种活文字做的。若是施耐庵、邱长春、吴敬梓、曹雪芹,都用了文言做书,他们的小说一定不会有这样生命,一定不会有这样价值。

读者不要误会,我并不曾说凡是用白话做的书都是有价值有生命的。我说的是：用死了的文言决不能做出有生命有价值的文学来。这一千多年的文学，凡是有真正文学价值的，没有一种不带有白话的性质，没有一种不靠这个"白话性质"的帮助。换言之：白话能产出有价值的文学，也能产出没有价值的文学；可以产出《儒林外史》，也可以产出《肉蒲团》。但是那已死的文言只能产出没有价值、没有生命的文学，决不能产出有价值有生命的文学；只能做几篇《拟韩退之〈原道〉》或《拟陆士衡〈拟古〉》，决不能做出一部《儒林外史》。若有人不信这话，可先读明朝古文大家宋濂的《王冕传》，再读《儒林外史》第一回的《王冕传》，便可知道死文学和活文学的分别了。

为什么死文字不能产生活文学呢？这都由于文学的性质。一切语言文字的作用在于达意表情；达意达得妙，表情表得好，便是文学。那些用死文言的人，有了意思，却须把这意思翻成几千年前的典故；有了感情，却须把这感情译为几千年前的文言。明明是客子思家，他们须说"王粲登楼""仲宣作赋"；明明是送别，他们却须说《阳关三叠》"一曲《渭城》"；明明是贺陈宝琛七十岁生日，他们却须说是贺伊尹、周公、傅说。更可笑的：明明是乡下老太婆说话，他们却要叫他打起唐宋八家的古文腔儿；明明是极下流的妓女说话，他们却要他打起胡天游、洪亮吉的骈文调子……请问这样做文章，如何能达意表情呢？既不能达意，既不能表情，那里还有文学呢？即如那《儒林外史》里的王冕，是一个有感情、有血气、能生动、能谈笑的活人。这都因为做书的人能用活言语活文字来描写他的生活神情。那宋濂集子里的王冕，便成了一个没有生气，不能动人的死人。为什么呢？因为宋濂用了二千年前的死文字来写二千年后的活人；所以不能不把这个活人变作二千年前的木偶，才可合那古文家法。古文家法是合了，那王冕也真"作古"了！

因此我说，"死文言决不能产出活文学"。中国若想有活文学，必须用白话，必须用国语，必须做国语的文学。

（三）

上节所说，是从文学一方面着想，若要活文学，必须用国语。如今且说从国语一方面着想，国语的文学有何等重要。

有些人说："若要用国语做文学，总须先有国语。如今没有标准的国语，如何能有国语的文学？"我说，这话似乎有理，其实不然。国语不是单靠几位言语学的专门家就能造得成的；也不是单靠几本国语教科书和几部国语字典，就能造成的。若要造国语，先须造国语的文学。有了国语的文学，自然有国语。这话初听了似乎不通。但是列位仔细想想便可明白了。天下的人谁肯从国语教科书和国语字典里面学习国语？所以国语教科书和国语字典，虽是狠要紧，决不是造国语的利器。真正有功效有势力的国语教科书，便是国语的文学，便是国语的小说、诗文、戏本。国语的小说、诗文、戏本通行之日，便是中国国语成立之时。试问我们今日居然能拿起笔来做几篇白话文章，居然能写得出好几百个白话的字，可是从什么白话教科书上学来的吗？可不是从《水浒传》《西游记》《红楼梦》《儒林外史》等书学来的吗？这些白话文学的势力，比什么字典教科书都还大几百倍。《字典》说"这"字该读"鱼彦反"，我们偏读他做"者个"的者字。《字典》说"么"字是"细小"，我们偏把他用作"什么""那么"的么字。字典说"没"字是"沈也""尽也"，我们偏用他做"无有"的"无"字解。《字典》说"的"字有许多意义，我们偏把他用来代文言的"之"字、"者"字、"所"字和"徐徐尔，纵纵尔"的"尔"字……总而言之，我们今日所用的"标准白话"，都是这几部白话的文学定下来的。我们今日要想重新规定一种"标准国语"，还须先造无数国语的《水浒传》《西游记》《儒林外史》《红楼梦》。

所以我以为我们提倡新文学的人，尽可不必问今日中国有无标准国语。我们尽可努力去做白话的文学。我们可尽量采用《水浒传》《西游记》《儒林外史》《红楼梦》的白话。有不合今日的用的，便不用他；有不够用的，便用今日的白话来补助；有不得不用文言的，便用文言来补助。这样做去，决不愁语言文字不够用，也决不用愁没有标准白话。中国将来的新文学用的白话，就是将来中国的标准国语。造中国将来白话文学的人，就是制定标准国语的人。

我这种议论并不是"向壁虚造"的。我这几年来研究欧洲各国国语的历史，没有一种国语不是这样造成的。没有一种国语是教育部的老爷们造成的。没有一种是言语学专门家造成的。没有一种不是文学家造成的。我且举几条例为证：

一、意大利。五百年前，欧洲各国但有方言，没有"国语"。欧洲最早的国语是意大利文。那时欧洲各国的人多用拉丁文著书通信。到了十四世纪的初年，意大利的大文学家但丁（Dante）极力主张用意大利话来代拉丁文。他说拉丁文是已死了的文字，不如他本国俗话的优美。所以他自己的杰作《喜剧》，全用Tuscany（意大利北部的一邦）的俗话。这部《喜剧》，风行一世，人都称它做"神圣喜剧"。那"神圣喜剧"的白话后来便成了意大利的标准国语。后来的文学家Boccacio（1313—1375）和Lorenzo de Medici诸人也都用白话作文学。所以不到一百年，意大利的国语便完全成立了。

二、英国。英伦虽只是一个小岛国，却有无数方言。现在通行全世界的"英文"，在五百年前还只是伦敦附近一带的方言，叫做"中部土话"。当十四世纪时，各处的方言都有些人用来做书。后来到了十四世纪的末年，出了两位大文学家，一个是Chaucer（1340—1400），一个是Wycliff（1320—1384）。Chaucer做了许多诗歌、散义，都用这"中部土话"。Wycliff把耶教的《旧约》《新约》也都译成"中部土话"。有了这两个人的文学，便把这"中部土话"变成英国的标准国语。后来到了十五世纪，印刷术输进英国，所印的书多用这"中部土语"，国语的标准更确定了。到十六、十七两世纪，Shakespeare和"伊里莎白时代"的无数文学大家，都用国语创造文学。从此以后，这一部分的"中部土话"，不但成了英国的标准国语，几乎竟成了全地球的世界语了！

此外，法国、德国及其他各国的国语，大都是这样发生的，大都是靠着文学的力量才能变成标准的国语的。我也不去一一的细说了。

意大利国语成立的历史，最可供我们中国人的研究。为什么呢？因为欧洲西部、北部的新国，如英吉利、法兰西、德意志，他们的方言和拉丁文相差太远了，所以他们渐渐的用国语著作文学，还不算希奇。只有意大利是当年罗马帝国的京畿近地，在拉丁文的故乡，各处的方言又和拉丁文最近。在意大利提倡用白话代拉丁义，真正和在中国提倡用白话代汉文，有同样的艰难。所以英、法、德各国语，一经文学发达以后，便不知不觉的成为国语了。在意大利却不然。当时反对的人狠多，所以那时的新文学家，一方面努力创造国语的文学，一方面还要做文章鼓吹何以当废古文，何以不可不用白话。有了这种有意的主张（最有力的是Dante和Alberti两个人）又有了那些有价值的文学，才可造出意大利的"文学的国语"。

我常问我自己道："自从施耐庵以来，狠有了些极风行的白话文学，何以中国至今还不曾有一种标准的国语呢？"我想来想去，只有一个答案。这一千年来，中国固然有了一些有价值的白话文学，但是没有一个人出来明目张胆的主张用白话为中国的"文学的国语"。有时陆放翁高兴了，便做一首白话诗；有时柳耆卿高兴了，便做一首白话词；有时朱晦庵高兴了，便写几封白话信，做几条白话札记；有时施耐庵、吴敬梓高兴了，便做一两部白话的小说。这都是不知不觉的自然出产品,并非是有意的主张。因为没有"有意的主张",所以做白话的只管做白话,做古文的只管做古文,做八股的只管做八股。因为没有"有意的主张",所以白话文学从不曾和那些"死文学"争那"文学正宗"的位置。白话文学不成为文学正宗,故白话不曾成为标准国语。

我们今日提倡国语的文学,是有意的主张。要使国语成为"文学的国语"。有了文学的国语,方有标准的国语。

(四)

上文所说:"国语的文学,文学的国语。"乃是我们的根本主张。如今且说要实行做到这个根本主张,应该怎样进行。

我以为创造新文学的进行次序,约有三步:(一)工具;(二)方法;(三)创造。前两步是预备,第三步才是实行创造新文学。

(一)工具。古人说得好:"工欲善其事,必先利其器。"写字的要笔好,杀猪的要刀快。我们要创造新文学,也须先预备下创造新文学的"工具"。我们的工具就是白话。我们有志造国语文学的人,应该赶紧筹备这个万不可少的工具。预备的方法,约有两种:

(甲)多读模范的白话文学。例如《水浒传》《西游记》《儒林外史》《红楼梦》;宋儒语录,白话信札;元人戏曲,明清传奇的说白。唐宋的白话诗词,也该选读。

(乙)用白话作各种文学。我们有志造新文学的人,都该发誓不用文言作文:无论通信,做诗,译书,做笔记,做报馆文章,编学堂讲义,替死人作墓志,替活人上条陈……都该用白话来做。我们从小到如今,都是用文言作文,养成了一种文言的习惯,所以虽是活人,只会作死人的文字。若不下一些狠劲,若不用点苦工夫,决不能使用白话圆转如意。若单在《新青年》里面做白话文字,此外还依旧做文言的文字,那真是"一日暴之,十日寒之"的政策,决不能磨练成白话的文学家。不但我们提倡白话文学的人应该如此做去。就是那些反对白话文学的人,我也奉劝他们用白话来做文字。为什么呢?因为他们若不能做白话文字,便不配反对白话文学。譬如那些不认得中国字的中国人,若主张废汉文,我一定骂他们不配开口。若是我的朋友钱玄同要主张废汉文,我决不敢说他不配开口了。那些不会做白话文字的人来反对白话文学,便和那些不懂汉文的人要废汉文,是一样的荒谬。所以我劝他们多做些白话文字,多做些白话诗歌,试试白话是否有文学的价值。如果试了几年,还觉得白话不如文言,那时再来攻击我们,也还不迟。

还有一层,有些人说:"做白话狠不容易,不如做文言的省力。"这是因为中毒太深之过。受病深了,更宜赶紧医治,否则真不可救了。其实做白话并不难。我有一个侄儿,今年才十五岁,一向在徽州不曾出过门。今年他用白话写信来,居然写得极好。我们徽州话和官话差得狠远,我的侄儿不过看了一些白话小说,便会做白话文字了。这可见做白话并不是难事,不过人性懒惰的居多数,舍不得抛"高文典册"的死文字罢了。

(二)方法。我以为中国近来文学所以这样腐败,大半虽由于没有适用的"工具",但是单有"工具",没有方法,也还不能造新文学。做木匠的人,单有锯凿钻刨,没有规矩师法,决不能造成木器。文学也是如此。若单靠白话便可造新文学,难道把郑孝胥、陈三立的诗翻成了白话,就可算得新文学了吗?难道那些用白话做的《新华春梦记》《九尾龟》,也可算作新文学吗?我以为现在国内新起的一班"文人",受病最深的所在,只在没有高明的文学方法。我且举小说一门为例。现在的小说(单指中国人自己著的),看来看去,只有两派。一派最下流的,是那些学《聊斋志异》的札记小说。篇篇都是"某生,某处人,生有异禀,下笔千言……一日于某地遇一女郎……好事多磨……遂为情死",或是"某地某生,游某地,眷某妓,情好綦笃,遂订白头之约……而大妇妒甚,不能相容,女抑郁以死……生抚尸一恸几绝"……此类文字,只可抹桌子,固不值一驳。还有那第二派是那些学《儒林外史》或是学《官场现形记》的白话小说。上等的如《广陵潮》,下等的如《九尾龟》。这一派小说,只学了《儒林外史》的坏处,却不曾学得他的好处。《儒林外史》的坏处在于体裁结构太不紧严,全篇是杂凑起来的。例如娄府一群人自成一段;杜府两公子自成一段;马二先生又成一段;虞博士又成一段;萧云仙,郭孝子,又各自成一段。分出来,可成无数札记小说;接下去,可长至无穷无极。《官场现形记》便是这样。如今的章回小说,大都犯这个没有结构、没有布局的懒病。却不知道《儒林外史》所以能有文学价值者,全靠一副写人物的画工本领。我十年不曾读这书了,但是我闭了眼睛,还觉得书中的人物,如严贡生,如马二先生,如杜少卿,如权勿用……个个都是活的人物。正如读《水浒》的人,过了二三十年,还不会忘记鲁智深、李逵、武松、石秀……一班人。请问列位读过《广陵潮》和《九尾龟》的人,过了两三个月,心目中除了一个"文武全才"的章秋谷之外,还记得几个活灵活现的书中人物?所以我说,现在的"新小说",全是不懂得文学方法的：既不知布局，又不知结构，又不知描写人物，只做成了许多又长又臭的文字；只配与报纸的第二张充篇幅，却不配在新文学上占一个位置——小说在中国近年，比较的说来，要算文学中最发达的一门了。小说尚且如此，别种文学，如诗歌、戏曲，更不用说了。

如今且说什么叫做"文学的方法"呢？这个问题不容易回答，况且又不是这篇文章的本题，我且约略说几句。

大凡文学的方法可分三类：

（1）集收材料的方法。中国的"文学"，大病在于缺少材料。那些古文家，除了墓志、寿序、家传之外，几乎没有一毫材料。因此，他们不得不做那些极无聊的《汉高帝斩丁公论》《汉文帝唐太宗优劣论》。至于近人的诗词，更没有什么材料可说了。近人的小说材料，只有三种：一种是官场，一种是妓女，一种是不官而官，非妓而妓的中等社会（留学生、女学生之可作小说材料者，亦附此类），除此以外，别无材料。最下流的，竟至登告白征求这种材料。做小说竟须登告白征求材料，便是宣告文学家破产的铁证。我以为将来的文学家收集材料的方法，约如下：

（甲）推广材料的区域。官场、妓院与龌龊社会三个区域，决不够采用。即如今日的贫民社会，如工厂之男女工人、人力车夫、内地农家、各处小负贩及小店铺，一切痛苦情形，都不曾在文学上占一位置。并且今日新旧文明相接触，一切家庭惨变，婚姻苦痛，女子之位置，教育之不适宜……种种问题，都可供文学的材料。

（乙）注意实地的观察和个人的经验。现今文人的材料大都是关了门虚造出来的，或是间接又间接的得来的。因此我们读这种小说，总觉得浮泛敷衍，不痛不痒的，没有一毫精彩。真正文学家的材料大概都有"实地的观察和个人自己的经验"做个根底。不能作实地的观察，便不能做文学家；全没有个人的经验，也不能做文学家。

（丙）要用周密的理想作观察经验的补助。实地的观察和个人的经验，固是极重要，但是也不能全靠这两件。例如施耐庵若单靠观察和经验，决不能做出一部《水浒传》。个人所经验的、所观察的，究竟有限。所以必须有活泼精细的理想（Imagination），把观察经验的材料，一一的体会出来，一一的整理如式，一一的组织完全；从已知的推想到未知的，从经验过的推想到不曾经验过的，从可观察的推想到不可观察的。这才是文学家的本领。

(2) 结构的方法。有了材料,第二步须要讲究结构。结构是个总名词,内中所包甚广,简单说来,可分剪裁和布局两步。

(甲)剪裁。有了材料,先要剪裁。譬如做衣服,先要看那块料可做袍子,那块料可做背心。估计定了,方可下剪。文学家的材料也要如此办理。先须看这些材料该用做小诗呢,还是做长歌呢?该用做章回小说呢,还是做短篇小说呢?该用做小说呢,还是做戏本呢?筹画定了,方才可以剪下那些可用的材料,去掉那些不中用的材料;方才可以决定做什么体裁的文字。

(乙)布局。体裁定了,再可讲布局。有剪裁,方可决定"做什么";有布局,方可决定"怎样做"。材料剪定了,须要筹算怎样做去始能把这材料用得最得当又最有效力。例如唐朝天宝时代的兵祸,百姓的痛苦,都是材料。这些材料,到了杜甫的手里,便成了诗料。如今且举他的《石壕吏》一篇,作布局的例。这首诗只写一个过路的客人一晚上在一个人家内偷听得的事情。只用一百二十个字,却不但把那一家祖孙三代的历史都写出来,并且把那时代兵祸之惨,壮丁死亡之多,差役之横行,小民之苦痛,都写得逼真活现,使人读了生无限的感慨。这是上品的布局工夫。又如古诗"上山采蘼芜,下山逢故夫"一篇,写一家夫妇的惨剧,却不从"某人娶妻甚贤,后别有所欢,遂出妻再娶"说起,只挑出那前妻山上下来遇着故夫的时候下笔,却也能把那一家的家庭情形写得充分满意。这也是上品的布局工夫。近来的文人全不讲求布局,只顾凑足多少字可卖几块钱,全不问材料用的得当不得当,动人不动人。他们今日做上回的文章,还不知道下一回的材料在何处!这样的文人怎样造得出有价值的新文学呢!

(3) 描写的方法。局已布定了,方才可讲描写的方法。描写的方法,千头万绪,大要不出四条:

(一)写人。

(二)写境。

(三)写事。

(四)写情。

写人要举动、口气、身分、才性……都要有个性的区别:件件都是林黛玉,决不是薛宝钗;件件都是武松,决不是李逵。写境要一喧、一静、一石、一山、一云、一鸟……也都要有个性的区别。《老残游记》的大明湖,决不是西湖,也决不是洞庭湖;《红楼梦》里的家庭,决不是《金瓶梅》里的家庭。写事要线索分明,头绪清楚,近情近理,亦正亦奇。写情要真、要精,要细腻婉转、要淋漓尽致——有时须用境写人，用情写人，用事写人；有时须用人写境，用事写境，用情写境……这里面的千变万化，一言难尽。

如今且回到本文。我上文说的：创造新文学的第一步是工具，第二步是方法。方法的大致，我刚才说了。如今且问：怎样预备方才可得着一些高明的文学方法？我仔细想来，只有一条法子，就是赶紧多多的翻译西洋的文学名著做我们的模范。我这个主张，有两层理由：

第一，中国文学的方法实在不完备，不够作我们的模范。即以体裁而论，散文只有短篇，没有布置周密，论理精严，首尾不懈的长篇；韵文只有抒情诗，绝少纪事诗，长篇诗更不曾有过；戏本更在幼稚时代，但略能纪事掉文，全不懂结构；小说好的，只不过三四部，这三四部之中，还有许多疵病；至于最精彩之"短篇小说""独幕戏"，更没有了。若从材料一方面看来，中国文学更没有做模范的价值。才子佳人、封王挂帅的小说；风花雪月、涂脂抹粉的诗；不能说理、不能言情的"古文"；学这个、学那个的一切文学；这些文字，简直无一毫材料可说。至于布局一方面，除了几首实在好的诗之外，几乎没有一篇东西当得"布局"两个字！所以我说，从文学方法一方面看去，中国的文学实在不够给我们作模范。

第二，西洋的文学方法，比我们的文学，实在完备得多，高明得多，不可不取例。即以散文而论，我们的古文家至多比得上英国的 Bacon 和法国的 Montaene，至于像 Plato 的"主客体"，Huxley 等的科学文章，Boswell 和 Morley 等的长篇传记，Mill、Franklin、Giddon 等的"自传"，Taine 和 Bukle 等的史论……都是中国从不曾梦见过的体裁。更以戏剧而论，二千五百年前的希腊戏曲，一切结构的工夫，描写的工夫，高出元曲何止十倍。近代的 Shakespear 和 Moliére 更不用说了，最近六十年来，欧洲的散文戏本，千变万化，远胜古代，体裁也更发达了。最重要的，如"问题戏"，专研究社会的种种重要问题；"寄托戏"（Symbolic Drama），专以美术的手段作的"意在言外"的戏本；"心理戏"，专描写种种复杂的心境，作极精密的解剖；"讽刺戏"，用嬉笑怒骂的文章，达愤世救世的苦心——我写到这里，忽然想起今天梅兰芳正在唱新编的《天女散花》，上海的人还正在等着看新排的《多尔滚》呢！我也不往下数了——更以小说而论，那材料之精确，体裁之完备，命意之高超，描写之工切，心理解剖之细密，社会问题讨论之透彻……真是美不胜收。至于近百年新创的"短篇小说"，真如芥子里面藏着大千世界；真如百炼的精金，曲折委婉，无所不可；真可说是开千古未有的创局，掘百世不竭的宝藏。以上所说，大旨只在约略表示西洋文学方法的完备。因为西洋文学真有许多可给我们作模范的好处,所以我说:我们如果真要研究文学的方法,不可不赶紧翻译西洋的文学名著,做我们的模范。

现在中国所译的西洋文学书,大概都不得其法,所以收效甚少。我且拟几条翻译西洋文学名著的办法如下:

(1) 只译名家著作,不译第二流以下的著作。我以为国内真懂得西洋文学的学者应该开一会议,公共选定若干种不可不译的第一流文学名著,约数如一百种长篇小说,五百篇短篇小说,三百种戏剧,五十家散文,为第一部"西洋文学丛书",期五年译完,再选第二部。译成之稿,由这几位学者审查,并一一为作长序及著者略传,然后付印。其第二流以下,如哈葛得之流,一概不选。诗歌一类,不易翻译,只可从缓。

(2) 全用白话韵文之戏曲,也都译为白话散文。用古文译书,必失原文的好处。如林琴南的"其女珠,其母下之",早成笑柄,且不必论。前天看见一部侦探小说《圆室案》中,写一位侦探"勃然大怒,拂袖而起"。不知道这位侦探穿的是不是康桥大学的广袖制服!这样译书,不如不译。又如林琴南把 Shakespear 的戏曲,译成了记叙体的古文!这真是 Shakespear 的大罪人,罪在《圆室案》译者之上。

(3) 创造。上面所说工具与方法两项,都只是创造新文学的预备。工具用得纯熟自然了,方法也懂了,方才可以创造中国的新文学。至于创造新文学是怎样一回事,我可不配开口了。我以为现在的中国,还没有做到实行预备创造新文学的地步,尽可不必空谈创造的方法和创造的手段。我们现在且先去努力做那第一、第二两步预备的工夫罢!(完)

(原载《新青年》第 4 卷第 4 号)

人 的 文 学

周作人

  我们现在应该提倡的新文学,简单的说一句,是"人的文学"。应该排斥的,便是反对的非人的文学。

  新旧这名称,本来狠不妥当,其实"太阳底下,何尝有新的东西?"思想道理,只有是非,并无新旧。要说是新,也单是新发见的新,不是新发明的新。"新大陆"是在十五世纪中,被哥仑布发见,但这地面是古来早已存在。电是在十八世纪中,被弗阑克林发见,但这物事也是古来早已存在。无非以前的人,不能知道,遇见哥仑布与弗阑克林才把他看出罢了。真理的发见,也是如此。真理永远存在,并无时间的限制,只因我们自己愚昧,闻道太迟,离发见的时候尚近,所以称他新。其实他原是极古的东西,正如新大陆同电一般,早在这宇宙之内,倘若将他当作新鲜果子、时式衣裳一样看待,那便大错了。譬如现在说"人的文学",这一句话,岂不也像时髦。却不知世上生了人,便同时生了人道。无奈世人无知,偏不肯体人类的意志,走这正路,却迷入兽道鬼道里去,旁皇了多年,才得出来。正如人在白昼时候,闭着眼乱闯,末后睁开眼睛,才晓得世上有这样好阳光。其实太阳照临,早已如此,已有了无量数年代了。

  欧洲关于这"人"的真理的发见,第一次是在十五世纪,于是出了宗教改革与文艺复兴两个结果。第二次成了法国大革命,第三次大约便是欧战以后将来的未知事件了。女人与小儿的发见,却迟至十九世纪,才有萌芽。古来女人的位置,不过是男子的器具与奴隶。中古时代,教会里还曾讨论女子有无灵魂,算不算得一个人呢。小儿也只是父母的所有品,又不认他是一个未长成的人,却当他作具体而微的成人,因此又不知演了多少家庭的与教育的悲剧。自从 Froebel 与 Godwin 夫人以后,才有光明出现。到了现在,造成儿童学与女子问题这两个大研究,可望长出极好的结果来。中国讲到这类问题,却须从头做起,人的问题,从来未经解决,女人、小儿更不必说了。如今第一步先从人说起。生了四千余年,现在却还讲人的意义,从新要发见"人",去"辟人荒",也是可笑的事。但老了再学,总比不学该胜一筹罢。我们希望从文学上起首,提倡一点人道主义思想,便是这个意思。

我们要说人的文学,须得先将这个"人"字,略加说明。我们所说的人,不是世间所谓"天地之性最贵",或"圆颅方趾"的人。乃是说,"从动物进化的人类"。其中有两个要点:(一)"从动物"进化的;(二)从动物"进化"的。

我们承认人是一种生物。他的生活现象,与别的动物并无不同,所以我们相信人的一切生活本能,都是美的善的,应得完全满足。凡有违反人性、不自然的习惯制度,都应该排斥改正。

但我们又承认人是一种从动物进化的生物。他的内面生活,比他动物更为复杂高深,而且逐渐向上,有能够改造生活的力量。所以我们相信人类以动物的生活为生存的基础,而其内面生活,却渐与动物相远,终能达到高上和平的境地。凡兽性的余留,与古代礼法可以阻碍人性向上的发展者,也都应该排斥改正。

这两个要点,换一句话说,便是人的灵肉二重的生活。古人的思想,以为人性有灵肉二元,同时并存,永相冲突。肉的一面,是兽性的遗传;灵的一面,是神性的发端。人生的目的,便偏重在发展这神性;其手段,便在灭了体质以救灵魂。所以古来宗教,大都厉行禁欲主义,有种种苦行,抵制人类的本能。一方面却别有不顾灵魂的快乐派,只愿"死便埋我"。其实两者都是趋于极端,不能说是人的正当生活。到了近世,才有人看出这灵肉本是一物的两面,并非对抗的二元。兽性与神性,合起来便只是人性。英国十八世纪诗人 Blake 在《天国与地狱的结婚》一篇中,说得最好:

(一)人并无与灵魂分离的身体。因这所谓身体者,原止是五官所能见的一部分的灵魂。

(二)力是唯一的生命,是从身体发生的。理就是力的外面的界。

(三)力是永久的悦乐。

他这话虽略含神秘的气味,但狠能说出灵肉一致的要义。我们所信的人类正常生活,便是这灵肉一致的生活。所谓从动物进化的人,也便是指这灵肉一致的人,无非用别一说法罢了。

这样"人"的理想生活,应该怎样呢?首先便是改良人类的关系。彼此都是人类,却又各是人类的一个。所以须营一种利己而又利他,利他即是利己的生活。第一,关于物质的生活,应该各尽人力所及,取人事所需。换一句话,便是各人以心力的劳作,换得适当的衣食住与医药,能保持健康的生存。第二,关于道德的生活，应该以爱、智、信、勇四事为基本道德，革除一切人道以下或人力以上的因袭的礼法，使人人能享自由真实的幸福生活。这种"人的"理想生活，实行起来，实于世上的人，无一不利。富贵的人虽然觉得不免失了他的所谓尊严，但他们因此得从非人的生活里救出，成为完全的人，岂不是绝大的幸福么？这真可说是二十世纪的新福音了。只可惜知道的人还少，不能立地实行。所以我们要在文学上略略提倡，也稍尽我们爱人类的意思。

但现在还须说明，我所说的人道主义，并非世间所谓"悲天悯人"或"博施济众"的慈善主义，乃是一种个人主义的人间本位主义。这理由是：第一，人在人类中，正如森林中的一株树木。森林盛了，各树也都茂盛。但要森林盛，去仍非靠各树各自茂盛不可。第二，个人爱人类，就只为人类中有了我，与我相关的缘故。墨子说兼爱的理由，因为"己亦在人中"，便是最透彻的话。上文所谓利己而又利他，利他即是利己，正是这个意思。所以我说的人道主义，是从个人做起。要讲人道，爱人类，便须先使自己有人的资格，占得人的位置。耶稣说，"爱邻如己"。如不先知自爱，怎能"如己"的爱别人呢？至于无我的爱，纯粹的利他，我以为是不可能的。人为了所爱的人，或所信的主义，能够有献身的行为。若是割肉饲鹰，投身给饿虎吃，那是超人间的道德，不是人所能为的了。

用这人道主义为本，对于人生诸问题，加以记录研究的文字，便谓之人的文学。其中又可以分作两项：（一）是正面的，写这理想生活，或人间上达的可能性；（二）是侧面的，写人的平常生活，或非人的生活，都狠可以供研究之用。这类著作，分量最多，也最重要。因为我们可以因此明白人生实在的情状，与理想生活比较出差异与改善的方法。这一类中写非人的生活的文学，世间每每误会，与非人的文学相混，其实却大有分别。譬如法国 Maupassant 的小说《人生》(Une Vie)是写人间兽欲的人的文学，中国的《肉蒲团》却是非人的文学。俄国 Kuprin 的小说《坑》(Jama)是写娼妓生活的人的文学，中国的《九尾龟》却是非人的文学。这区别就只在著作的态度不同。一个严肃，一个游戏。一个希望人的生活，所以对于非人的生活，怀着悲哀或愤怒。一个安于非人的生活，所以对于非人的生活，感着满足，又多带着玩弄与挑发的形迹。简明说一句，人的文学与非人的文学的区别，便在著作的态度，是以人的生活为是呢，非人的生活为是呢？这一点上，材料方法，别无关系。即是提倡女人的殉葬——即殉节——的文章，表面上岂不说是"维持风教"，但强迫人自杀，正是非人的道德，所以也是非人的文学。中国文学中，人的文学，本来极少，从儒教、道教出来的文章，几乎都不合格。现在我们单从纯文学上举例如：

（一）色情狂的淫书类；

（二）迷信的鬼神书类（《封神传》《西游记》等）；

（三）神仙书类（《绿野仙踪》等）；

（四）妖怪书类（《聊斋志异》《子不语》等）；

（五）奴隶书类（甲种主题是皇帝状元宰相，乙种主题是神圣的父与夫）；

（六）强盗书类（《水浒》《七侠五义》《施公案》等）；

（七）才子佳人书类（《三笑姻缘》等）；

（八）下等谐谑书类（《笑林广记》等）；

（九）黑幕类；

（十）以上各种思想和合结晶的旧戏。

这几类全是妨碍人性的生长，破坏人类的和平的东西，统应该排斥。这宗著作，在民族心理研究上，原都极有价值，在文艺批评上，也有几种可以容许。但在主义上，一切都该排斥。倘若懂得道理，识力已定的人，自然不妨去看。如能研究批评，便于世间更为有益，我们也极欢迎。

人的文学，当以人的道德为本，这道德问题方面狠广，一时不能细说。现在只就文学关系上，略举几项。譬如两性的爱，我们对于这事，有两个主张：（一）是男女两本位的平等；（二）是恋爱的结婚。世间著作，有发挥这意思的，便是绝好的人的文学。如诺威 Ibsen 的戏剧《娜拉》(Et Dukkehjem)、《海女》(Fruen fra Havet)，俄国 Tolstoj 的小说 Anna Karenina，英国 Hardy 的小说 Tess 等就是。恋爱起原，据芬兰学者 Westermarch 说，由于"人的对于与我快乐者的爱好"。却又如奥国 Lucan 说，因多年心的进化，渐变了高上的感情。所以真实的爱与两性的生活，也须有灵肉二重的一致。但因为现世社会境势所迫，以致偏于一面的，不免极多。这便须根据人道主义的思想，加以记录研究。却又不可将这样生活，当作幸福或神圣，赞美提倡。中国的色情狂的淫书，不必说了。旧基督教的禁欲主义的思想，我也不能承认他为是。又如俄国 Dostojevskij 是伟大的人道主义的作家。但他在一部小说中，说一男人爱一女子，后来女子爱了别人，他却竭力斡旋，使他们能够配合。Dostojevskij 自己，虽然言行竟是一致，但我们总不能承认这种种行为，是在人情以内、人力以内，所以不愿提倡。又如印度诗人 Tagore 做的小说，时时颂扬东方思想。有一篇记一寡妇的生活，描写她的"心的撒提(Suttee)"（撒提是印度古语，指寡妇与他丈夫的尸体一同焚化的习俗)。又一篇说一男人弃了他的妻子,在英国别娶,他的妻子还典卖了金珠宝玉,永远的接济他。一个人如有身心的自由,以自由选择,与人结了爱,遇着生死的别离,发生自己牺牲的行为,这原是可以称道的事。但须全然出于自由意志,与被专制的因袭礼法逼成的动作,不能并为一谈。印度人身的撒提,世间都知道是一种非人道的习俗,近来已被英国禁止。至于人心的撒提,便只是一种变相。一是死刑,一是终身监禁。照中国说,一是殉节,一是守节。原来撒提这字,据说在梵文,便正是节妇的意思。印度女子被"撒提"了几千年,便养成了这一种畸形的贞顺之德。讲东方化的,以为是国粹,其实只是不自然的制度习惯的恶果。譬如中国人磕头惯了,见了人便无端的要请安拱手作揖,大有非跪不可之意,这能说是他的谦和美德么?我们见了这种畸形的所谓道德,正如见了塞在坛子里养大的、身子像萝葡形状的人,只感着恐怖嫌恶悲哀愤怒种种感情,决不该将他提倡,拿他赏赞。

其次如亲子的爱。古人说,父母子女的爱情,是"本于天性",这话说得最好。因他本来是天性的爱,所以用不着那些人为的束缚,妨害他的生长。假如有人说,父母生子,全由私欲,世间或要说他不道。今将他改作由于天性,便极适当。照生物现象看来,父母生子,正是自然的意志。有了性的生活,自然有生命的延续,与哺乳的努力,这是动物无不如此。到了人类,对于恋爱的融合,自我的延长,更有意识,所以亲子的关系,尤为浓厚。近时识者所说儿童的权利与父母的义务,便即据这天然的道理推演而出,并非时新的东西。至于世间无知的父母,将子女当作所有品,牛马一般养育,以为养大以后,可以随便吃他骑他,那便是退化的谬误思想。英国教育家 Gorst 称他们为"猿类之不肖子",正不为过。日本津田左右吉著《文学上国民思想的研究》卷一说:"不以亲子的爱情为本的孝行观念,又与祖先为子孙而生存的生物学的普遍事实,人为将来而努力的人间社会的实际状态,俱相违反,却认作子孙为祖先而生存,如此道德中,显然含有不自然的分子。"祖先为子孙而生存,所以父母理应爱重子女,子女也就应该爱敬父母。这是自然的事实,也便是天性。文学上说这亲子的爱的,希腊 Homeros 史诗 Ilias 与 Euripides 悲剧 Troiades 中,说 Hektor 夫妇与儿子的死别的两节,在古文学中,最为美妙。近来 Ibsen 的《群鬼》(Gengangere),德国 Sudemann 的戏剧《故乡》(Heimat),俄国 Turgenjev 的小说《父子》(Ottsy idjeti)等,都狠可以供我们的研究。至于郭巨埋儿、丁兰刻木那一类残忍迷信的行为,当然不应再行赞扬提倡。割股一事,尚是魔术与食人风俗的遗留,自然算不得道德,不必再叫他混入文学里，更不消说了。

照上文所说，我们应该提倡与排斥的文学，大致可以明白了。但关于古今中外这一件事上，还须追加一句说明，才可免了误会。我们对于主义相反的文学，并非如胡致堂或乾隆做史论，单依自己的成见，将古今人物排头骂倒。我们立论，应抱定"时代"这一个观念，又将批评与主张，分作两事。批评古人的著作，便认定他们的时代，给他一个正直的评价，相应的位置。至于宣传我们的主张，也认定我们的时代，不能与相反的意见通融让步，唯有排斥的一条方法。譬如原始时代，本来只有原始思想，行魔术食人肉，原是分所当然。所以关于这宗风俗的歌谣故事，我们还要拿来研究，增点见识。但如近代社会中，竟还有想实行魔术食人的，那便只得将他捉住，送进精神病院去了。其次，对于中外这个问题，我们也只须抱定时代这一个观念，不必再划出什么别的界限。地理上、历史上，原有种种不同，但世界交通便了，空气流通也快了，人类可望逐渐接近，同一时代的人，便可相并存在。单位是个我，总数是个人。不必自以为与众不同，道德第一，划出许多畛域。因为人总与人类相关，彼此一样，所以张三李四受苦，与彼得约翰受苦，要说与我无关，便一样无关，说与我相关，也一样相关。仔细说，便只为我与张三李四或彼得约翰虽姓名不同、籍贯不同，但同是人类之一，同具感觉性情，他以为苦的，在我也必以为苦。这苦会降在他身上，也未必不能降在我的身上。因为人类的运命是同一的，所以我要顾虑我的运命，便同时须顾虑人类共同的运命。所以我们只能说时代，不能分中外。我们偶有创作，自然偏于见闻较确的中国一方面，其余大多数都还须绍介译述外国的著作，扩大读者的精神，眼里看见了世界的人类，养成人的道德，实现人的生活。

（原载《新青年》第5卷第6号）

历史的文学观念论

胡 适

居今日而言文学改良,当注重"历史的文学观念"。一言以蔽之,曰:一时代有一时代之文学。此时代与彼时代之间,虽皆有承前启后之关系,而决不容完全钞袭;其完全钞袭者,决不成为真文学。愚惟深信此理,故以为古人已造古人之文学,今人当造今人之文学。至于今日之文学与今后之文学究竟当为何物,则全系于吾辈之眼光识力与笔力,而非一二人所能逆料也。惟愚纵观古今文学变迁之趋势,以为白话之文学种子已伏于唐人之小诗短词。及宋而语录体大盛,诗词亦多有用白话者(放翁之七律七绝多白话体,宋词用白话者更不可胜计。南宋学者往往用白话通信,又不但以白话作语录也)。元代之小说戏曲,则更不待论矣。此白话文学之趋势,虽为明代所截断,而实不曾截断。语录之体,明清之宋学家多沿用之。词曲为《牡丹亭》《桃花扇》,已不如元人杂剧之通俗矣。然昆曲卒至废绝,而今之俗剧(吾徽之"徽调"与今日"京调""高腔"皆是也)乃起而代之。今后之戏剧或将全废唱本而归于说白,亦未可知,此亦由文言趋于白话之一例也。小说则明清之有名小说,皆白话也。近人之小说,其可以传后者,亦皆白话也(笔记短篇如《聊斋志异》之类不在此例),故白话之文学自宋以来,虽见屏于古文家,而终一线相承,至今不绝。

夫白话之文学,不足以取富贵,不足以邀声誉,不列于文学之"正宗",而卒不能废绝者,岂无故耶?岂不以此为吾国文学趋势,自然如此,故不可禁遏而日以昌大耶?愚以深信此理,故又以为今日之文学,当以白话文学为正宗。然此但是一个假设之前提,在文学史上,虽已有许多证据,如上所云,而今后之文学之果出于此与否,则犹有待于今后文学家之实地证明。若今后之文人不能为吾国造一可传世之白话文学,则吾辈今日之纷纷议论,皆属枉费精力,决无以服古文家之心也。

然则吾辈又何必攻古文家乎?曰,是亦有故。吾辈主张"历史的文学观念",而古文家则反对此观念也。吾辈以为今人当造今人之文学,而古文家则以为今人作文必法马班韩柳。其不法马班韩柳者,皆非文学之"正宗"也。吾辈之攻古文家,正以其不明文学之趋势而强欲作一千年二千年以上之文。此说不破,则白话之文学无有列为文学正宗之一日,而世之文人将犹鄙薄之以为小道邪径而不肯以全力经营造作之。如是,则吾国将永无以全副精神实地试验白话文学之日。夫不以全副精神造文学而望文学之发生,此犹不耕而求获,不食而求饱也,亦终不可得矣(施耐庵、曹雪芹诸人所以能有成者,正赖其有特别胆力,能以全力为之耳)。

吾辈既以"历史的"眼光论文,则亦不可不以历史的眼光论古文家。《记》曰:"生乎今之世,反古之道,灾必及乎身(朱熹曰:反,复也)。"此言复古者之谬,虽孔圣人亦不赞成也。古文家之罪正坐"生乎今之世,反古之道"。古文家盛称马班,不知马班之文已非古文。使马班皆作《盘庚》《大诰》"清庙生民"之文,则马班决不能千古矣。古文家又盛称韩柳,不知韩柳在当时皆为文学革命之人。彼以六朝骈俪之文为当废,故改而趋于较合文法、较近自然之文体,其时白话之文未兴,故韩柳之文在当日皆为"新文学"。韩柳皆未尝自称"古文",古文乃后人称之之辞耳。此如七言歌行,本非"古体",六朝人作之者数人而已。至唐而大盛,李杜之歌行,皆可谓创作。后之妄人,乃谓之曰"五古""七古",不知五言作于汉代,七言尤不得为古,其起与律诗同时(律诗起于六朗,谢灵运、江淹之诗,皆为骈偶之体矣,则虽谓律诗先于七古可也)。若《周颂》《商颂》则真"古诗"耳。故李杜作"今诗",而后人谓之"古诗",韩柳作"今文",而后人谓之"古文"。不知韩柳但择当时文体中之最近于文言之自然者而作之耳。故韩柳之为韩柳,未可厚非也。

及白话之文体既兴,语录用于讲坛,而小说传于穷巷。当此之时,"今文"之趋势已成,而明七子之徒乃必欲反之于汉魏以上,则罪不容辞矣。归方、刘姚之志与七子同,特不敢远攀周秦,但欲近规韩柳欧曾而已,此其异也。吾故谓古文家亦未可一概抹煞。分别言之,则马班自作汉人之文,韩柳自作唐代之文。其作文之时,言文之分尚不成一问题,正如欧洲中古之学者,人人以拉丁文著书,而不知其所用为"死文字"也。宋代之文人,北宋如欧苏皆常以白话入词,而作散文则必用文言;南宋如陆放翁常以白话作律诗,而其文集皆用文言;朱晦庵以白话著书写信,而作"规短文字"则皆用文言,此皆过渡时代之不得已,如十六七世纪欧洲学者著书往往并用己国俚语与拉丁两种文字(狄卡儿之《方法论》用法文,其《精思录》则用拉丁文。倍根之《杂论》有英文、拉丁文两种。倍根自信其拉丁文书胜于其英文书,然今人罕有读其拉丁文《杂论》者矣),不得概以古文家冤之也。

惟元以后之古文家,则居心在于复古;居心在于过抑通俗文学而以汉魏唐宋代之,此种人乃可谓真正"古文家"！吾辈所攻击者,亦仅限于此一种"生于今之世,反古之道"之真正"古文家"耳！

(原载《新青年》第3卷第3号)

延伸阅读：

1. 刘半农：《我之文学改良观》，《新青年》第 3 卷第 3 号。
2. 王敬轩：《文学革命之反响》，《新青年》第 4 卷第 3 号。
3. 胡适：《白话诗八首》，《新青年》第 2 卷第 6 号。
4. 胡适：《我为什么要做白话诗？》，《新青年》第 6 卷第 5 号。
5. 胡适：《文学进化观念与戏剧改良》，《新青年》第 5 卷第 4 号。
6. 刘半农：《诗与小说精神上之革新》，《新青年》第 3 卷第 5 号。
7. 鲁迅：《孔乙己》，《新青年》第 6 卷第 4 号。
8. 胡适：《国语的进化》，《新青年》第 7 卷第 3 号。
9. 钱玄同：《〈尝试集〉序》，《新青年》第 4 卷第 2 号。
10. 胡适：《论短篇小说》，《新青年》第 4 卷第 5 号。
11. 崇拜王敬轩先生者、陈独秀：《通信·讨论学理之自由权》，《新青年》第 4 卷第 5 号。

第五章
《新青年》对女子解放的倡导

《新青年》作为新文化运动的主要阵地,曾多次征集关于妇女问题的文章,推出《女子问题》专栏,博得社会关注。近代以来,受西方平等观念和女权思想的影响,人们逐渐意识到中国妇女所承受的礼教压迫是苛刻的。所以在新文化运动中,接受新思想的先进知识分子大力宣传妇女解放,贞操问题自然也就成为妇女解放以及追求男女平等所必须解决的问题。

作为最早刊登讨论贞操问题文章的杂志之一,《新青年》在1918年刊登了由周作人翻译的日本作家与谢野晶子的《贞操论》。该文开门见山地反对将贞操问题看作道德问题,将女子贞操问题的讨论引到社会道德和社会制度层面,产生了巨大的社会反响。后来胡适发表《贞操问题》,也认为贞操不应是女子一方固守的道德,男子也应遵守。如若男子不遵守,则有违男女平等的原则,是矛盾的。女子是否守节是由其个人决定的,而不是由压制人性的旧礼制决定的。追求人格的独立与发展是妇女的未来之路。同样针对这一问题,周树人以"唐俟"的笔名发表了《我之节烈观》一文,批评中国社会允许男子多妻,只让女子守节本身就是不合理的,这种贞操观念违背了男女平等、人格独立的基本精神。随后,《新青年》刊登出蓝至先、胡适、周作人的讨论书信,三人在贞操问题上产生分歧的主要原因是他们对婚姻、恋爱的观念在理解上的不同。之前张崧年所发表的《男女问题》引用罗素的说法对男女婚恋观提出自己的见解,认为没有必要去关注男女关系中的节制。1918年6月15日,《新青年》隆重推出《易卜生号》,惊醒了沉睡于中国封建制度包办婚姻下的青年男女。其中出走的"娜拉",成为妇女解放的标志性形象。

早期对女性解放的宣传主要集中在婚姻、个性独立等方面。《新青年》杂志的作者们呼吁女性应勇敢地从家庭中走出来,而社会应提供可供妇女工作的职位,使其获得经济独立自主的权利。妇女的生活不应局限于做一个贤妻良母,在家庭中承担社会角色,女性还应有更广阔的天地。这些新思想反映了社会思潮对旧道德的冲击,人们希望建立新的社会秩序来适应社会的发展。在中国传统社会中,父母之命、媒妁之言,早已是约定俗成的规则,而新文化运动中对两性关系的思考打出了"恋爱自由和婚姻自由"的旗帜。

新文化运动时期,社会呈现相对自由的氛围,针对男女问题、贞操问题的讨论也逐步升级,从提出独立人格到呼吁女性摆脱封建婚姻的束缚,做新时代女性。但是思想上的变革还是不能解决现实中阻碍中国妇女解放的障碍,除去所提出的发展女子教育、规划职业外,还应该呼吁中国社会给予女性更多的工作机会,这才是解决实际问题的重中之重。

贞 操 论

《人及女トシう》中之一篇

[日本]与谢野晶子 著　　周作人 译

我译这篇文章,并非想借他来论中国贞操问题,因为中国现在,还未见这新问题发生的萌芽,论他未免太早。我的意思,不过是希望中国人看看日本先觉的言论,略见男女问题的情形。

《新青年》曾登了半年广告,征集属于"女子问题"的议论,当初也有过几篇回答,近几月来,却寂然无声了。大约人的觉醒,总须从心里自己发生。倘若本身并无痛切的实感,便也没有什么话可说。而且不但女子,就是"男子问题",应该解决的也正多,现在何尝提起?男子尚且如此,何况女子问题?自然更没有人来过问。

但是女子问题,终竟是件重大事情,须得切实研究。女子自己不管,男子也不得不先来研究。一般男子不肯过问,总有极少数觉了的男子可以研究。我译这篇文章,便是供这极少数男子的参考。

我确信这篇文中,纯是健全的思想。但是日光和空气,虽然有益卫生,那些衰弱病人,或久住在暗地里的人,骤然遇着新鲜的气,明亮的光,反觉极不舒服,也未可知。照从前看来,别人治病的麻醉剂,尚且会拿来当作饭吃,另外的新事物,自然也怕终不免弄得一塌胡涂。然而我们只要不贩卖麻醉剂请人当饭便好,我们只要卖我们治病的药。又譬如虽然有人禁不起日光和空气——身心的自由——的力,却不能因此妨害我们自己去享受日光和空气,并阻止我们去赞美这日光与空气的好处。

与谢野晶子是日本有名诗人与谢野宽的夫人,从前专作和歌,称第一女诗人,又是古文学家,用现代语译出《源氏物语》《荣华物语》等书,极有名誉。后来转作评论,识见议论,都极正大。据我们意见,是现今日本第一女流批评家,极进步,极自由,极真实,极平正的大妇人,不是那一班女界中顽固老辈和浮躁后生可以企及,就比那些滑稽学者们,见识也胜过几倍。与谢野夫人的歌,是不能译他。今且译这篇论文,请识者看。他原来的篇目,是《贞操八道德以上二尊贵テアル》。

我因为最尊重贞操，想把它安放在最确实坚固的基础上，所以作这一篇文。

今年发生了贞操问题，非但女子的贞操，连男子的贞操，也经多人讨论。有知识的人，如今对于这件问题，都肯郑重反省，原是极好的事。但如将贞操单当作道德，想要维持下去，这事可否却不易决定，非再加审慎研究，再行定夺不可。现在有许多人，并不将此问题新加解释，仍旧将他当作道德，强迫实行，却觉得不甚妥当，所以我们对于贞操道德问题，颇感着几件疑惑。

我们的希望，在脱去所有虚伪，所有压制，所有不正，所有不幸，实现出最真实、最自由、最正确而且最幸福的生活。我们就将这实感作基础，想来调整一切的问题。譬如古代道德，在当时人类的生活上，虽然有益，如今已不能满足我们的情意时，便已同我们生活的规律不合。倘若仍然拿来强用，便是用虚伪来施压制，我们应当排斥这暴虐的道德，再去努力制定我们所必要的新道德才是。

道德这事，原是因为辅助我们生活而制定的。到了不必要，或反于生活有害的时候，便应渐次废去，或者改正。倘若人闲为道德而生存，我们便永久作道德的奴隶，永久只能屈伏在旧权威的底下。这样就同我们力求自由生活的心，正相反对，所以我们须得脱去所有压制，舍掉一切没用的旧思想、旧道德，才能使我们的生活充实有意义。

我们要脱去压制，并非要过放纵无秩序的生活，我们还须仔细聪明的批判商量，建设起实际生活上必要的一切自制律，如新道德新制度之类。我们现在对于贞操道德，怀着许多疑义，倘若得不到明快的解决，不能确认贞操为现代道德。这意思也无非想建设真实的道德，使我们的道德性，不至更有动摇，可以遵守着行。也就是想把贞操，照现代的思想，当作新道德，去拥护他。

贞操的起源和历史，我们可以不必深究，无论怎样都好。我们要晓得的，便只是现代人对于贞操这事，聪明的解释和真切的实行。

如今先把我怀着的疑惑，随便记下：

贞操是否单是女子必要的道德，还是男女都必要的呢？

贞操这道德，是否无论什么时地，人人都不可不守，而且又人人都能守的呢？

照各人的境遇体质，有时能守，有时不能守，在甲能守，在乙不能守，这等事究竟有没有呢？如果人人都须强守，可能做得到么？

无论什么时地，如果守了这道德，一定能使人间生活，愈加真实、自由、正确、幸福么？

第五章 《新青年》对女子解放的倡导

倘这贞操道德,同人生的进行发展,不生抵触,而且有益,那时我们当他新道德,极欢迎他。若单是女子当守,男子可以宽假,那便是有抵触,便是反使人生破绽失调的旧式道德,我们不能信赖他。又如不能强使人人遵守,因为境遇体质不同,也定有宽严的差别,倘教人人强守,反使大多数的人受虚伪压制不正不幸的苦,那时也就不能当作我们所要求的新道德。

贞操是属于精神的呢?属于肉体的呢?属于爱情的呢?属于性交的呢?还是又属精神,又属肉体,所谓灵肉一致的呢?这种区别,也还未定得明白。

倘说是属于精神的,照意淫的论法,见别家妇女动了情,便已犯了奸淫,凡男人见了女人,或女人见了男人,动了爱情,那精神的贞操,便算破了。无论单相思,无论失恋,或只是对于异性的一种淡淡爱情,便都是不贞。一照这样说,有什么人在结婚前,绝对的不曾犯过这"心的不贞"呢?

人若不独居山中,全离了社会,可有一个人不曾这样破了贞操道德么?如果说贞操是属于精神的,对于这件问题,却须澈底的想一想才是。道德这事,果能制裁人心的机微到如此地步么?

现在且不必如此穷追,假定作贞操是只是结婚的男女间应守的道德,这样说,那结婚以前的失行,不是应该一切宽假了么?即使肉体上曾有关系,只说精神的未尝相许,岂非便与贞操道德毫不相背了么?

世间的夫妇,多有性交虽然接续,精神上十分冷淡,又若肉体上也无关系,精神上也互相憎恶,却仍然同住在一处;这样的人,明明已经破了精神的贞操了。可是奇怪,贞操道德非但不把他们当作不贞的男女看待,去责备他,只要他们表面上是夫妇,终身在一处过活,便反把他当作贞妇看待,那又是什么缘故呢?

倘说是属于肉体的,男女当然是绝对不能再婚。不但如此,如或女子因强暴失身,男子容纳了奔女,便都已破了贞操,一生不能结婚了。又如为了父母兄弟或一身一家的事情,不得已做了妓女的人,便永久被人当作败德者看待;"精神上悔过的人,罪自除灭"这样美的思想,也可以说是曲庇败德者,想该不能存在了。反过来说,倘若肉体上只守着一人,即使爱情移到别人身上,也是无妨。这样矛盾的事,也就不免出现了。

又若说是灵肉一致的,这样道德,现今的社会制度上,能够实现么?精神和肉体上都是从一的结婚,除了恋爱结婚,决不能有。但现在既不许可恋爱的自由,教人能享恋爱自由的人格教育也未施行的时候,却将灵肉一致的贞操,当作道德,期待他实现,这不是想"不种而获"么?

现代的结婚,大抵男女两者之中,必有一边是一种奴隶,一种物品,被那一边所买,不是男子去做富家的女婿,便是女子要得衣食保障,向男子行一种卖淫,这便是现在结婚的状态。对着这样结婚的夫妇,期待他灵肉一致的贞操,岂不是使夫妇两方都受一种痛苦,强要他作伪么?

现在世间当作奇迹一样看待的恋爱结婚,为了生活理想转恋的缘故,实行时代,恐不久也将实现。但虽则如此,人心不能永久固定,恋爱也难免有解体的时候。就是用热烈的爱情结合的夫妇,未必便能永久一致,古来这样的实例也不少。所以恋爱结婚,也不能当作贞操的根据地。

我对于贞操的疑惑,大体就是如此。

凡是道德,必须无论什么时地,决无矛盾。又如有人努力实践了这道德,虽不免稍受苦痛,然而必又能别得一种满意,能胜过这苦痛。因为我们所要求的将来的道德,是一种新自制律,因了这新道德,能将人间各自的生活,更加改善,进于真实自由正确幸福的境地。因这缘故,所以即使由社会强迫个人遵守,也是可以。

但今如要澈底的实践贞操道德,又不曾将他解释得决定明白,仍旧照从前暧昧的解释,想去实行,必然生出许多矛盾,不能澈底的通行。

世间有许多人说,即使再婚妇,或曾经嫁过两三次的妇人,甚而至于娼妓,只要他对于现在的丈夫保守唯一的爱情,以前同别人的关系,都不要紧,不能定现在的贞操。一面又有许多人,对于结婚前失行的女子,无论他是由于异性的诱惑,或是污于强暴,或是由他自己招来,便定他是失节的人,极严厉的责他:这种风气,现在颇有势力。

照这样说,那男子在结婚前失行过的,也应该算不贞么?这样质问发出去,世间上还要笑问的人没常识呢。原来男子的贞操,不曾当作道德问题,有人去研究他过。男子虽然在结婚后,原是公然许可可以二色的。在男子一方面,既没有贞操道德自发的要求,也没有社会的强制。若在女子一方面,既然做了人妻,即使夫妇间毫无交感的爱情,只要跟着这个丈夫,便是贞妇,社会上对于女子所强要的,也便只是这种贞妇。甚至于爱情性交都已断绝,因此受着极大的苦闷,但是几十年的仍同丈夫住在一处,管理家务,抚养小孩,这样妇人,也都被称赞是个贞妇。又或爱情已经转在别人身上,只是性交除丈夫外不肯许人,这样妇人,也都被称赞是个贞妇。世间上这样的例,实在狠多。

又听有人说,贞操是只有女子应守的道德,男子因生理的关系,不能守的。照这样说,岂不就是贞操并非道德的证据,证明他不曾备有人间共通应守的道德的特性么?

若照生理的关系说起来,在女子一方面,也并不是全然没有性欲冲动的危险时期。且并不止因生理的关系——爱情关系,自不必说,或因再婚等事,反可开辟一种新生活的缘故,有许多女子,不固守处女寡妇的节,于他却反是幸福。这样的例,世间上也极多。

无论什么时地,要把贞操道德一律的实践起来,便生出许多矛盾。与实际的生活相矛盾,岂不便是这贞操算不得道德,基本不曾完固,不能来调节现代生活的证据么?如要补这些缺漏,定出许多例外,说什么结婚前的不贞一,不关紧要,或说再婚不妨,只求以后灵肉的贞洁,或又说恋爱结婚果然是理想的办法,但是无爱情的夫妇生活,勉强着厮守下去,也当作一种贞操,是必要的。这样看起来,这贞操道德的内容,可算是最不纯不正不幸不自由的了。同旧时那妨害我们的生活,逼迫我们到不幸里去的压制道德,一点都没有差别。我们不愿信任这矛盾的道德,来当作我们生活的自制律。

我们对于从前所谓结婚这一件事,也觉得可疑——仪式、同居、户籍呈报——只以形式关系为重的结婚,到底有怎样的权威呢?将结婚前后来区划贞操:宽假结婚前的失行,固是无理,结婚后无论如何,只要合在一起,便算是贞德完全,也是形式的解释。

自从古时直到现今社会,夫妇可以结了婚同住在一家里,但是以后因经济或其他事情的关系,户籍上并不呈报,也不同住在一家,却结夫妇关系的男女,怕要渐渐多起来了,欧洲近来各社会中这样的人已经渐有增加的倾向。这是学者的道德论所难以制止的社会事实,无可如何的。在这样的夫妇关系上,结婚这形式,便毫没用处。爱情相合,结了协同关系;爱情分裂,只索离散。这样社会事实同贞操道德怎样能得一致呢?男女必须结婚这个理想,方在动摇,贞操的永久性,怎样能够保证,使他确实成立呢?

我从前在《太阳》杂志上说过,我对于贞操,不当他是道德,只是一种趣味,一种信仰,一种洁癖(案原文中有一节,比得极好,说:"贞操正同富一样,在自己有他时,原是极好;但在别人,或有或无,都没甚关系。")。既然是趣味、信仰、洁癖,所以没有强迫他人的性质。我所以绝对的爱重我的贞操,便是同爱艺术的美,爱学问的真一样,当作一种道德以上的高尚优美的物事看待——且假称作趣味,或是信仰都可。倘若要当他作道德,一律实践,非先将上文所说的疑问解决不可,非澈底底证明这操贞道德,无论何人,都可实践,毫无矛盾不可。不然,就不能使我们满足承认。

我今重又申明,我的尊重操贞,决不让人,所以作这一篇文。

一九一五年十一月

(原载《新青年》第 4 卷第 5 号)

贞 操 问 题

胡 适

（一）

周作人先生所译的日本与谢野晶子的《贞操论》（本报四卷五号），我读了狠有感触。这个问题，在世界上受了几千年无意识的迷信，到近几十年中，方才有些西洋学者正式讨论这问题的真意义。文学家如易卜生的《群鬼》和 Thomas Hardy 的《苔丝》（Tess of the D'urbervilles）都带着讨论这个问题。如今家庭专制最利害的日本居然也有这样大胆的议论！这是东方文明史上一件极可贺的事。

当周先生翻译这篇文字的时候，北京一家狠有价值的报纸登出一篇恰相反的文章。这篇文章是海宁朱尔迈的《会葬唐烈妇记》（七月二十三四日北京《中华新报》）。上半篇写唐烈妇之死如下：

> 唐烈妇之死，所阅灰永，钱卤，投河，雉经者五，前后绝食者三；又益之以砒霜，则其亲试乎杀人之方者凡九。自除夕上溯其夫亡之夕，凡九十有八日。夫以九死之惨毒，又历九十八日之长，非所称百挫千折有进而无退者乎？

下文又借出一件"俞氏女守节"的事来替唐烈妇作陪衬：

> 女年十九，受海盐张氏聘，未于归，夫夭，女即绝食七日；家人劝之力，始进糜，曰："吾即生，必至张氏，宁服丧三年，然后归报地下。"

最妙的是朱尔迈的论断：

> 嗟乎，俞氏女盖闻烈妇之风而兴起者乎？……俞氏女果能死于绝食七

日之内,岂不甚幸?乃为家阻之,俞氏女亦以三年为己任,余正恐三年之间,凡一千八十日有奇,非如烈妇之九十八日也。且绝食之后,其家人防之者百端……虽有死之志,而无死之间,可奈何?烈妇倘能阴相之以成其节,风化所关,猗欤盛矣!

这种议论检直是全无心肝的贞操论。俞氏女还不曾出嫁,不过因为信了那种荒谬的贞操迷信,想做那"青史上留名的事",所以绝食寻死,想做烈女。这位朱先生要维持风化,所以忍心害理的巴望那位烈妇的英灵来帮助俞氏女赶快死了,"岂不甚幸!"这种议论可算得贞操迷信的极端代表。《儒林外史》里面的王玉辉看他女儿殉夫死了,不但不哀痛,反仰天大笑道:"死得好!死得好!"(五十二回)王玉辉的女儿殉已嫁之夫,尚在情理之中。王玉辉自己"生这女儿为伦纪生色",他看他女儿死了反觉高兴,已不在情理中了。至于这位朱先生巴望别人家的女儿替他未婚夫做烈女,说出那种"猗欤盛矣"的全无心肝的话,可不是贞操迷信的极端代表吗?

贞操问题之中,第一无道理的,便是这个替未婚夫守节和殉烈的风俗。在文明国里,男女用自由意志,由高尚的恋爱,订了婚约,有时男的或女的不幸死了,剩下的那一个因为生时爱情太深,故情愿不再婚嫁,这是合情理的事。若在婚姻不自由之国,男女订婚以后,女的还不知男的面长面短,有何情爱可言?不料竟有一种陋儒,用"青史上留名的事"来鼓励无知女儿做烈女,"为伦纪生色""风化所关,猗欤盛矣!"我以为我们今日若要作具体的贞操论,第一步就该反对这种忍心害理的烈女论,要渐渐养成一种舆论,不但不把这种行为看作"猗欤盛矣"可旌表褒扬的事,还要公认这是不合人情、不合天理的罪恶,还要公认劝人做烈女,罪等于故意杀人。

这不过是贞操问题的一方面。这个问题的真相,与谢野晶子已经说得狠明白了。他提出几个疑问,内中有一条是:"贞操是否单是女子必要的道德,还是男女都必要的呢?"这个疑问,在中国更为重要。中国的男子要他们的妻子替他们守贞守节,他们自己却公然嫖妓,公然纳妾,公然"吊膀子"。再嫁的妇人在社会上几乎没有社交的资格;再婚的男子,多妻的男子,却一毫不损失他们的身份。这不是最不平等的事吗?怪不得古人要请"周婆制礼"来补救"周公制礼"的不平等了。

我不是说,因为男子嫖妓,女子便该偷汉;也不是说,因为老爷有姨太太,太太便该有姨老爷。我说的是，男子嫖妓，与妇人偷汉犯的是同等的罪恶；老爷纳妾，与太太偷人犯的也是同等的罪恶。

为什么呢？因为贞操不是个人的事，乃是人对人的事；不是一方面的事，乃是双方面的事。女子尊重男子的爱情，心思专一，不肯再爱别人，这就是贞操。贞操是一个"人"对别一个"人"的一种态度。因为如此，男子对于女子，也该有同等的态度。若男子不能照样还敬，他就是不配受这种贞操的待遇。这并不是外国进口的妖言，这乃是孔丘说的"己所不欲，勿施于人"。孔丘说：

> 君子之道四，丘未能一焉：所求乎子以事父，未能也；所求乎臣以事君，未能也；所求乎弟以事兄，未能也；所求乎朋友，先施之，未能也。

孔丘五伦之中，只说了四伦，未免有点欠缺。他理该加上一句道：

> 所求乎吾妇，先施之，未能也。

这才是大公无私的圣人之道！

（二）

我这篇文字刚才做完，又在上海报上看见陈烈女殉夫的事。今先记此事大略如下：

> 陈烈女名宛珍，绍兴县人，三世居上海。年十七，字王远甫之子菁士。菁士于本年三月廿三日病死，年十八岁。陈女闻死耗，即沐浴更衣，潜自仰药。其家人觉察，仓皇施救，已无及。女乃泫然曰："儿志早决。生虽未获见夫，殁或相从地下……"言讫，遂死，死时距其未婚夫之死仅三时而已（此据上海绍兴同乡会所出征文启）。

过了两天，又见上海县知事呈江苏省长请予褒扬的呈文中说：

> 呈为陈烈女行实可风，造册具书证明，请予按例褒扬事……（事实

略)……兹据呈称……并开具事实,附送褒扬费银六元前来……知事复查无异。除先给予"贞烈可风"匾额以资旌表外,谨援《褒扬条例》……之规定,造具清册,并附证明书,连同褒扬费,一并备文呈送,仰祈鉴核,俯赐咨行内务部将陈烈女按例褒扬,实为德便事。

我读了这篇呈文,方才知道我们中华民国居然还有什么《褒扬条例》。于是我把那些条例寻来一看,只见第一条九种可褒扬的行谊的第二款便是"妇女节烈贞操可以风世者";第七款是"著述书籍,制造器用,于学术技艺或发明或改良之功者";第九款是"年逾百岁者"!一个人偶然活到了一百岁,居然也可以与学术技艺上的著作发明享受同等的褒扬!这已是不伦不类可笑得狠了。再看那条例《施行细则》解释第一条第二款的"妇女节烈贞操可以风世者"如下:

第二条 《褒扬条例》第一条第二款所称之"节"妇,其守节年限自三十岁以前守节至五十岁以后者。但年未五十而身故,其守节已及六年者同。

第三条 同条款所称之"烈"妇"烈"女,凡遇强暴不从致死,或羞忿自尽,及夫亡殉节者,属之。

第四条 同条款所称之"贞"女,守贞年限与节妇同。其在夫家守贞身故,及未符年例而身故者,亦属之。

以上各条乃是中国贞操问题的中心点。第二条褒扬"自三十岁以前守节至五十岁以后"的节妇,是中国法律明明认三十岁以下的寡妇不该再嫁,再嫁为不道德。第三条褒扬"夫亡殉节"的烈妇烈女,是中国法律明明鼓励妇人自杀以殉夫;明明鼓励未嫁女子自杀以殉未嫁之夫。第四条褒扬未嫁女子替未婚亡夫守贞二十年以上,是中国法律明明说未嫁而丧夫的女子不该再嫁人,再嫁便是不道德。

这是中国法律对于贞操问题的规定。

依我个人的意思看来,这三种规定都没有成立的理由。

第一,寡妇再嫁问题。这全是一个个人问题。妇人若是对他已死的丈夫真有割不断的情义,他自己不忍再嫁;或是已有了孩子,不肯再嫁;或是年纪已大,不能再嫁;或是家道殷实,不愁衣食,不必再嫁——妇人处于这种境地,自然守节不嫁。还有一些妇人,对他丈夫,或有怨心,或无恩意,年纪又轻,不肯抛弃人生正当的家庭快乐；或是没有儿女，家又贫苦，不能度日——妇人处于这种境遇没有守节的理由，为个人计，为社会计，为人道计，都该劝他改嫁。贞操乃是夫妇相待的一种态度。夫妇之间爱情深了，恩谊厚了，无论谁生谁死，无论生时死后，都不忍把这爱情移于别人，这便是贞操。夫妻之间若没有爱情恩意，即没有贞操可说。若不问夫妇之间有无可以永久不变的爱情，若不问做丈夫的配不配受他妻子的贞操，只晓得主张做妻子的总该替他丈夫守节，这是一偏的贞操论，这是不合人情公理的伦理。再者，贞操的道德，"照各人境遇体质的不同，有时能守，有时不能守；在甲能守，在乙不能守"（用与谢野晶子的话）。若不问个人的境遇体质，只晓得说"忠臣不事二君，烈女不更二夫"，只晓得说"饿死事极小，失节事极大"（用程子语），这是忍心害理，男子专制的贞操论。以上所说，大旨只要指出寡妇应否再嫁全是个人问题，有个人恩情上、体质上、家计上种种不同的理由，不可偏于一方面主张不近情理的守节。因为如此，故我极端反对国家用法律的规定来褒扬守节不嫁的寡妇。褒扬守节的寡妇，即是说寡妇再嫁为不道德，即是主张一偏的贞操论。法律既不能断定寡妇再嫁为不道德，即不该褒扬不嫁的寡妇。

第二，烈妇殉夫问题。寡妇守节最正当的理由是夫妇间的爱情。妇人殉夫最正当的理由也是夫妇间的爱情。爱情深了，生离尚且不能堪，何况死别？再加以宗教的迷信，以为死后可以夫妇团圆。因此有许多妇人，夫死之后，情愿杀身从夫于地下。这个不属于贞操问题。但我以为无论如何，这也是个人恩爱问题，应由个人自由意志去决定。无论如何，法律总不该正式褒扬妇人自杀殉夫的举动。一来呢，殉夫既由于个人的恩爱，何须用法律来褒扬鼓励？二来呢，殉夫若由于死后团圆的迷信，更不该有法律的褒扬了。三来呢，若用法律来褒扬殉夫的烈妇，有一些好名的妇人，便要借此博一个"青史留名"，是法律的褒扬反发生一种沽名钓誉、作伪不诚的行为了！

第三，贞女烈女问题。未嫁而夫死的女子，守贞不嫁的是"贞女"，杀身殉夫的是"烈女"。我上文说过，夫妇之间若没有恩爱，即没有贞操可说。依此看来，那未嫁的女子，对于他丈夫有何恩爱？既无恩爱，更有何贞操可守？我说到这里，有个朋友驳我道：这话别人说了还可，胡适之可不该说说话。为什么呢？你自己曾做过一首诗，诗里有一段道：

我不认得他，他不认得我，我却常念他，这是为什么？
岂不因我们，分定常相亲？由分生情意，所以非路人。

> 海外土生子,生不识故里,终有故乡情,其理亦如此。

依你这诗的理论看来,岂不是已订婚而未嫁娶的男女因为名分已定,也会有一种情意。既有了情意,自然发生贞操问题。你于今又说未婚嫁的男女没有恩爱,故也没有贞操可说,可不是自相矛盾吗?

我听了这番驳论,几乎开口不得。想了一想,我才回答道:我那首诗所说名分上发生的情意,自然是有的;若没有那种名分上的情意,中国的旧式婚姻决不能存在。如旧日女子听人说他未婚夫的事,即面红害羞,即留神注意,可见他对他未婚夫实有这种名分上所发生的情谊。但这种情谊完全属于理想的。这种理想的情谊往往因实际上的反证,遂完全消灭。如女子悬想一个可爱的丈夫,及到嫁时,只见一个极下流不堪的男子,他如何能坚持那从前理想中的情谊呢?我承认名分可以发生一种情谊,我并且希望一切名分都能发生相当的情谊。但这种理想的情谊,依我看来,实在不够发生终身不嫁的贞操,更不够发生杀身殉夫的节烈。即使我更让一步,承认中国有些女子,例如吴趼人《恨海》里那个浪子的聘妻,深中了圣贤经传的毒,由名分上真能生出极浓挚的情谊,无论他未婚夫如何淫荡,人格如何堕落,依旧贞一不变。试问我们在这个文明时代,是否应该赞成提倡这种盲从的贞操?这种盲从的贞操,只值得一句"其愚不可及也"的评论,却不值得法律的褒扬。法律既许未嫁的女子夫死再嫁,便不该褒扬处女守贞。至于法律褒扬无辜女子自杀以殉不曾见面的丈夫,那更是男子专制时代的风俗,不该存在于现今的世界。

总而言之,我对于中国人的贞操问题,有三层意见:

第一,这个问题,从前的人都看作"天经地义",一味盲从,全不研究"贞操"两字究竟有何意义。我们生在今日,无论提倡何种道德,总该想想那种道德的真意义是什么。《墨子》说得好:

> 子墨子问于儒者曰:"何故为乐?"曰:"乐以为乐也。"子墨子曰:"子未我应也。今我问曰:'何故为室?'曰:'冬避寒焉,夏避暑焉,室以为男女之别也。'则子告我为室之故矣。今我问曰:'何故为乐?'曰:'乐以为乐也。'是犹曰:'何故为室?'曰:'室以为室也。'"(《公孟篇》)

今试问人"贞操是什么?"或"为什么你褒扬贞操?"他一定回答道:"贞操就是

贞操。我因为这是贞操，故褒扬他。"这种"室以为室也"的论理，便是今日道德思想宣告破产的证据。故我做这篇文字的第一个主意只是要大家知道"贞操"这个问题并不是"天经地义"，是可以澈底研究，可以反复讨论的。

第二，我以为贞操是男女相待的一种态度，乃是双方交互的道德，不是偏于女子一方面的。由这个前提，便生出几条引申的意见：（一）男子对于女子，丈夫对于妻子，也应有贞操的态度；（二）男子做不贞操的行为，如嫖妓娶妾之类，社会上应该用对待不贞妇女的态度来对待他；（三）妇女对于无贞操的丈夫，没有守贞操的责任；（四）社会法律既不认嫖妓纳妾为不道德，便不该褒扬女子的"节烈贞操"。

第三，我绝对的反对褒扬贞操的法律。我的理由是：（一）贞操既是个人男女双方对待的一种态度，诚意的贞操是完全自动的道德，不容有外部的干涉，不须有法律的提倡；（二）若用法律的褒扬为提倡贞操的方法，势必至造成许多沽名钓誉，不诚实、无意识的贞操举动；（三）在现代社会，许多贞操问题，如寡妇再嫁、处女守贞等之问题的是非得失，却都还有讨论余地，法律不当以武断的态度制定褒贬的规条；（四）法律既不奖励男子的贞操，又不惩男子的不贞操，便不该单独提倡女子的贞操；（五）以近世人道主义的眼光看来，褒扬烈妇烈女杀身殉夫，都是野蛮残忍的法律，这种法律在今日没有存在的地位。（完）

（原载《新青年》第5卷第1号）

我之节烈观

唐俟

"世道浇漓,人心日下,国将不国"这一类话;本是中国历来的叹声。不过时代不同,则所谓"日下"的事情,也有迁变。从前指的是甲事,现在叹的或是乙事。除了"进呈御览"的东西不敢妄说外,其余的文章议论里,一向就带这口吻。因为如此叹息,不但针砭世人,还可以从"日下"之中除去自己。所以君子固然相对慨叹,连杀人放火嫖妓骗钱以及一切鬼混的人,也都乘作恶余暇,摇着头说道:"他们人心日下了。"

世风人心这件事,不但鼓吹坏事,可以"日下";即使未曾鼓吹,只是旁观,只是赏玩,只是叹息,也可以叫他"日下"。所以近一年来,居然也有几个不肯徒托空言的人,叹息一番之后,还要想法子来挽救。第一个是康有为,指手画脚的说虚君共和才好;陈独秀便斥他不兴。其次是一班灵学派的人,不知何以起了极古奥的思想,要请"孟圣矣乎"的鬼来画策;陈百年、钱玄同、刘半农又道他胡说。这几篇驳论,都是《新青年》里最可寒心的文章。时候已是二十世纪了,人类眼前,早已闪出曙光。假如《新青年》里,有一篇和别人辩地球方圆的文字,读者见了,一定要发怔。然而现今所辩,正和说地体不方相差无几。将时代和事实对照起来,怎能不教人寒心而且害怕?

近来虚君共和是不提了,灵学似乎还在那里捣鬼,此时却又有一群人,不能满足,仍然摇头说道"人心日下"了。于是又想出一种挽救的方法;他们叫作"表彰节烈"!

这类妙法,自从君政复古时代以来,上上下下,已经提倡多年,此刻不过是竖起旗帜的时候。文章议论里,也照例时常出现,都嚷道"表彰节烈"!要不说这件事,也不能将自己提拔出了"人心日下"之中。

节烈这两个字,从前也算是男子的美德,所以有过"节士""烈士"的名称。然而现在的"表彰节烈",却是专指女子,并无男子在内。据时下道德家的意见来定界说,大约节是丈夫死了,决不再嫁,也不私奔;丈夫死得愈早,家里愈穷,他便节得愈好。烈可是有两种：一种是无论已嫁未嫁，只要丈夫死了，他也跟着自尽；一种是有强暴来污辱他的时候，设法自戕，或者抗拒被杀，都无不可。这也是死得愈惨愈苦，他便烈得愈好，倘若不及抵御，竟受了污辱，然后自戕，便免不了议论。万一幸而遇着宽厚的道德家，有时也可以略迹原情，许他一个烈字。可是文人学士，已经不甚愿意替他作传；就令勉强动笔，临了也不免加上几个"惜夫惜夫"了。

总而言之：女子死了丈夫，便守着，或者死掉；遇了强暴，便死掉。将这类人物称赞一通，世道人心便好，中国便得救了。大意只是如此。

康有为借重皇帝的虚名，灵学家全靠着鬼话。这表彰节烈，却是全权都在人民，大有渐进自力之意了。然而我仍有几个疑问，须得提出，还要据我的意见，给他解答。我又认定这节烈救世说，是多数国民的意思，主张的人，只是喉舌。虽然是他发声，却和四肢五官神经内脏，都有关系。所以我这疑问和解答，便是提出于这群多数国民之前。

首先的疑问是：不节烈（中国称不守节作"失节"，不烈却并无成语，所以只能合称他"不节烈"）的女子如何害了国家？照现在的情形，"国将不国"，自不消失。丧尽良心的事故，层出不穷。刀兵盗贼水旱饥荒，又接连而起。但此等现象，只是不讲新道德新学问的缘故，行为思想，全钞旧帐；所以种种黑暗，竟和古代的乱世仿佛，况且政界军界学界商界等等里面，全是男人，并无不节烈的女子夹杂在内。也未必是有权力的男子，因为受了他们蛊惑，这才丧了良心，放手作恶。至于水旱饥荒，便是专拜龙神，迎大王，滥伐森林，不修水利的祸祟，没有新知识的结果，更与女子无关。只有刀兵盗贼，往往造出许多不节烈的妇女。但也是兵盗在先，不节烈在后，并非因为他们不节烈了，才将刀兵盗贼招来。

其次的疑问是：何以救世的责任，全在女子？照着旧派说起来，女子是"阴类"，是主内的，是男子的附属品。然则治世救国，正须责成阳类，全仗外子，偏劳主体。决不能将一个绝大题目，都搁在阴类肩上。倘依新说，则男女平等，义务略同。纵令该担责任，也只得分担。其余的一半男子，都该各尽义务。不特须除去强暴，还应发挥他自己的美德。不能专靠惩劝女子，便算尽了天职。

其次的疑问是：表彰之后，有何效果？据节烈为本，将所有活着的女子，分类起来，大约不外三种：一种是已经守节，应该表彰的人（烈者非死不可，所以除出）；一种是不节烈的人；一种是尚未出嫁，或丈夫还在，又未遇见强暴，节烈与否未可知的人。第一种已经狠好，正蒙表彰，不必说了。第二种已经不好，中国从来不许忏悔,女子做事一错,补过无及,只好任其羞杀,也不值得说了。最要紧的,只在第三种,现在一经感化,他们便都打定主意道:"倘若将来丈夫死了,决不再嫁;遇着强暴,赶紧自裁!"试问如此立意,与中国男子做主的世道人心,有何关系?这个缘故,已在上文说明。更有附带的疑问是:节烈的人,既经表彰,自是品格最高。但圣贤虽人人可学,此事却有所不能。假如第三种的人,虽然立志极高,万一丈夫长寿,天下太平,他便只好饮恨吞声,做一世次等的人物。

以上是单依旧日的常识略加研究,便已发见了许多矛盾。若略带二十世纪气息,便又有两层:

一问节烈是否道德?道德这事,必须普遍,人人应做,人人能行,又于自他两利,才有存在的价值。现在所谓节烈,不特除开男子绝不相干;就是女子,也不能全体都遇着这名誉的机会。所以决不能认为道德,当作法式。上回登出的《贞操论》里,已经说过理由。不过贞是丈夫还在,节是男子已死的区别,道理却可类推。只有烈的一件事,尤为奇怪,还须略加研究。

照上文的节烈分类法看来,烈的第一种,其实也只是守节,不过生死不同。因为道德家分类,根据全在死活,所以归入烈类。性质全异的,便是第二种。这类人不过一个弱者(现在的情形,女子还是弱者),突然遇着男性的暴徒,父兄丈夫力不能救,左邻右舍也不帮忙,于是他就死了;或者竟受了辱,仍然死了;或者终于没有死。久而久之,父兄、丈夫、邻舍,夹着文人学士以及道德家,便渐渐聚集,既不羞自己怯弱无能,也不提暴徒如何惩办,只是七口八嘴,议论他死了没有,受污没有,死了如何好,活着如何不好。于是造出了许多光荣的烈女,和许多被人口诛笔伐的不烈女。只要平心一想,便觉不像人间应有的事情,何况说是道德。

二问多妻主义的男子,有无表彰节烈的资格?替以前的道德家说话,一定是理应表彰。因为凡是男子,便有点与众不同,社会上只配有他的意思。一面又靠着阴阳内外的古典,在女子面前逞能。然而一到现在,人类的眼里,不免见到光明,晓得阴阳内外之说,荒谬绝伦;就令如此,也证不出阳比阴尊贵,外比内崇高的道理。况且社会国家,又非单是男子造成。所以只好相信真理,说是一律平等。既然平等,男女便都有一律应守的契约。男子决不能将自己不守的事,向女子特别要求。若是买卖欺骗贡献的婚姻,则要求生时的贞操尚且毫无理由,何况多妻主义的男子来表彰女子的节烈。

以上,疑问和解答都完了。理由如此支离,何以直到现今,居然还能存在?

要对付这问题,须先看节烈这事,何以发生,何以通行,何以不生改革的缘故。

古代的社会,女子多当作男人的物品,或杀或吃,都无不可;男人死后,和他喜欢的宝贝、日用的兵器,一同殉葬,更无不可。后来殉葬的风气,渐渐改了,守节便也渐渐发生。但大抵因为寡妇是鬼妻,亡魂跟着,所以无人敢娶,并非要他不事二夫。这样风俗,现在的蛮人社会里还有。中国太古的情形,现在已无从详考。但看周末虽有殉葬,并非专用女人,嫁否也任便,并无什么裁制,便可知道脱离了这宗习俗,为日已久。由汉至唐也并没有鼓吹节烈。直到宋朝,那一班"业儒"的才说出"饿死事小,失节事大"的话,看见历史上"重适"两个字,便大惊小怪起来。出于真心还是故意,现在却无从推测。其时也正是"人心日下,国将不国"的时候,全国士民,多不像样。或者"业儒"的人,想借女人守节的话,来鞭策男子,也不一定。但旁敲侧击,方法本嫌鬼祟,其意也太难分明,后来因此多了几个节妇,虽未可知;然而吏民将卒,却仍然无所感动。于是"开化最早,道德第一"的中国终于归了"长生天气力里大福荫护助里"的什么"薛禅皇帝,完泽笃皇帝,曲律皇帝"了。此后皇帝换过了几家,守节思想倒反发达。皇帝要臣子尽忠,男人便愈要女人守节。到了清朝,儒者真是愈加利害。看见唐人文章里有公主改嫁的话,也不免勃然大怒道:"这是什么事!你竟不为尊者讳,这还了得!"假使这唐人还活着,一定要斥革功名,"以正人心而端风俗"了。

国民将到被征服的地位,守节盛了,烈女也从此着重。因为女子既是男子所有,自己死了,不该嫁人,自己活着,自然更不许被夺。然而自己是被征服的国民,没有力量保护,没有勇气反抗了,只好别出心裁,鼓吹女人自杀。或者妻女极多的阔人,婢妾成行的富翁,乱离时候,照顾不到,一遇"逆兵"(或是"天兵"),就无法可想,只得救了自己,请别人都做烈女,变成烈女,"逆兵"便不要了。他便待事定以后,慢慢回来,称赞几句。好在男子再娶,又是天经地义,别讨女人,便都完事。因此世上遂有了"双烈合传""七姬墓志",甚而至于钱谦益的集中,也布满了"赵节妇""钱烈女"的传记和歌颂。

只有自己不顾别人的民情,又是女应守节男子却可多妻的社会,造出如此畸形道德,而且日见精密苛酷,本也毫不足怪。但主张的是男子,上当的是女子。女子本身,何以毫无异言呢?原来"妇者服也",理应服事于人。教育固可不必,连开口也都犯法。他的精神,也同他体质一样,成了畸形。所以对于这畸形道德,实在无甚意见。就令有了异议,也没有发表的机会。做几首《闺中望月》《园里看花》的诗,尚且怕男子骂他怀春,何况竟敢破坏这"天地间的正气"?只有说部书上，记载过几个女人，因为境遇上不愿守节，据做书的人说：可是他再嫁以后，便被前夫的鬼捉去，落了地狱。或者世人个个唾骂，做了乞丐，也竟求乞无门，终于惨苦不堪而死了！

　　如此情形，女子便非"服也"不可。然而男子一面，何以也不主张真理，只是一味敷衍呢？汉朝以后，言论的机关，都被"业儒"的垄断了。宋元以来，尤其利害。我们几乎看不见一部非业儒的书，听不到一句非士人的话。除了和尚道士，奉旨可以说话的以外，其余"异端"的声音，决不能出他卧房一步。况且世人大抵受了"儒者柔也"的影响，不述而作，最为犯忌。即使有人见到，也不肯用性命来换真理。即如失节一事，岂不知道必须男女两性，才能实现。他却专责女性，至于破人节操的男子，以及造成不烈的暴徒，便都含糊过去。男子究竟较女性难惹，惩罚也比表彰为难。其间虽有过几个男人，实觉于心不安，说些室女不应守志殉死的平和话，可是社会不听；再说下去，便要不容，与失节的女人一样看待。他便也只好变了"柔也"，不再开口了。所以节烈这事，到现在不生变革。

　　（此时，我应声明：现在鼓吹节烈派的里面，我颇有知道的人。敢说确有好人在内，居心也好。可是救世的方法是不对，要向西走了北了。但也不能因他人好，便竟能从正西直走到北。所以我又愿他回转身来）

　　其次还有疑问：

　　节烈难么？答道，狠难。男子都知道极难，所以要表彰他。社会的公意，向来以为贞淫与否，全在女性。男子虽然诱惑了女人，却不负责任。譬如甲男引诱乙女，乙女不允，便是贞节，死了，便是烈；甲男并无恶名，社会可算淳古。倘若乙女允了，便是失节；甲男也无恶名，可是世风被乙女败坏了！别的事情，也是如此。所以历史上亡国败家的原因，每每归咎女子。糊糊涂涂的代担全体的罪恶，已经三千多年了。男子既然不负责任，又不能自己反省，自然放心诱惑；文人著作，反将他传为美谈。所以女子身旁，几乎布满了危险。除却他自己的父兄丈夫以外，便都带点诱惑的鬼气。所以我说狠难。

　　节烈苦么？答道，狠苦。男子都知道狠苦，所以要表彰他。凡人都想活，烈是必死，不必说了。节妇还要活着。精神上的惨苦，也姑且弗论。单是生活一层，已是大宗的痛楚。假使女子生计已能独立，社会也知道互助，一人还可勉强生存。不幸中国情形，却正相反。所以有钱尚可，贫人便只能饿死。直到饿死以后，间或得了旌表，还要写入志书。所以各府各县志书传记类的末尾，也总有几卷"烈女"。一行一人，或是一行两人，赵钱孙李，可是从来无人翻读。就是一生崇拜节烈的道德大家,若问他贵县志书里烈女门的前十名是谁,也怕不能说出。其实他是生前死后,竟与社会漠不相关的,所以我说狠苦。

照这样说,不节烈便不苦么?答道,也狠苦。据社会公意,不节烈的女人,既然是下品,他在这社会里,是容不住。社会上多数古人模模糊糊传下来的道理,实在无理可讲;能用历史和数目的力量,挤死不合意的人。这一类无主名无意识的杀人团里,古来不晓得死了多少人物;节烈的女子,也就死在这里。不过他死后间有一回表彰,写入志书。不节烈的人,便生前也要受随便什么人的唾骂,无主名的虐待。所以我说也狠苦。

女子自己愿意节烈么?答道,不愿。人类总有一种理想,一种希望。虽然高下不同,必须有个意义。自他两利固好,至少也得有益本身。节烈狠难狠苦,既不利人,又不利己。说是本人愿意,实在不合人情。所以假如遇着少年女人,诚心祝贺他将来节烈,一定发怒;或者还要受他父兄丈夫的尊拳。然而仍旧牢不可破,便是被这历史和数目的力量挤着。可是无论何人,都怕这节烈。怕他竟钉到自己和亲骨肉的身上。所以我说不愿。

我依据以上的事实和理由,要断定节烈这事是:极难,极苦,不愿身受,然而不利自他,无益社会国家,于人生将来又毫无意义的行为,现在已经失了存在的生命和价值。

临了还有一层疑问:

节烈这事,现代既然失了存在的生命和价值;节烈的女人,岂非白苦一番么?可以答他说:还有哀悼的价值。他们是可怜人,不幸上了历史和数目的无意识的圈套,做了无主名的牺牲。可以开一个追悼大会。

我们追悼了过去的人,还要发愿:要自己和别人,都纯洁聪明勇猛向上。要除去虚伪的脸谱。要除去世上害己害人的昏迷和强暴。

我们追悼了过去的人,还要发愿:要除去于人生毫无意义的苦痛。要除去制造并赏玩别人苦痛的昏迷和强暴。

我们还要发愿:要人类都受正当的幸福。

(原载《新青年》第5卷第2号)

战后之妇人问题

李大钊

现代民主主义的精神，就是令凡在一个共同生活组织中的人，无论他是什么种族、什么属性、什么阶级、什么地域，都能在政治上、社会上、经济上、教育上得一个均等的机会，去发展他们的个性，享有他们的权利。妇人参政的运动，也是本着这种精神起的，因为妇人与男子虽然属性不同，而在社会上也同男子一样，有他们的地位，在生活上有他们的要求，在法律上有他们的权利，他们岂能久甘在男子的脚下受践踏呢？妇人参政的运动，在这次大战之前，久已有他们奋斗的历史。美国有许多州，已经实行了。可是当时有狠多人反对这种运动，他们大都说：女子的判断力薄弱，狠容易动感情，不宜为政治家。也有对于女子的能力怀疑的。我们东方人对于这个问题的观念，更是奇怪，不是说"礼教大防""男女授受不亲"，就是说女子应该做男子的"内助"，专管"阃以内"的事。到了战争起来的时候，那些男子一个一个的都上了战场，女子才得了机会，去作出一个榜样来，让那些男子看看，到底女子有没有能力。于是当警察的也有，作各种劳动的也有，在赤十字救护队中活动的也有，在军队中作后方勤勤的也有，做了种种的成绩，都可以杜从前轻视女子的口实。所以在战事未了的时候，美、英、德诸国已经都有认许妇人参政权的表示。俄国 Bolsheviki 政府里边有一个救济部总长，名叫郭冷苔，就是一位女子，这就是妇人参政的一个新纪元。

妇人参政的运动，到了今日，总算是告一段落。这过去半世纪的悬案，总算有了解决的希望。但在战时有一段事，还引起了许多人怀疑。就是美国对德宣战的时候，孟塔拿州有位女议员，名叫兰金，是美国最初的女议员，一时世间对他，狠有不满意的批评。因为决议宣战案的时候，第一次唤他，他并不答，第二次仍是无语，第三次问他，他才哭着，颤声答了一个"No"字。后来有一位新闻记者去访问他，他说："惩膺德国的横暴，他也认为必要，但不赞成战争。"于是有人说：妇人决一件事，往往不靠理性，单靠感情，所以让他们去做政治家，狠不相宜。但是我们对于这种话，实在是有些疑问。那些政治家的理性，都是背着人类感情的么？那些背着人类感情的理性，都是好的么？都是对的么？这个不忍的感情，都是错的么？都是坏的么？这几点，我们都应该拿出纯真的心想一想，然后再下断语的。就美国而论，妇人中有狠多比获享选举权的男子们还有独立的判断与智识的。美国西部各州，有狠多实行妇人参政著有成效的地方。数年前，考劳拉豆州有夫妇二人，各有各的投票权，他们所欲选的人，却正是反对党，结果，其妻所选举的人归于失败，选举后家庭的感情，并不以是生何影响。这个例，不可以证明妇人也有独立的判断力，妇人参政也不致与社会及家庭以恶影响么？就说关于社会一般的文教制度、法律习惯，妇人的判断知识实视男子为贫弱，而关于妇人切身的问题，与其父兄夫友全不相干的问题，令他们自己也有发表意见的机会，难道不比由男子一于代办，把妇人当作一阶级排出政治以外妥当的多么？又有人说：妇人的大多数，对于政治并不发生兴趣。这也不可一概而论。像美国的考劳拉豆和优达二州，各阶级的妇女对于选举投票，均狠踊跃，狠可以证明他们承认妇人选举权是正当的。又像最近英国的总选举，那些妇人行使选举权踊跃的样子，令人惊愕。一个社会生活上有了必须的要求，就应该立一种制度，适应他的情况，才是正当的道理。

预想这回战后，欧美妇人社会发生许多难解决的问题。第一，就是妇女过庶问题。据人口统计，从前欧美男女的比例，就是女多男少。经这回战争，壮丁男子在战场上死的狠多，已嫁的女子添了许多新寡，未嫁的女子也天天想着结婚难，妇女过庶的倾向愈益显著。这时的社会，必起许多悲惨的现象，生活一天难似一天，结婚也不容易，离婚却更增多，卖淫、堕胎、私生子，一天多似一天。妇女一个阶级有了这样悲惨的现象，社会全体必也受莫大的影响。

第二，尚是女工对男工的问题。欧战既起，作工的男子都上了战场，一时非用女工填他们的缺，各工厂就得停工。英国政府拿战后必恢复旧状作条件，违背战时劳动组合的规定，许工厂得以女工代男工用。其他各国，也大都如此。欧洲妇女界骤得了工作的机会，如同开辟了新领土一样。那些资本家也狠愿意雇用这工价低廉的女工。到了战后，从前赴战场的男子都还乡土，看见他们作工的地盘都被价廉的女工们占领，自然要同这些女工们起一场争斗。那些女工因为生活难的结果，也断断不肯把已经取得的新领土拱手让还男子。那些资本家也不愿辞退这价廉的女工。从前妇女劳动最大的缺点，就是不熟练，经这次战争中的训练，与职工教育的发达，这种缺点已经消灭。既没有不熟练的缺点，又有工价低廉的便宜，资本家正可以利用女工操纵男工。为防止男工女工间的竞争，与资本阶级的操纵,必须谋一个对于同一工作给与同额报酬的方法。可是这个方法,狠不容易定规。因为妇人劳动的团体结合不坚,他的势力也狠微弱,不能独立抗资本家,要求得与男子同额的报酬,恐怕做不到。解决这个问题,有的希望政府定出一个公定工银法来,有的主张设法奖励男女劳动组合的一致提携。总而言之,男女工人间有了争执,必为资本家所乘,结局都是不利。男女工人间有了结合,定能于阶级战争添一层力量。将来出于那条道路,虽难预定,若从俄、德革命的潮流滔滔滚滚的及于全欧的大势看起来,英、法的动摇也是迟早间的问题。男女工人大约不至长相争执,他们或者可以互相提携,于阶级战争加一层力量。

　　第三,就是劳动阶级的母亲问题。战时丁男骤去出征,剩下家中的老弱没人照管,甚为可怜。因此,有的国家就规定一律办法,对于出征兵士的家族,发一项扶助费。这个费额,不是拿那为家长的男子出征前的工银作标准的,乃是按那家族人数的多寡发给他们。从前因为收入不足,且不确定,天天在苦痛的生活中鬼混的劳动阶级的母亲们,只才有了确实生活的保障。他们在这战争期间,算是享了一点子的幸福。一旦战争停止,这种幸福也就跟着消灭,又要回复他们那暂时忘下的苦痛生活。他们怎样抛弃这暂时的幸福,去迎受那旧日不要的生活,实在是一个问题。这次战争,丧失壮丁不少,为补充战后的人口计,对于母性的保护,应该特别注意。像那育儿扶助费,及种种母性保护的方法,也是不能不研究的。还有一样,开战后英国所设的儿童保护所约有二百处,收容的儿童约六万人。这种机关,战后必愈见发达,因为有些作工同时而为母亲的妇人,若去作工,就不能照管小孩,这种机关,实在是必要的。儿童的养育,由家庭移到社会的共同育儿机关,这也是社会进化的一个新现象。

　　这些问题,若是单靠着女权运动去解决他们,固然也不能说全没有一点效果。但是女权运动,仍是带着阶级的性质。英国的妇人自从得了选举权,那妇人参政联合又把以后英国妇人应该要求的事项罗列出来,大约不过是:

　　(一)妇人得为议员;

　　(二)派妇人到国际战后经营会议;

　　(三)使同外人结婚的英国妇人也得享有英国国籍;

　　(四)妇人得为审判官及陪审官;

　　(五)妇人得为律师;

　　(六)妇人得为政府高级官吏;

　　(七)妇人得为警察官;

（八）使女教师与男教师同等；

（九）以官费养育寡妇和他们的子女；

（十）父权及母权的均衡；

（十一）男女道德标准的一致。

这几项，都是与中产阶级的妇人最有直接紧要关系的问题，与那些靡有财产、没受教育的劳动阶级的妇人全不相干。那中产阶级的妇人们是想在绅士阀的社会内部有和男子同等的权力，无产阶级的妇人们天高地阔，只有一身，他们除要求改善生活以外，别无希望。一个是想管治他人，一个是想把自己的生活由穷苦中释放出来，两种阶级的利害，根本不同，两种阶级的要求，全然相异。所以女权运动，和劳动运动纯是两事。假定有一无产阶级的妇人，因为卖淫被拘于法庭，只是捉他的是女警官，讯他的是女审判官，为他辩护的是女律师，这妇人问题就算解决了么？这卖淫的女子受女官吏的拘讯，和受男官吏的拘讯，有什么两样的地方么？就是科刑的轻重有点不同，也是枝叶的问题。根本的问题，不问直接间接，还是因为有一个强制妇人不得不卖淫的社会组织在那里存在。在这种组织的机关的一部安放一两个妇人，怎能算是妇人的利益呢？中产阶级妇人的利害，不能说是妇人全体的利害；中产阶级妇人的权力伸张，不能说是妇人全体的解放。我以为妇人问题澈底解决的方法，一方面要合妇人全体的力量去打破那男子专断的社会制度，一方面还要合世界无产阶级妇人的力量去打破那有产阶级（包有男女）专断的社会制度。

我们中国的女界，对于这世界的妇人问题，有点兴趣没有，我可不敢武断。但是我狠盼望我们中国不要长有这"半身不遂"的社会。我狠盼望不要因为世界上有我们中国，就让这新世纪的世界文明仍然是"半身不遂"文明。

（原载《新青年》第6卷第2号）

通信·自由恋爱

刘延陵　陈独秀

独秀先生：

　　接到手示后，即有挂号信作复。惟闻天津水泛，交通断绝，不审该信已至京否？今晨得《新青年》六号，先生于敝文评语，固有未合鄙意，今不欲赘。惟开首一语，"刘君此文，在反对自由恋爱及独身生活两种思潮"，甚掩著者之心。敝文主旨：在述婚制进化之迹，而附陈各种制度之得失，文中亦既言之；而文中只反对"极端之自由恋爱"与独身主义，未尝反对无极端二字之"自由恋爱"，文中可以覆按也。"极端之自由恋爱"一语，为弟自创。详明言之，即反对"堕胎""溺儿"与"独身主义"，而未尝反对"自由恋爱"。盖吾个人不通之定义：极端之自由恋爱，即指但顾夫妇个人之逸乐，而为堕胎溺儿之事，此吾意中所谓婚后之不德。至于无极端二字之自由恋爱，则关于婚前，固毫无可以反对之理，而弟实亦未有一字反对。或者定名不精，致使先生看时误会。惟弟极不愿得罪自由之神，或因此而致世界青年骂我为古冢骷髅。敢请将此函登于通信栏，以明著者之心。不胜盼祷。千千万万。

刘延陵上

　　尊意分"自由恋爱"与"极端自由恋爱"为二，且赞成其一而反对其一，愚诚不解。恐看时误会者，不只愚一人也。盖既已赞成恋爱，又复赞成自由恋爱，尚有何种限制之可言，而不谓为极端主义乎？"自由恋爱"与无论何种婚姻制度皆不能并立，即足下所谓论理的婚姻，又何独不然。盖恋爱是一事，结婚又是一事；自由恋爱是一事，自由结婚又是一事；不可并为一谈也。结婚者未必恋爱，恋爱者未必结婚，就吾人闻见所及，此事岂抽象之玄想？堕胎溺儿诸事，诚即足下所谓"婚后之不德"。其主因乃在避贫与苦耳，字之以极端自由恋爱，殊不伦也。西方堕胎溺儿，多避贫畏苦；东方溺儿，且因轻女。——于恋爱何涉焉？数获手教,恕不一一作复。

独秀

(原载《新青年》第4卷第1号)

男 女 问 题

张崧年

看《每周评论》仲密君所说欧洲小说中的男女问题,还是没有澈底圆满解决,所以仍弄出不自然的结果。这都因想解决他的人,没有在根本上着想,不敢昌言把行了几千年的婚姻制度从根废除。没晓得这个制度也是有废除的可能的。

君宪可以改成共和,专制可以改成民主。婚姻本也是古来传留,霸据、偏狭、欺伪的制度中的一种。但使吾们明白他的真作用,把对于他的心理改改,这种作万恶源泉的制度有什么不可去,有什么不该去,有什么不能去的?

须知爱情不过自然界里一种自然现象。他的发露与消灭,都有自然不可逃的势子在后边。发的什么不能不发,灭的时候不能不灭。这并没有什么可以稀奇,岂可加以束缚,岂可加以逼迫,也岂能加以束缚加以逼迫?

因为这个变故,从爱情生出来的人间关系,便该纯全随着爱情定去留。爱情断了,还定要保留因他起的关系,那便是强迫,那便是作伪,那便是假冒。违背自然那便是完成男女间的关系,只有肉欲,把人间可贵的精神去了,只留下干枯的躯体。或者恐怕只拿爱情作主,男女间的关系不免过易动摇,过易解散。因此要讲什么贞操,要讲什么节制。其实这些没有了不得的必须。男女关系不严重,也不见得总有害。就要保持他的郑重切实,也只有仍就爱情想法子:想法在爱情上求纯净真洁,想法把本能之爱养成精神之爱(如罗素说,人之活动,可约略从三原孳乳出来。一、本能。二、心即思想即知识。三、精神)养成高尚纯洁,深邃闲寂殷切,联接"无穷"的爱。若不这样,想在爱情以外,弄别的责务、制裁,根本已不妥,就令能行,终究也必归于无用,归于失败。

所以吾尝说,两个男女有爱情,便可共处(夫妻的名字,自然也不必须,并且也不可要。因为凡物事改了,名字就当随着改,免得生误,会出毛病);爱情尽了,当然走开。这本没有什么奇怪,可羞耻、可惊骇,更用不着发什么恼。爱情原与天气是差不多一样的自然现象。天气不能天天一样,爱情自然也难免有时要有转变(又如罗素说:"终身的一夫一妻,当其成功,虽然是最好的,但是吾们需要之越发复杂使他越发常常成功失败。阻止那个失败,只有离婚是最好的方法。""要索或希期一生的固定,苛求互诺以外的离婚根据,都是无理由的")。比方今天晴的很好,明早忽然起了暴风,要是对着这个发恼,不呆也有点傻。再不然便是中了感情,不能见真,不能攻理窟,破理障。

男女的关系,或是爱情,本来都不可看得太过板滞,看得太过重。只是有人终见不到这个,没有爱情还要装成像有的样子,便造出种种的恶果。也有只知死守着狭小,局束离索的爱情,不晓得把他推到他所能到的深阔,便也不能得到至善的生活,终极的圆满。就是见到爱情不可赝不必赝不能赝的,也或仍然客气、矫情、虚伪的不肯明说。这都为人类把自己看得太高贵,太骄蹇了(其实是外强中干),怎会见着真理?怎会能成侣伴无与自由冲突?怎会得到不伤犯心与精神之生活的本能联合?自然界的东西都脱不了自然律的支配,他们可主张什么人间律,那就有人间律也不能出了自然律的范围。现在还有许多人梏在人生讲人生,窝到瓮里想见天。怎地道德,怎生制裁?绝不从本源上想想,绝不跳出圈儿去睁开眼睛四下里望望。这个样儿行去,必定离真越来越远(在吾意,真即是自然,自然即是真,即真即自然。美善视此。这本不过常识,但科学,科学的哲学,都栽根在常识思想)。还有什么学问可说,什么道理可论?照着那样讲人生,必是越讲越令人生空浮委琐,粉饰做作,虚骄且枯干。谈道德的,根本总仍离不了为过重什么不当现,不重什么当现,误了的传袭习俗道德。这样儿谈,也必越谈越迫人世欺诈,而晦暗;越促世人谕薄,苟且因循,依阿只去恐虞怕惧,不去希望,去喜欢。看破国界、种族界的本早就很有。可是更进一步,看破男女性界;再进一步,看破人与人外的自然的界的却到如今不多。这仍是见小不见大,仍是识近不察远;仍是扩充未达极处,没有止到至善的地步,不知人生除了至好顶善的没有善的。对着种种结织坚密的网罗,变成铁石的偶像,怎么会能真实撞破,怎么会能全般铲除?《每周评论》译的莫巴桑的小说,所说杀父母的儿与被儿杀的父母,根由也不过是被不自然、不良的制度所害。双方又犯了同一样的成见,执着习惯病,遂就造成那种不自然的恶果。果然吾们承认爱情、性欲,当真吾们赞成真诚,不赞成欺伪,那么,有了爱情,生儿子是自然不可免的事;处在这种不必因为真爱情,不必因为精神爱情成关系的制度下,找个发露真爱情,发露精神爱情的地方,也是自然合该。怕生先就不必爱;不准他们生,就应一概不准人有爱。既然一样生来的,有什么公生私生的别异?为了什么真实道理,公生私生应该歧待?公生没有什么希罕,私生有什么可丑?私生不但没有什么可丑,因为公生常常是虚假生的,常常是专专为肉欲生的,私生倒常是由真爱情生出来,过情说,私生简直有时更觉光辉(此所以历来私生子每每多奇才)。可惜人类作伪惯了,甘心处在逼人作伪的制度下,明明爱着那个,偏偏要敷衍这个;等到弄出爱的结果,越发要藏藏盖盖,讲甚么体面。那里知道越昧着越是不体面?人类不知怎么竟矫揉造作成这个样子,糟到这个地步,一面僭称"万物之灵",同时可又胆怯过鼠,苟苟且且,偷偷摸摸。照着这个情景,老不顺道走,何时会真实见着天日的光明?

上边这片话的主意,只是说,"男女间的关系,应当纯全以爱情为主(或说由精神发出的爱情),绝对自由(非占据的自由,相敬重的自由,与公道相辅的自由)"。如罗素说:"不论法律,或是舆论,都不应过问男女之私关系。"又说:"自由是营生的(政治)慧智之根底,他处然,此处'在男女关系问题'亦然。"随带着必须的便是"儿童共育",罗素也主张"身心健全人生的儿子的教养费,应完全归群合负担"。并且说:"能挣钱的女人,为生育不能挣了,公家应当仍照数给他。"这虽然是个理想,但是现在盛行,认为当认的思想自由、信仰自由、民治主义、社会主义、女权恢复、国际组织等等,那个当初不是几个人的悬想?"吾们第一但求心里明白那类的生活吾们想着好,那类的变迁吾们愿欲世间有。"吾们的期望绝不是就为明天,也必不得就为明天。但今到了现在几个人的孤独思想变成多数人普通思想的时候,那个思想自然就会实现。"论到究竟,思想的力量是比任何别的人力都大。有能力去思,并不能想象按照众人的需要去思的早晚要可得到他志在的善。"所以论现在这个男女关系的理想,吾可断言,人间光明坦荡荡的将来,一定不能不出那条路。可是中国男女关系的黑暗,到现在还没有减淡多少。怎么样子引到那条路上去,还要有几句话,稍微说说。

审察西方行过的步骤,想使中国走向那条路去,第一必须就是使离婚容易。说实话,就是怎么使离婚制度能够行到中国。要想这个,不可不再谋,重新谋,振兴中国的女子教育,提高中国女子的知识,使他们也大多半有自立的职业。最要紧的还要想法使社会对他们改改观念,改了把他们当货品、当玩物的不当观念。现在离婚所以不能行在所谓上等社会,行到所谓要什么所谓体面的社会,大部分仍然是为了那个老观念。因为若有离婚的事情,人仍都看他作出妻的旧套。就是当作嫌那个东西不好,把他丢掉。这个人丢的坏东西,自然别人愿会要的很少。被丢的,有意识的东西,虽然可有娘家归,不必就要饿死,但自然要觉得是个大不体面;所以宁甘受无论如何的苛待,随他心里怎么不舒帖,总少高兴被出。男子也有什么"物议"的束缚,又为不是成俗,习惯的事,自然敢作的也很少。因

第五章 《新青年》对女子解放的倡导

此两方都在乌黑里摸路,绝少有心想及光明。与离婚相补足,应当同时并行的,就是结婚的真正自由。这也是要拿教育、知识作前备。外此要讲交际一层,也与上头那个观念大有关。没有男女交际,自难有自由的婚嫁可说。没有真自由的、常期的、不是受利用被强迫的交际,自难有由精神爱情成立的关系可言。

后时几百年的中国,倘能渐渐也使结婚普遍自由,离婚正当容易么,未来的大路上,自然会有一道"赤"光向他闪!

附言一:篇中有处说到人生,吾并不是反对谈人生。人既是人,如何能于这种切身问题不谈?就是吾今论男女关系又何尝不是谈人生?吾的主意只是就令谈人生,绝不可被他囚住。假若被他囚住,那就永不会知识他,永不会得他的真。就如幸福,假若天天求幸福,绝不会得到幸福。

附言二:篇中所引罗素(Bertrand Russell)语都散见其"Principles of Social Reconstruction"1916(此书又有美国版改为"Why Man Fight: A Method of Abolishing The International Dul"1917)。罗素是现代最有创发的数学原理家、数理名学家、数理哲学家,正在哲学里开新纪元,是吾几年来最仰望的学者。生在一八七二年,出身英国一个伯侯家。在剑桥三一书院作过讲师,就讲世界上没有几人能讲,他自己集大成的一种新学:"数学元理",实新派的数理逻辑,亦即二百年前,德国头一个大数学家哲学家来本之(Leibniz)计画一生的"通指"。欧战以来,罗素很感战祸之烈,唱不抗主义,非战论,主张公道,又替遵着良心行的人说话,为此受了罚(一九一六年六月),教职也被开掉。但仍径行不挠,遂又惹得不得出境,且禁锢监牢。美国哈佛大学早请定他去讲演,就也不能去了。他这个头脑极恬静、态度极和蔼、情意极恳至的思想家,全世界数一数二的学者。时到今日,这等待遇,还会遭遭(或者当真仍是自然应该)!所著书,除讲几何基础,评选来本之哲学,说数学原理,证他自成的新哲学法(名理解析法),论他自发的"科学法哲学""名理原子论哲学"数理名学、数学哲学的等等外,论群治的尚有"German Social Democracy"1896(他第一部著作),"Justice in War Time"1916,"Political Ideals"1917。又出版较近的文集"Mysticism and Logic, and Other Essays"1918,也有几篇论到人生的通俗文章。他所持改造社会的原理与方法都是由学、事实,同理想参和出来,很有根据。

(原载《新青年》第6卷第3号)

女 子 问 题
新社会问题之一

陶履恭

《新青年》征集关于女子问题之文章,既有日矣。而女子之投稿者,寥少已若珠玉之不多觏。更通观本志所刊布诸文,舍一二投稿家外,非背诵吾族传来之旧观念,即剿袭西方平凡著者之浅说;欲求其能无所忌惮研究女子问题,解决女子问题,释女子之真性,明女子之真位置,定女子与国家社会相密接之关系者,殆若凤毛,若麟角。吾兹非好为褒贬,专以评骘诸勇敢之投稿家为能事。诚以今日中国社会,稍受教育、稍有知识之男子,方群陷于物质的生存竞争。高官厚禄(法的或非法的),为毕生至高之希望。美姬娇妾、奢车丽服,为人生存在之真理由。男子既群以此为风尚,恬然奉此虚伪龌龊之标准,以轨范一般人之行动,鼓舞一般人之希望,而犹希冀数千年来受束缚之女子,解脱重轭、振拔流俗、不尚物质、不慕虚荣,推倒群盲所崇拜之偶像,排斥时髦所趋逐之倾向,又岂可能?事实之未明,真理之未昌者,今日我国思想界、言论界之现象也。而关于女子问题,缄默尤甚。揆其原因,诚以常人惑于一时之卑风劣俗,为社会状态所摆弄,道在迩而不之求,非真理易晦,事实难显也。

女子问题,欧美社会问题之最重者也。其成为问题也,纯为社会状态之所诞生,所酝酿。其所由来,非一朝夕,必社会状态有其所以兴起之原因。吾今欲究中国女子问题,自不能不述及女子问题发源地之欧美,自不能不述及该发源地之社会状态,以供吾人之借鉴。且所谓女子问题者,在今日已无国界之可言。自欧至美,自美至亚,女子之伸诉呼吁,几无宁日。今日已成为一般女子之大觉醒。即吾国二万万之女生灵,鼾睡方酣者,终亦必为世界女子活动之潮流所卷收,相与共谋解决之方。

一、经济之发达

男女之别,性(Sex)之别也。自生物学观之,男女生理之形态、组织、变化,有种种之差异。根本于生理上之差异，其精神作用之状态，复有异同。此不可掩之事实，依常识，依科学，皆可得明证者也。故二者之在社会也，初亦一本自然。各因其特能专长，而据其位置。考先民之分功制度，最初现于家族之内者，厥为男女之分功。夫耕妇织，夫猎妇炊，妇事养育而夫任保护，乃先民生活之状态，自然之分功也。后世群制稍进，治者更定为礼制。内言不出于阃，外言不入于阃。严防男女之别，使各不相侵。吾族数千年来，迄于今兹，遵守斯制，犹未尽替。已成为道德之要旨。使先民男女分功之经济状况永久而不变也，则男女间之关系，今日无以异于昨。然一旦男女之分功渐失其平，社会一般之分功代之以起，财货有畸轻畸重之势，而女子有独立自主之机，则女子之活动，不能不因之而嬗变。昔之女子，以育儿、煮饭、缝衣为惟一天职。今则以社会上经济状况之蜕化，而另谋活动之方。昔之女子以家庭为世界、为学校、为工场，生于兹，育于兹，受教于兹，劳动于兹，老死于兹，碌碌终生，舍生殖传种而外，所事惟满足家族经济之需要而已足。今日大工业勃兴，物品不复产于家庭，而产于工场。女子不复操作于家庭，而受佣于外人。此欧美今日之现状也。女子之位置于以变，女子之问题于以起。

经济状况之发达，实女子问题之一主因。今日盈千累万之女子，莫不食工业革新之赐，减劳役，轻思虑，而家庭种种之需要尽得偿。不役于父不役于夫，而种种之生活得独立。盖先有经济界之革命，然后向来家庭之经济组织破。家庭之经济组织破，然后女子博得经济的独立。既获经济的独立，然后能脱历史传来之羁绊。

二、教育职业之发达

质言之，今日欧美社会之大运动，尽可以经济说明其原因。所谓社会问题，不过经济问题之变象而已。即吾兹所论究之女子问题与详细剖辨其原因，亦可以经济之发展总括之。而吾以为经济状况而外，社会上有种种现象，虽以经济之影响而后发生，而其自身，更直接影响社会上其他现象，关系密切，有不容忽视者。经济之发达，固为女子问题之主因。而教育、职业、民政诸端，亦莫不被经济之影响，而后发展綦速。然其直接影响，促生今日之女子问题，其重要，其密切，有不能不承认其为原因之势。故特揭出论之。

昔男女分功之时代，女子活动之范围，不出于家庭之外，吾既言之。近世国家,设强迫教育之制:国民不问男女,不问贫富,凡逮一定年龄,概须受国民之教育。如是,则今之女子,非复一家一族之女子,而属于国家社会。其教育遂亦不仅系于一家一姓之兴衰,而系于社会国家之治乱。今日之女子,乃获空前之机会,出家庭之小社会,见闻狭隘,不出张长李短,思想卑浅,不外米、酱、油、盐者,今乃诲以世界之山川形势,诏以国民之权利义务。眼界既开,知识斯长。藩篱一破,女子遂登社会之大舞台矣。

与教育相伴,促生女子问题之又一因,厥为职业之发达。昔之所谓职业,男子之职业也。女子,舍良妻贤母、女红、割烹,别无职业之可言。教育既遍施于男女,不特女子之聪明者能驾男子而上之,即一般之女子,在学成绩,亦不见劣于男子。加以近世工商业发达之社会,各种职业之要求,殆无底止。或从事技术或从事学问,苟有一才一艺之能,不问男女,无不能见售于世。故今日之女子,不仅从事于家庭之职业,更从事于社会之职业。不止于良妻贤母之国民,更兼为良工巧匠、诗人、学士之国民,此职业发达之结果。女子活动之范围,殆兴男子活动之范围相吻合,工场、市廛、学校、政府无往不见其足迹也。

三、思想之发达

上兹所述,仅就物质方面而言,显而易见。试一游欧美诸文明邦,家庭之中,日用物品,十之八九,取诸市廛,而不在家制备。若在通都人邑,即每日三餐,犹且有悉仰诸餐馆者。女子在家,服役至寡。主妇之任务,要在主持家政,监理一切而已。而市衢之上,熙熙攘攘,往来摩肩者,以女子之从事于劳动职业者充其强半。方今战事正酣,各国男丁,多投身于疆场。凡百事业,尽赖女子。而女子职业之范围,愈益扩张。此种现象,皆有目者所共见者也。女子问题,亦有非物质之原因,常人所未觉察,是为近世思想之发达。

欧洲自宗教革新而后,思想一变,而神学之权威杀。自法兰西大革命后,思想又一变,而社会制度、政治制度积久之权威摧(思想之嬗变,必非一朝一夕之故,而为历史的经过。肇源湮远,积日持久,乃克成熟。吾兹取宗教革新及法之大革命为两种思想革命之纪元,取便志思想潮流之变迁而已)。近世之思想,勿论关于科学宗教、政治经济,继乎两种思想革命之后,常取怀疑之态度,含革命之趣味。欧洲女子固有之位置,乃千余年来所演成之社会制度。耶教经典之所制限,各族法典之所规定,从来相率因袭,谁复敢起而抵抗非难者。今亦受革命的思想之磅礴,终将沦于淘汰之数。抗之者谁,难之者谁,女子之诞生于革新思想之世界者也。

吾今欲缕述新思想之实现于女子问题,恐势有所不能。近百余年来之文学,关于女子位置之讨论,靡不见新思想之势力。最初若法之龚道西(Condorcet)于《进化史表》(Esquisse d'un Aablean historique des Progris de L'esprit Humain)申男女平等之义。穆勒约翰著《女子服从论》(The Subjection of Woman)论女子雌伏之非。此男子为女子作不平之鸣,彰彰有名,无俟吾言之赘。而现代女子著述家,若英之佛西脱夫人(Mrs. Henry Fawcert,已故财政总长、经济学者佛西脱之夫人)、瑞典之克倚女士(Ellen Key)、南非之谢莱纳夫人(Olive Schreiner)及合众国之亚当斯女士(Jane Addams),思想一发,形诸楮墨,皆能为女子吐气焰、增价值。虽至鄙薄妇女之人,亦不能不为所折服。然所谓思想之发达,非仅见于上述之四氏已也,亦非仅见于今日欧美文学界之女子著作家已也。今日新思想之势力,弥漫磅礴,殆无往而不是状态万千之女子,或在家,或在市,或为人妇,或为人女,咸于不知不觉之中,有伟壮不挠之精神(吾友某,营商于伦敦。一日,以事访某肆主人,主人不在,其书记出款待之,女子也,畅论女子问题,友大惊诧)。宁愿自食其力,不肯仰人鼻息。宁愿独身终生,不肯配偶失意。此种健旺之精神,可以于今日欧美社会之妇女觇之。

右所述者,皆促生女子问题之主因。语焉不详,仅藉以识产生女子问题诸主要社会状态而已,社会状态,常相为因果。以上诸种原因,既促女子之猛省,成为问题。诸种原因之外,若民政之进步,新伦理观念之发明,女子生率之增加,其他种种,更仆难数,亦鼓舞女子之大动力。而女子之自觉,自身之猛省,又反而直接间接促进以上诸种原因。今欲考女子问题之纯因,则错综纠纷,渺不可得。盖所谓社会问题,苟探其原,莫非若是之繁杂而难明也。

吾述女子问题既竟,而关于本题,未加界说,未下定义。读者不能无所疑。然女子问题,包涵无数之意义、无限之希望、无尽之计划。若欲遍数,请俟异日。吾惟解释女子问题之原因,即能明其趋向,亦即可以兴吾国今日社会状态相比较。视女子问题在吾国之位置,果为何如。今日吾国之经济、职业、思想远逊于欧美,自不待言。而国中女子,处于今日之社会,亦自然无奋发策励之机会,似亦无足深怪。然今日之世界,乃交通频繁之世界,经济、职业、思想之发展,无不遍布于全球,成世界的潮流。现于欧洲今日之社会者,明日即将现于吾族之社会。今日欧美之女子问题，必将速见临于此邦，无俟疑惑。至于预俟其来，谋解决之方，则责艰任重，匪一人任。要在今日之青年，而尤在今日之青年女子。

（原载《新青年》第 4 卷第 1 号）

延伸阅读：

1. 胡适：《易卜生主义》，《新青年》第 4 卷第 6 号。

2. 胡适：《美国的妇人》，《新青年》第 5 卷第 3 号。

3. 胡适：《终身大事（游戏的喜剧）》，《新青年》第 6 卷第 3 号。

4. 胡适、蓝志先、周作人：《讨论·贞操问题、革新家庭问题》，《新青年》第 6 卷第 4 号。

5. 陈钱爱琛：《女子问题·贤母氏与中国前途之关系》，《新青年》第 2 卷第 6 号。

6. 陈独秀：《上海厚生纱厂湖南女工问题》，《新青年》第 7 卷第 6 号。

7. 华林：《社会与妇女解放问题》，《新青年》第 5 卷第 2 号。

8. 杨潮声：《读者论坛·男女社交公开》，《新青年》第 6 卷第 4 号。

9. 夏道漳：《读者论坛·中国家庭制度改革谈》，《新青年》第 6 卷第 4 号。

10. 吴曾兰：《女子问题·女权平议》，《新青年》第 3 卷第 4 号。

11. 孙鸣琪：《女子问题·改良家庭与国家有密切之关系》，《新青年》第 3 卷第 4 号。

12. 唐俟：《我们现在怎样做父亲？》，《新青年》第 6 卷第 6 号。

13. 沈兼士：《儿童公育》，《新青年》第 6 卷第 6 号。

第六章
《新青年》与东西文化论争

近代以降,中国社会处于从传统向近代转型的重要时期。在思想文化上,为寻找中国文化的出路,针对东西文化、新旧思想冲突日益加剧的问题,各种思潮纷纷涌现,论争激烈,各种文化建设方案竞相出台,相互交织。新文化运动时期发生的东西文化之争更是达到了顶峰,其参与的派别和人数之多、规模之大、时间之长,在中国近代思想文化史上都是罕见的。当时的东西文化之争作为特有的文化历史现象,昭示着中国历史巨变所蕴涵的现代意义。在东西文化之争中,一方是以《东方杂志》主编杜亚泉为代表的文化保守主义者,另一方是以《新青年》主编陈独秀为代表的《新青年》派,双方就东方文化与西方文化孰优孰劣等问题展开了激烈的论战。这次东西文化论战既是以往论战的继续,又在涉及问题和理论的深度上远远超过了以往的论战。它从一开始就脱离局部、枝节的问题,而集中到整个文化,特别是思想观念的层面上。论战者力图揭示东西文化的特质与根本差异,历史观问题也更加突出,传统文化能否适应现实需要成为论争的焦点。

以杜亚泉为代表的文化保守主义者和以陈独秀、胡适为代表的《新青年》派围绕东西文化问题展开了一场对后世影响深远的论争。论争的主要问题有三:一是东西文化差异的性质,《新青年》派认为是"古今之别",而文化保守主义者认为是"中外之异";二是新旧文化的关系,《新青年》派主张"弃旧图新",而文化保守主义者主张"新旧杂糅";三是中国文化的出路,《新青年》派主张"综合创新",而文化保守主义者主张"中西调和"。从学理上分析,《新青年》派的主张和文化保守主义者的主张都是正确与错误并存的。分开来看,它们构成悖论;合而视之,二者又互为补充,形成辩证的统一。

东西文化论争的发生具有特殊的时代背景。辛亥革命虽推翻了统治中国两千多年的旧制度,却并未从思想上真正破除封建文化的枷锁。社会上复古逆流喧嚣,尤其在政治制度层面复辟之声不绝于耳。如何在文化层面使中国实现真正的现代转变,《新青年》派学人进行了有益的探索。他们并非全盘否定中国传统文化,而是分析中西文化的差别,认为现代社会应该更多吸收西方文化中"自由""平等"的观念,破除封建文化中"等级""奴性"的因素。他们以文化论争为武器,向复古之声猛烈进攻。

20世纪初,在封建文化严重阻碍中国社会发展的形势下,《新青年》派高举民主与科学的大旗,向封建文化发动了猛烈的进攻,深刻地抨击和批判了封建的纲常礼教和伦理道德。这对于加深国人对东西文化的认识,反对封建复古主义,推动近代中国思想启蒙的历史进程,无疑具有一定的积极意义。

法兰西人与近世文明

陈独秀

　　文明云者，异于蒙昧未开化者之称也。La Civilisation，汉译为文明、开化、教化诸义。世界各国，无东西今古，但有教化之国，即不得谓之无文明。惟地阻时更，其质量遂至相越。古代文明，语其大要，不外宗教以止残杀，法禁以制黔首，文学以扬神武，此万国之所同，未可自矜其特异者也。近世文明，东西洋绝别为二。代表东洋文明者，曰印度，曰中国。此二种文明虽不无相异之点，而大体相同，其质量举未能脱古代文明之窠臼，名为近世，其实犹古之遗也。可称曰近世文明者，乃欧罗巴人之所独有，即西洋文明也，亦谓之欧罗巴文明，移植亚美利加，风靡亚细亚者，皆此物也。欧罗巴之文明，欧罗巴各国人民皆有所贡献，而其先发主动者率为法兰西人。

　　近代文明之特征，最足以变古之道而使人心社会划然一新者，厥有三事：一曰人权说，一曰生物进化论，一曰社会主义是也。

　　法兰西革命以前，欧洲之国家与社会，无不建设于君主与贵族特权之上，视人类之有独立自由人格者，唯少数之君主与贵族而已，其余大多数之人民，皆附属于特权者之奴隶，无自由权利之可言也。自千七百八十九年，法兰西拉飞耶特（Lafayette，美国《独立宣言书》亦其所作）之《人权宣言》（La Declaration Des Droits De L'hommes）刊布中外，欧罗巴之人心，若梦之觉，若醉之醒，晓然于人权之可贵，群起而抗其君主、仆其贵族，列国宪章，赖以成立。薛纽伯有言曰："古之法律，贵族的法律也。区别人类以不平等之阶级，使各人固守其分位。然近时之社会，民主的社会也。人人于法律之前一切平等，不平等者虽非全然消灭，所存者关于财产之私不平等而已，公平等固已成立矣。"（语见薛氏所著"Historie De La Civilisation Contomporaine"之结论第四一五页）由斯以谈，人类之得以为人，不至永沦奴籍者，非法兰西人之赐而谁耶？

　　宗教之功，胜残劝善，未尝无益于人群。然其迷信神权，蔽塞人智，是所短也。欧人笃信创造世界万物之耶和华，不容有所短长，一若中国之隆重纲常名教也。自英之达尔文持生物进化之说,谓人类非由神造。其后递相推演"生存竞争优胜劣败"之格言,昭垂于人类。人类争呼智灵,以人胜天,以学理构成原则,自造其祸福,自导其知行,神圣不易之宗风,任命听天之惰性,吐弃无遗,而欧罗巴之物力人功,于焉大进。世多称生物学为十九世纪文明之特征,然追本溯源,达尔文生物进化之说,实本诸法兰西人拉马尔克(Lamarck)。拉氏之《动物哲学》,出版于千八百有九年,以科学论究物种之进化与人类之由来,实空前大著也。其说谓生物最古之祖先,为最下级之单纯有机体,此单纯有机体,乃由无机物自然发生,以顺应与遗传为生物进化之二大作用。其后五十年,倾动世界之达尔文进化论,盖继拉氏而起者也。法兰西人之有大功于人类也,又若此。

近世文明之发生也,欧罗巴旧社会之制度破坏无余,所存者私有财产制耳。此制虽传之自古,自竞争人权之说兴,机械资本之用广,其害遂演而日深,政治之不平等,一变而为社会之不平等。君主贵族之压制,一变而为资本家之压制。此近世文明之缺点,无容讳言者也。欲去此不平等与压制,继政治革命而谋社会革命者,社会主义是也,可谓之反对近世文明之欧罗巴最近文明。其说始于法兰西革命时,有巴布夫(Babeuf)者,主张废弃所有权,行财产共有制(La communaute des biens),其说未为当世所重。十九世纪之初,此主义复盛兴于法兰西,圣西孟(Saint-Simon)及傅里耶(Fonrier),其最著称者也。彼等所主张者,以国家或社会为财产所有主,人各从其才能以事事,各称其劳力以获报酬,排斥违背人道之私有权,而建设一新社会也。其后数十年,德意志之拉萨尔(Lassalle)及马克斯(Karl Marx),承法人之师说,发挥而光大之。资本与劳力之争愈烈,社会革命之声愈高,欧洲社会,岌岌不可终日。财产私有制虽不克因之遽废,然各国之执政及富豪,恍然于贫富之度过差,决非社会之福,于是谋资本劳力之调和,保护工人,限制兼并,所谓社会政策是也。晚近经济学说,莫不以生产、分配相提并论,继此以往,贫民生计或以昭苏。此人类之幸福受赐于法兰西人者,又其一也。

此近世三大文明,皆法兰西人之赐,世界而无法兰西,今日之黑暗不识仍居何等?创造此文明之恩人,方与军国主义之德意志人相战,其胜负尚未可逆睹。夫德意志之科学虽为吾人所尊崇,仍属近代文明之产物,表示其特别之文明有功人类者,吾人未之知也。所可知者,其反对法兰西人所爱之平等、自由、博爱而已。文明若德意志,其人之理想,决非东洋诸国可比,其文豪大哲、社会党人,岂无一爱平等、自由、博爱为世矜式者!特其多数人之心理,爱自由爱平等之心,为爱强国强种之心所排而去,不若法兰西人之嗜平等、博爱、自由,根于天性,成为风俗也。英俄之攻德意志,其用心非吾所知,若法兰西人,其执戈而为平等、博爱、自由战者,盖十人而八九也,即战而败,其创造文明之大恩,吾人亦不可因之忘却。昔法败于德,德之大哲尼采曰:"吾德人勿胜而骄。彼法兰西人历世创造之天才,实视汝因袭之文明而战胜也。"吾人当三复斯言。

(原载《新青年》第 1 卷第 1 号)

新的！旧的！

李大钊

宇宙进化的机轴，全由两种精神运之以行，正如车有两轮，鸟有两翼，一个是新的，一个是旧的。但这两种精神活动的方向，必须是代谢的，不是固定的，是合体的，不是分立的，才能于进化有益。

中国人今日的生活全是矛盾生活，中国今日的现象全是矛盾现象。举国的人都在矛盾现象中讨生活，当然觉得不安，当然觉得不快，既是觉得不安不快，当然要打破此矛盾生活的阶级，另外创造一种新生活，以寄顿吾人的身心，慰安吾人的灵性。

矛盾生活，就是新旧不调和的生活，就是一个新的，一个旧的，其间相去不知几千万里的东西，偏偏凑在一处，分立对抗的生活。这种生活，最是苦痛，最无趣味，最容易起冲突。这一段国民的生活史，最是可怖。

欲研究一国家或一都会中某一时期人民的生活，任取其生活现象中的一粒微尘而分析之，也能知道其生活全部的特质。一个都会里一个人所穿的衣服，就是此都会里最美的市场中所陈设的，一个人的指爪上的一粒炭灰，就是由此都会里最大机械场的烟突中所飞落的。既同在一个生活之中，刹刹尘尘都含有全体的质性，都着有全体的颜色。

我前岁在北京过年，刚过新年，又过旧年。看见贺年的人，有的鞠躬，有的拜跪，有的脱帽，有的作揖，有的在门首悬挂国旗，有的张贴春联，因而起了种种联想。

想起黄昏时候走在街头，听见的是更夫的梆子丁丁的响，看见的是站岗巡警的枪刺耀耀的亮。更夫是旧的，巡警是新的。要用更夫，何用巡警？既用巡警，何用更夫？

又想起我国现已成了民国，仍然还有甚么清室。吾侪小民，一面要负担议会及公府的经费，一面又要负担优待清室的经费。民国是新的，清室是旧的，既有民国，那有清室？若有清室，何来民国？

又想起制定宪法。一面规定信仰自由,一面规定"以孔道为修身大本"。信仰自由是新的,孔道修身是旧的。既重自由,何又迫人来尊孔?既要迫人尊孔,何谓信仰自由?

又想起谈论政治的。一面主张自我实现,一面鼓吹贤人政治。自我实现是新的,贤人政治是旧的。既要自我实现,怎行贤人政治?若行贤人政治,怎能自我实现?

又想起法制习俗。一面立禁止重婚的刑律,一面许纳妾的习俗。禁止重婚的刑律是新的,纳妾的习俗是旧的。既施刑律,必禁习俗,若存习俗,必废刑律。

以上所说,不过一时的杂感,其余类此者尚多。最近又在本志上看见独秀先生与南海圣人争论,半农先生向投书某君棒喝。以新的为本位论,南海圣人及投书某君最少应生在百年以前。以旧的为本位论,独秀、半农最少应生在百年以后。此等"风马牛不相及"的人物思想,竟不能不凑在一处,立在同一水平线上来讲话,岂不是绝大憾事?中国今日生活现象矛盾的原因,全在新旧的性质相差太远,活动又相邻太近。换句话说,就是新旧之间,纵的距离太远,横的距离太近,时间的性质差的太多,空间的接触逼的太紧。同时同地不容并存的人物、事实、思想、议论,走来走去,竟不能不走在一路来碰头,呈出两两配映、两两对立的奇观。这就是新的气力太薄,不能努力创造新生活,以征服旧的过处了。

我常走在前门一带通衢,觉得那样狭隘的一条道路,其间竟能容纳数多时代的器物:也有骆驼轿,也有上贴"借光二哥"的一辆车,也有骡车、马车、人力车、自转车、汽车等,把廿世纪的东西同十五世纪以前的汇在一处。轮蹄轧轧,汽笛鸣鸣,车声马声,人力车夫互相唾骂声,纷纭错综,复杂万状,稍不加意,即遭冲轧,一般走路的人,精神很觉不安。推一轮车的讨厌人力车、马车、汽车,拉人力车的讨厌马车、汽车,赶马车的又讨厌汽车。反说回来,也是一样。新的嫌旧的妨阻,旧的嫌新的危险。照这样层级论,生活的内容不止是一重单纯的矛盾,简直是重重叠叠的矛盾。人生的径路,若是为重重叠叠的矛盾现象所塞,怎能急起直追,逐宇宙的大化前进呢?仔细想来,全是我们创造的能力缺乏的原故。若能在北京创造一条四通八达的电车轨路,我想那时乘坐驼轿、骡车、人力车等等的人,必都舍却这些笨拙迂腐的器具,来坐迅速捷便的电车,马路上自然绰有余裕,不像那样拥挤了。即有寥寥的汽车、马车、自转车等依旧通行,因为与电车纵的距离不甚相远,横的距离又不像从前那样逼近,也就都有容头过身的道路了,也就没有互相嫌恶的感情了,也就没有那样容易冲突的机会了。

第六章 《新青年》与东西文化论争

因此我狠盼望我们新青年打起精神，于政治、社会、文学、思想种种方面开辟一条新径路，创造一种新生活，以包容覆载那些残废颓败的老人，不但使他们不妨害文明的进步，且使他们也享享新文明的幸福，尝尝新生活的趣味，就像在北京建造电车轨道，输运从前那些乘驼轿、骡车、人力车的人一般。打破矛盾生活，脱去二重负担，这全是我们新青年的责任，看我们新青年的创造能力如何？

进！进！进！新青年！

守常先生要新青年创造新生活，这话固是绝对不错。但是我的意思，以为要打破矛盾生活，除了征服旧的，别无他法。那些残废颓败的老人，似乎不必请他享新文明的幸福，尝新生活的趣味，因为他们的心理，只知道牢守那笨拙过腐的东西，见了迅速捷便的东西，便要"气得三尸神炸，七窍生烟"，"狗血喷头"的骂我们改了他的老样子。我们何苦把辛辛苦苦创造成功的幸福去请他们享受，还要看他们的脸，受他们的气呢？守常先生！你道我这话对不对？（玄同）

（原载《新青年》第 4 卷第 5 号）

东西民族根本思想之差异

陈独秀

五方风土不同,而思想遂因以各异。世界民族多矣,以人种言,略分黄白,以地理言,略分东西两洋。东西洋民族不同,而根本思想亦各成一系。若南北之不相并,水火之不相容也,请言其大者。

(一) 西洋民族以战争为本位,东洋民族以安息为本位

儒者不尚力争,何况于战? 老氏之教,不尚贤,使民不争,以佳兵为不祥之器。故中土自西汉以来,黩武穷兵,国之大戒。佛徒去杀,益堕健斗之风。世或称中国民族安息于地上,犹太民族安息于天国,印度民族安息于涅槃。安息为东洋诸民族一贯之精神,斯说也,吾无以易之。若西洋诸民族,好战健斗,根诸天性,成为风俗。自古宗教之战,政治之战,商业之战,欧罗巴之全部文明史无一字非鲜血所书。英吉利人以鲜血取得世界之霸权,德意志人以鲜血造成今日之荣誉,若比利时,若塞尔维亚,以小抗大,以鲜血争自由。吾料其人之国终不沦亡,其力抗艰难之气骨,东洋民族或目为狂易,但能肖其万一,爱平和尚安息雍容文雅之劣等东洋民族,何至处于今日之被征服地位? 西洋民族性恶侮辱宁斗死,东洋民族性恶斗死宁忍辱。民族而具如斯卑劣无耻之根性,尚有何等颜面,高谈礼教文明而不羞愧?

(二) 西洋民族以个人为本位,东洋民族以家族为本位

西洋民族,自古迄今,彻头彻尾个人主义之民族也。英美如此,法德亦何独不然? 尼采如此,康德亦何独不然? 举一切伦理道德政治法律,社会之所向往,国家之祈求,拥护个人之自由权利与幸福而已。思想言论之自由,谋个性之发展也。法律之前,个人平等也。个人之自由权利,载诸宪章,国法不得而剥夺之,所

谓人权是也。人权者,成人以往,自非奴隶,悉享此权,无有差别,此纯粹个人主义之大精神也。自唯心论言之,人间者性灵之主体也,自由者性灵之活动力也。自心理学言之,人间者意思之主体,自由者意思之实现力也。自法律言之,人间者权利之主体,自由者权利之实行力也。所谓性灵,所谓意思,所谓权利,皆非个人以外之物。国家利益,社会利益,名与个人主义相冲突,实以巩固个人利益为本因也。东洋民族,自游牧社会,进而为宗法社会,至今无以异焉。自酋长政治,进而为封建政治,至今亦无以异焉。宗法社会,以家族为本位,而个人无权利,一家之人,听命家长。诗曰"君之宗之"。礼曰"有余则归之宗,不足则资之宗"。宗法社会尊家长重阶级,故教孝。宗法社会之政治,郊庙典礼,国之大经。国家组织,一如家族,尊元首重阶级,故教忠。忠孝者宗法社会封建时代之道德,半开化东洋民族一贯之精神也。自古忠孝美谈,未尝无可泣可歌之事,然律以今日文明社会之组织,宗法制度之恶果盖有四焉:一曰损坏个人独立自尊之人格;一曰窒碍个人意思之自由;一曰剥夺个人法律上平等之权利(如尊长卑幼同罪异罚之类);一曰养成依赖性,戕贼个人之生产力。东洋民族社会中种种卑劣不法惨酷衰微之象,皆以此四者为之因,欲转善因。是在以个人本位主义,易家族本位主义。

(三)西洋民族以法治为本位,以实利为本位
东洋民族以感情为本位,以虚文为本位

西洋民族之重视法治,不独国政为然,社会家庭,无不如是。商业往还,对法信用者多,对人信用者寡。些微授受,恒依法立据。浅见者每讥其俗薄而不惮烦也。父子昆季之间,称贷责偿,锱铢必较,违之者不惜诉诸法律。亲戚交游,更无以感情违法损利之事。或谓西俗夫妇非以爱情结合,艳称于世者乎?是非深知西洋民族社会之真相者也。西俗爱情为一事,夫妇又为一事。恋爱为一切男女之共性,及至夫妇关系,乃法律关系、权利关系,非纯然爱情关系也。约婚之初,各要求其财产而不以为贪,既婚之后,各保有其财产而不以为吝。即上流社会之夫妇,一旦反目,直讼之法庭而无所愧怍,社会亦绝不以此非之。盖其国为法治国,其家庭亦不得不为法治家庭。既为法治家庭,则亲子昆季夫妇,同为受治于法之一人权利义务之间,自不得以感情之故而有所损益。亲不责子以权利,遂亦不重视育子之义务。避妊之法,风行欧洲。夫妇生活之外无有余资者,咸以生子

为莫大之厄运。不徒中下社会如斯也,英国贵妇人乃以爱犬不爱小儿见称于世,良以重视个人自身之利益,而绝无血统家族之观念。故夫妇问题与产子问题,不啻风马牛相去万里也。若夫东洋民族,夫妇问题,恒由产子问题而生。不孝有三,无后为大。旧律无子,得以出妻,重家族轻个人,而家庭经济遂蹈危机矣。蓄妾养子之风,初亦缘此而起。亲之养子,子之养亲,为毕生之义务。不孝不慈,皆以为刻薄非人情也。西俗成家之子,恒离亲而别居,绝经济之关系。所谓吾之家庭(My family)者,必其独立生活也,否则必曰吾父之家庭(My father's family)。用语严别,误必遗讥。东俗则不然,亲养其子,复育其孙,以五递进,又各纳妇,一门之内,人口近百矣。况夫累代同居,传为佳话。虚文炫世,其害滋多。男妇群居,内多诟谇。依赖成性,生产日微。貌为家庭和乐,实则黑幕潜张,而生机日促耳。昆季之间,率为共产,倘不相养,必为世讥。事蓄之外,兼及昆季,至简之家,恒有八口,一人之力,曷以肩兹?因此被养之昆季习为游惰,遗害于家庭及社会者亦复不少。交游称贷,视为当然,其偿也无期,其质也无物,惟以感情为条件而已。仰食豪门,名流不免。以此富者每轻去其乡里,视戚友若盗贼,社会经济因以大乱。凡此种种恶风,皆以伪饰虚文任用感情之故。浅见者自表面论之,每称以虚文感情为重者,为风俗淳厚之征。其实施之者多外饰厚情,内恒愤忌。以君子始,以小人终。受之者习为贪惰,自促其生以弱其群耳。以此为俗,何厚之有?以法治实利为重者,未尝无刻薄寡恩之嫌?然其结果,社会各人,不相依赖。人自为战,以独立之生计,成独立之人格。各守分际,不相侵渔。以小人始,以君子终。社会经济,亦因以厘然有叙。以此为俗,吾则以为淳厚之征也,即非淳厚也何伤?

(原载《青年杂志》第1卷第4号)

东西文明根本之异点

李大钊

　　东西文明有根本不同之点,即东洋文明主静,西洋文明主动是也。溯诸人类生活史,而求其原因,殆可谓为基于自然之影响。盖人类生活之演奏,实以欧罗细亚为舞台。欧罗细亚者,欧亚两大陆之总称也。欧罗细亚大陆之中央,有一凸地曰"棹地"(Table-land),此与东西文明之分派至有关系。因其地之山脉,不延于南北,而亘乎西东,足以障阻南北之交通。人类祖先之分布移动,乃以成二大系统:一为南道文明,一为北道文明。中国本部、日本、印度支那、马来半岛诸国、俾路麻、印度、阿富汗尼斯坦、俾尔齐斯坦、波斯、土尔基、埃及等,为南道文明之要路;蒙古、满洲、西伯利亚、俄罗斯、德意志、荷兰、比利时、丹麦、土坎迭拿威亚、英吉利、法兰西、瑞西、西班牙、葡萄牙、意大利、奥士大利亚、巴尔干半岛等,为北道文明之要路。南道文明者,东洋文明也;北道文明者,西洋文明也。南道得太阳之恩惠多,受自然之赐予厚,故其文明为与自然和解、与同类和解之文明。北道得太阳之恩惠少,受自然之赐予啬,故其文明为与自然奋斗、与同类奋斗之文明。一为自然的,一为人为的;一为安息的,一为战争的;一为消极的,一为积极的;一为依赖的,一为独立的;一为苟安的,一为突进的;一为因袭的,一为创造的;一为保守的,一为进步的;一为直觉的,一为理智的;一为空想的,一为体验的;一为艺术的,一为科学的;一为精神的,一为物质的;一为灵的,一为肉的;一为向天的,一为立地的;一为自然支配人间的,一为人间征服自然的。南道之民族,因自然之富,物产之丰,故其生计以农业为主,其民族为定住;北道之民族,因自然之赐予甚乏,不能不转徙移动,故其生计以工商为主,其民族为移住的。惟其定住于一所也,故其家族繁衍;惟其移住各处也,故其家族简单。家族繁衍,故行家族主义;家族简单,故行个人主义。前者女子恒视男子为多,故有一夫多妻之风,而成贱女尊男之习;后者女子恒视男子为缺,故行一夫一妻之制,而严尊重女性之德。农业为主之民族,好培种植物;商业为主之民族,好畜养动物。故东人食物,以米蔬为主,以肉为辅;西人食物,以肉为主,以米蔬为辅:此饮食嗜好之不同也。东人衣则广幅博袖,履则缎鞋木履;西人衣则短幅窄袖,履则革履。东方舟则帆船,车则骡车、人力车;西方舟则轮船,车则马车、足蹈车、火车、电车、摩托车。东人写字则用毛笔砚池,直行工楷于柔纸;西人写字则用铅笔或钢笔,横行草书于硬纸。东人讲卫生,则在斗室静坐;西人讲体育,则在旷野运动。东人之日常生活,以静为本位,以动为例外;西人之日常生活,以动为本位,以静为例外。试观东人西人同时在驿候车,东人必觅坐静息,西人必来往梭行。此又起居什器之不同也。更以观于思想:东人持厌世主义(Pessimism),以为无论何物皆无竞争之价值,个性之生存,不甚重要;西人持乐天主义(Optimism),凡事皆依此精神,以求益为向上进化发展,确认人道能有进步,不问其究极目的为何,但信前事惟前进奋斗为首务。东人既以个性之生存为不甚重要,则事事一听之天命,是谓定命主义(Fatalism);西人既信人道能有进步,则可事一本自力以为创造,是谓创化主义(Creative Progressionism)。东人之哲学,为求凉哲学;西人之哲学,为求温哲学。求凉者必静,求温者必动。东方之圣人,是由生活中逃出,是由人间以向实在,而欲化人间为实在者也;西方之圣人,是向生活里杀来,是由实在以向人间,而欲化实在为人间者也。更以观于宗教:东方之宗教,是解脱之宗教;西方之宗教,是生活之宗教。东方教主告戒众生以由生活解脱之事实,其教义以清净寂灭为人生之究竟,寺院中之偶像,龛前之柳,池中之水,沉沉无声,皆足为寂灭之象征;西方教主于生活中寻出活泼泼地之生命,自位于众生之中央,示人以发见新生命、创造新生命之理,其教义以永生在天灵魂不灭为人生之究竟,教堂中之福音与祈祷,皆足以助人生之奋斗。更以观于伦理:东方亲子间之爱厚,西方亲子间之爱薄;东人以牺牲自己为人生之本务,西人以满足自己为人生之本务;故东方之道德在个性灭却之维持,西方之道德在个性解放之运动。更以观于政治:东方想望英雄,其结果为专制政治,有世袭之天子,有忠顺之百姓,政治现象毫无生机,几于死体,依一人之意思,遏制众人之愿望,使之顺从;西方依重国民,其结果为民主政治,有数年更迭之元首之代议士,有随民意以为进退之内阁,政治现象,刻刻流转,刻刻运行,随各个人之意向与要求,聚集各个势力以为发展。东人求治,在使政象静止,维持现状,形成一种死秩序,稍呈活动之观,则诋之以捣乱;西人求治,在使政象活泼,打破现状,演成一种活秩序,稍有沈滞之机,则摧之以革命。东方制定宪法,多取刚性,赋以偶像之权威,期于一成不变,致日新之真理,无缘以入于法;西方制定宪法,多取柔性,畀以调和之余地,期于与时俱化,俾已定之法度,随时可合于理。此东西文明差异之大较也。

东西民族因文明之不同,往往挟种族之偏见,以自高而卑人。近世政家学者,颇引为莫大之遗憾。平情论之,东西文明,互有长短,不宜妄为轩轾于其间。就东洋文明而论,其所短约有数端:(一)厌世的人生观,不适于宇宙进化之理法;(二)惰性太重;(三)不尊重个性之权威与势力;(四)阶级的精神视个人仅为一较大单位中不完全之部分,部分之生存价值全为单位所吞没;(五)对于妇人之轻侮;(六)同情心之缺乏;(七)神权之偏重;(八)专制主义之盛行。而其所长,则在使彼西人依是得有深透之观察,以窥见生活之神秘的原子,益觉沈静与安泰。因而起一反省,自问日在物质的机械的生活之中,纷忙竞争,创作发明,孜孜不倦,延人生于无限争夺之域,从而不暇思及人类灵魂之最深问题者,究竟为何?

东西文明之互争雄长,历史上之遗迹,已数见不鲜。将来二种文明,果常在冲突轧轹之中,抑有融会调和之日,或一种文明竟为其他所征服,此皆未决之问题。以余言之,宇宙大化之进行,全赖有二种之世界观,鼓驭而前,即静的与动的、保守与进步是也。东洋文明与西洋文明,实为世界进步之二大机轴,正如车之两轮、鸟之双翼,缺一不可。而此二大精神之自身,又必须时时调和、时时融会,以创造新生命,而演进于无疆。由今言之,东洋文明既衰颓于静止之中,而西洋文明又疲命于物质之下,为救世界之危机,非有第三新文明之崛起,不足以渡此危崖。俄罗斯之文明,诚足以当媒介东西之任,而东西文明真正之调和,则终非二种文明本身之觉醒,万不为功。所谓本身之觉醒者,即在东洋文明,宜竭力打破其静的世界观,以容纳西洋之动的世界观;在西洋文明,宜斟酌抑止其物质的生活,以容纳东洋之精神的生活而已。

印度开放而后,西洋思想已渐蒙东洋之影响,如叔本华(Schobenhauer)之厌世哲学,尼采(Nitzsche)之天才个性主义,皆几分染东洋思想之颜色。惟印度之交通不便,西人居印者少,而印人之视英人,只认为娴于政治艺术之巧练蛮人,以为论及修养,彼辈尚属幼稚,彼辈所汲汲以求者,东方人决之于心中也久矣。故东西文明之间,在印度不生密切之接触。迨于海通,西人航海来华者日众,东西思想之接触始渐密切,良以吾国气候之温和,海路之利捷,远非印度可比也。由是言之,对于东西文明之调和,吾人实负有至重之责任,当虚怀若谷以迎受彼动的文明,使之变形易质于静的文明之中,而别创一生面。一九一六年九月八日,美德加父教授(Professor Maynard W. Metcalf)曾在奥柏林(Oberlin)为中国留美学生会演说《科学与现代文明》,论及中国之将来,有日设有一民族于世界最终之民族中,能占一大部者,其惟中国人乎?其数量之众,忍苦之强,衍殖之繁,爱重平和之切,人格品性之坚,智力之优,与夫应其最高道德观念之能力,皆足以证其民族至少亦为最终民族中之要素。但彼等究与启发未来最终民族生息于其下之文明型式,以若何之影响乎?中国其将于智于德有所贡献于世界,亦如其于数量乎?此殆全视彼善导其发育于今方环接之新境遇下之成功何如耳。中国于人类进步,已尝有伟大之贡献。其古代文明,扩延及于高丽,乃至日本,影响于人类者甚大。今犹能卷土重来,以为第二次之大贡献于世界之进步乎?世间固尚未有一国民能于世界之进步为第二次伟大之贡献者,埃及、阿西利亚、佛尼西亚、希腊、罗马、亚拉比亚、波斯,皆曾达于极盛之域,而遂衰亡不复振。独意大利之文艺复兴,为显著之例外,然亦非旧罗马之复活。逮其纯为新民族之日,固不知有几多异族之血,混入古意大利人之族系也。犹忆三十年前,加潘特(Edward Carpenter)曾为文以论《文明之起原及其救济》,甚有趣味。文中指陈曾经极盛时代民族中,文明疾病之径路,谓此等文明之疾病,大抵皆有其相同之预兆时期,浸假而达于炎热最高之度,浸假而贻其民族以永世削弱之运焉。世界史中,尚未见有回春复活之民族,重为世界之强国也。

中国文明之疾病,已达炎热最高之度,中国民族之运命,已臻奄奄垂死之期,此实无容讳言。中国民族今后之问题,实为复活与否之问题,亦为吾人所肯认。顾吾人深信吾民族可以复活,可以于世界文明为第二次之大贡献。然知吾人苟欲有所努力以达此志的者,其事非他,即在竭力以受西洋文明之特长,以济吾静止文明之穷,而立东西文明调和之基础。

今日立于东洋文明之地位观之,吾人之静的文明,精神的生活,已处于屈败之势。彼西洋之动的文明,物质的生活,虽就其自身之重累而言,不无趋于自杀之倾向,而以临于吾侪,则实居优越之域。吾侪日常生活中之一举一动,几莫能逃其范围,而实际上亦深感其需要,愿享其利便。例如火车轮船之不能不乘,电灯电话之不能不用,个性自由之不能不要求,代议政治之不能不采行。凡此种种,要足以证吾人生活之领域,确为动的文明物质的生活之潮流所延注,其势滔滔,殆不可遏。而一察其现象,则又扞格矛盾之观,到眼都是。最近所发生之社会现象,如飞虹、普济、江宽等轮之冲沉也,某处火车之遇险也,某处电灯之失慎也,此类事实,若一一叩其原因,固各不一致,而且甚复杂。就生活现象,以为大量之批评,则皆足引为吾人不适于动的文明物质的生活之证据。其他大至政制,微至衣履,西人用之则精神焕发,利便甚溥,而一入于吾人之手,著于吾人之身,则怪象百出，局促弗安，总呈不相配称之观。盖尝推原其故，以为以静的精神，享用动的物质、制度、器械等等，此种现象必不能免，苟不将静止的精神，根本扫荡，或将物质的生活，一切屏绝，长此沈延，在此矛盾现象中以为生活，其结果必蹈于自杀。盖以半死带活之人，驾飞行艇，使发昏带醉之徒，御摩托车，人固死于艇车之下，艇车亦毁于其人之手。以英雄政治、贤人政治之理想，施行民主政治；以肃静无哗、唯诺一致之心理，希望代议政治；以万世一系、一成不变之观念，运用自由宪法；其国之政治，固以杌陧不宁，此种政制之妙用，亦必毁于若而国中。总之，守静的态度，持静的观念，以临动的生活，必至人身与器物，国家与制度，都归粉碎。世间最可恐怖之事，莫过于斯矣。

余既言之，物质的生活，今日万不能屏绝勿用。则吾人之所以除此矛盾者，亦惟以彻底之觉悟，将从来之静止的观念、怠惰的态度，根本扫荡，期与彼西洋之动的世界观相接近，与物质的生活相适应。然在动的生活中，欲改易一新观念，创造一新生活，其事较易；在静的生活中，欲根本改变其世界观，使适于动的生活，其事乃至难，从而所需之努力亦至大，吾人不可不以强毅之气力赴之。

奇普陵（Kipling）之诗曰：

> Oh, East is East and West is West,
> And never the Twain shall meet,
> Till Earth and Sky stand presently
> At God's great judgment Seat;
> But there is neither East nor West,
> Border, nor Breed nor Birth,
> When two strong men stand face to face
> Tho' they come from the ends of the Earth.

译其大旨，即谓除非天与地，立于上帝最高裁判之席前，东终是东，西终是西，绝无相遇之期。但有二伟人焉，虽来自地球之两极，相对而立，则无东西畛域之见，种族血系之分也。吾青年乎，其各以 two strong men 中之一人自命，竭力划除种族根性之偏执，启发科学的精神以索真理，奋其勇气以从事于动性之技艺与产业。此种技艺与产业，足致吾人之日常生活与实验之科学相接近。如斯行之不息，科学之演试必能日臻于纯熟，科学之精神必能沦浃于灵智。此种精神，即动的精神,即进步的精神。一切事物,无论其于遗袭之习惯若何神圣,不惮加以验察而寻其真,彼能自示其优良者,即直取之以施于用。时时创造,时时扩张,以期尽吾民族对于改造世界文明之第二次贡献。

本篇所用参考书报：

（一）茅原华山著：《人间生活史》。

（二）Reinsch 著：World politics,chapter Ⅲ.

（三）Jenks 著：Principles of politics,page 32.

（四）The Scientific monthly, Vol. 4, no. 5. 中所载 Professor Maynard M. Metcalf 著：Science and Modern Civilization.

（五）《新青年》第一卷第四号独秀著《东西民族根本思想之差异》。

* * *

愚文既已付印,偶于《东方》第十五卷第六号,见有《中西文明之评判》一文,译自日本《东亚之光》。其首段曰:"有中国人胡某者,于开战前后在德国刊行德文之著作二种:一名《中国对于欧洲思想之辩护》,为开战前所刊;一名《中国国民之精神与战争之血路》,为开战后所刊者。"

欧美人对于东洋民族多以为劣等国民,偶或见其长处则直惊以为黄祸,其真倾耳于东洋人之言论者极少。有时对于东洋人之言论呈赞词者,多出于一时之好奇心,或属于外交辞令而已。

然此次战争,使欧洲文明之权威大生疑念。欧人自己亦对于其文明之真价不得不加以反省,因而对于他人之批评虚心坦怀以倾听之者亦较多。胡某之著作,在平时未必有人过问,而此时却引起相当之反响,为赞否种种议论之的。……次乃介绍德人对于辜氏著作之意见,赞成之者则有台里乌司氏及普鲁克陀尔福女士,反对之者则有弗兰士氏。其中所论颇足供愚文之参证,为幅帙所限,未能迻录,读者可取《东方》阅之。往者愚在日京,曾于秋桐先生《说宪》（见《甲寅》第八期）文中,知辜鸿铭氏有《春秋大义》（The Spirit of Chinese）之作,嗣以激于一种好奇之心理,尝取辜氏之书略为披阅,虽读之未暇终篇,但就其卷头之纲目导言之大旨观之,已足窥其概要。彼谓"西洋之教人为善,不畏之以上帝,则畏之以法律。离斯二者,虽兄弟比邻不能安处也。逮夫僧侣日多,食之者众,民不堪其重负。遂因三十年之战,倾覆僧侣之势力,而以法律代上帝之权威。于是继僧侣而兴者,则为军警焉。军警之坐食累民,其害且过于僧侣,结果又以酿成今日之战。经此大战之后,欧人必谋所以弃此军警,亦如昔之屏弃僧侣者然。

顾屏弃军警之后,其所赖以维持人间之平和秩序者,将复迎前曾屏弃之僧侣乎?抑将更事他求乎?为欧人计,惟有欢迎吾中国人之精神,惟有欢迎孔子之道。"是篇所举胡氏之说与辜氏之说,若合符节。胡氏疑即辜氏之误,辜字译音颇与胡近。其书既以英文出版于北京,复以德文出版于柏林,日人展转迻译,致讹为胡,国人不察,亦以胡某受之。愚以为中国二千五百余年文化所钟,出一辜鸿铭先生,已足以扬眉吐气于二十世纪之世界。一之为奇,宁复有偶?必为辜氏之讹无疑。

愚读欧人对于辜说之评判,不禁起数种感想:第一,国人对于现代西洋最有价值之学说,恒扞格不相入,诋排之惟恐不及,而我以最无价值之梦话,一入彼欧人之耳,彼皆以诚恳之意迎之。或则以促其自反,或则以坚其自信,虽见仁见智各不相同,要皆能虚心坦怀为他山之助;以视胶执己见、夜郎自大之吾人,度量相越之远,有非可以道里计者。故吾人对于欧人之注意辜说,惟当引以自愧,切不可视为"惊动欧人之名论"以自荣。第二,西洋文明之是否偏于物质主义,宜否取东洋之理想主义以相调剂?此属别一问题。时至今日,吾人所当努力者,惟在如何以吸收西洋文明之长,以济吾东洋文明之穷。断不许以义和团的思想,欲以吾陈死寂灭之气象腐化世界(例如以不洁之癖为中国人重精神不重物质之证;则吸食鸦片之癖,亦何不可数为相同之例?是非欲腐化世界而何)。断不许舍己芸人,但指摘西洋物质文明之疲穷,不自反东洋精神文明之颓废。第三,希望吾青年学者,出全力以研究西洋之文明,以迎受西洋之学说。同时,将吾东洋文明之较与近世精神接近者介绍之于欧人,期与东西文明之调和有所裨助,以尽对于世界文明二次之贡献,勿令欧人认此陈腐固陋之谈为中国人之代表。第四,台里乌司氏谓"人虽有采用新税制、新制服者,而无轻易采用新世界观者",斯言诚不尽妄。但愚以为于吾东方静的世界观,若不加以最大之努力,使之与动的世界观接近,则其采用种种动的新制度、新服器,必至怪象百出,不见其利,只见其害。然此非可轻易能奏功效者,亦属事实。当于日常生活中习练熏陶之,始能渐渍濡染,易静的生活为动的生活。取法乎上仅得其中,吾人即于日常生活中常悬一动的精神为准则,其结果犹不能完全变易其执性之静止,倘复偏执而保守之,则活动之气质将永不见于吾人之身心,久且必归于腐亡。

* * *

愚顷又见早稻田大学教授北聆吉氏曾作《论东西文化之融合》一文(载于《东方时论》第三卷第六号),中多透辟之语。兹节译数段,供参证焉。

"……西洋之文化，为求精神之自由，先倾其全力以利用自然，征服自然。欧人对于自然，不能漠不关心。纯取观望之态度，不能融合其自我于自然之中，以与自然共相游乐。其视自然为自我发展之凭基，非自我产生之嫡母。自然者，可以克服之障碍也。菲西的谓对象即抵抗，实足为欧人自然观之纲领。彼等所以不即其本然之体以观察自然，而必分析之以求发见其构成之之要素与轨范要素结合之法则者，乃欲如斯以为人类再建自然。其科学的文明，皆因其要求主张自我克服自然而产出。倍根尝谓为'知识之力'。盖欧人之科学，即使彼等制御自然之力也。

"然东洋诸民族，关于此点，其努力则与欧美人异。同是东洋民族，其间固亦有相异之点。而自大体言之，则凡东洋诸民族，皆有一共同与西洋民族不同之所，即其不欲制御自然，征服自然，而欲与自然融合，与自然游乐是也。彼等不言人则与天则对立，宁依天则以演绎人则。东洋人一般之宿命观，以从天命为道德之能事，足为彼等如何视自然为强权之实证。东洋人与其欲制御自然以获精神之自由，宁欲使精神之要求服从自然，于此觅一安心之境地。故彼等对于自然，不加解剖，不加分析，但即其本然之体观察之而已。

"东西文化之差别，可云一为积极的，一为消极的。此殆基于二者使现实生活彻底之意力之强弱。欧美人使现实生活彻底之欲望盛，故向利用或征服于其生活必要之自然之途以进。东洋人之于现实生活，不视为绝对，故使之彻底之努力缺乏。东西对于自然之差异，无论其基于何种理由，究于二者之间，生出思想与生活种种之不同。西洋人在与自然奋战之间，养成一种猛烈之生活意志。初哉首基，即利用此种生活意志，以使其他劣弱诸民族为之属隶，更为此目的利用其独占之科学知识。东洋人常以求得最大之满足于其被与之境遇为能事，故于本民族中认不法阶级之存在，即认异族为政治统治者，亦甘受之而帖服。西洋人在与自然奋战中所养成之自我观念，与人间中心之思想，构成一种价值哲学，设便于自己之标准，评量一切价值，不仅于现世以自己为中心，即于来世亦主张个性价值之保存。

"希腊人受地理之影响，本为极端个人主义之信者。以智慧、勇气、正义、节制为四德，而慈悲仁爱在东洋思想认为一切道德之首者，则反屏之于道德范畴之外。今日之西洋人，合此希腊人之个人主义与希腊教灵魂不灭之教义，而成个性价值保存之哲学，从而西洋人缺真实大我之哲学。顾在东洋，儒教则求修养最终之标的于天，佛教则求之于涅槃，以成大我无我之哲学。宁以打破个人主义与人间本位之价值哲学,始足认为备哲人之风格。老庄荆楚之学,于此点最为彻底。……

"自然之制服,境遇之改造,为西洋人努力所向之方向;与自然融合,对于所与境遇之满足,为东洋人优游之境地。此二者皆为人间文化意志所向之标的,吾人于斯二者均不可蔑视。若徒埋头于自然之制服,境遇之改造,而忘却吾人对于内的生活之反省,则吾人之生活必归于空虚。故今世大哲,若柏格森,则谓今日普鲁士人之生活,几全埋头于生产之事,于军事与产业方占胜利之际,诗与哲学,益趋退化,以为警告矣。若倭铿,则以内的文明与外的文明、诗与产业之两立为理想,昌言今日人本主义的文明一面征服自然,一面有使自己灵性归于空虚之恐矣。……

"彼欧美人今既于征服自然之中渐丧其自己之灵性,而东洋人则何如者?彼等既不求若何以征服自然、利用自然,故其与自然融合一致之精神,不过仅为少数人所能知,自余之大多数,殆为自然所征服。东洋圣哲,自觉'破于此处成于彼处'之大自在,故现实生活之成败,多不足以恼其心神。其大多数对于人生真义毫不理解,为自然所征服,又为利用自然者所驱使,以度最悲惨之生活。故于产生老庄解脱哲学之支那,造成多数如豚之苦力。于产生释尊宗教之印度,其生民不苦于疾疫,则厄于饥馑,今且被佣为兵,在西部战场为英国人效死。然则无征服自然之能力,甘居于被与之境遇之东洋民族,将有莫大之危险从其生活以俱至。此为吾人所不可不记取者。

"于是乃生欧罗巴的文化与亚细亚的文化之补救乃至融合之必要矣。吾人为自己精神的自由,一面努力于境遇之制服与改造,一面亦须注意于境遇之制服与改造不可无一定之限制,而努力于自己精神之修养。单向前者以为努力,则人类将成为一劳动机械;仅以后者为能事,则亦不能自立于生存竞争之场中。必兼斯二者,真正人间的生活始放其光辉。而欲为此,非能将一切反对之要素摄取而统一之民族不可。世间固有之文化,大抵因其民族之特质与其被置之境遇,多少皆有所偏局。必有民族焉,必于是等文化不认其中之一为绝对,悉摄容之而与以一定之位置与关系,始有产出将来新文化之资格。若而民族,于欧则有德意志,于亚则有日本。德人之天才,不在能别创新文化之要素,而在能综合从来之一切文化的要素;日本人之天才,亦正在此处。……梅烈鸠阔佛士基论欧罗巴的精神与亚细亚的精神曰:'渐向下沈之西方之光,地之真人之真也;渐向高升之东方之光,天之真神之真也。西方之光,非必较东方之光为小,唯此二种之光、二种之真相结合,始与真昼之光,始与神人之光。'"今且引述其言以终吾文矣。

按:此篇所论,颇多特见。而其主张东西文明之须相调剂,亦与愚论无违。惟其谓具调和东西文明之资格者,于欧则有德国,于亚则有日本,此则全为日人"我田引水"之谈,与其崇拜德国文明过度之讨。固执文明特质之民族,固不易与反对之文明言调和,而能综合异派文明兼容并收之民族,固于异派文明之调和易与介绍疏通之助,愚亦非敢概为否认。但愚确信东西文明调和之大业,必至二种文明本身各有激底之觉悟,而以异派之所长补本身之所短,世界新文明始有焕扬光采、发育完成之一日。即介绍疏通之责,亦断断非一二专事模仿之民族所能尽。愚惟希望为亚洲文化中心之吾民族,对于此等世界的责任,有所觉悟、有所努力而已。

(原载《言治》季刊第 3 册,转录自河北教育出版社 1999 年版《李大钊全集》第三卷)

质问《东方杂志》记者

陈独秀

《东方杂志》与复辟问题

《东方杂志》第十五卷六号,译载日本《东亚之光杂志》里《中西文明之评判》文,同号该志论义《功利主义与学术》,又四号该志之《迷乱之现代人心》,皆持相类之论调。《东方》记者既译载此文,又别著论文援引而是证之,其意可见矣。余对于此等论调,颇有疑点,条列左方,谨乞《东方》记者之赐教:

(1)《中西文明之评判》文中,其重要部分,为征引德人台里乌司氏评论中国人胡某之著作。按欧战前后类于此等著书,惟辜鸿铭氏有之,日本人读汉音辜胡相似,其或以此致误。辜老先生之言论宗旨,国人之所知也,《东方》记者其与辜为同志耶?敢问。

(2) 弗兰士氏谓:台里乌司氏承认孔子伦理之优越。又云:胡君对于民主的美国宁对于德国之同情较多。夫孔子之伦理如何,德国之政体如何,辜鸿铭、康有为、张勋诸人,固已明白昌言之,《东方》记者亦赞同之否?敢问。

(3)《功利主义与学术》文中有言曰:"二十年来,有民权自由之说,有立宪共和之说,民权之与自由,立宪之与共和,在欧美人为之,或用以去其封建神权之旧制,或藉以实现人道正义之理想,宜若非功利主义所能概括矣。而吾国人不然,其有取乎此者,亦以盛强著称于世之欧美人尝经过此阶级,吾欲比隆欧美而享盛强之幸福,不可不步趋其轨辙耳。"诚如《东方》记者之言,岂主张国人反对民权自由,反对立宪共和,不欲比隆欧美不享盛强之幸福耶?敢问。

(4) 自广义言之,人世间去功利主义无善行。释迦之自觉觉他,孔子之言礼立教,耶稣之杀身救世,与夫主张民权自由立宪共和诸说,以去封建神权之革命家,以及《东方》记者痛斥功利主义之有害学术,非皆以有功于国有利于群为目的乎?今固彻头彻尾颂扬功利主义者也。功之反为罪,利之反为害,《东方》记者倘反对功利主义,岂赞成罪害主义者乎?敢问。

(5)《东方》记者误以贪鄙主义,为功利主义,故以权利竞争为政治上之功利主义,以崇拜强权为伦理上之功利主义,以营求高官厚禄为学术上之功利主义,功利主义果如是乎?敢问。

(6)《东方》记者谓:"此时之社会,于一切文化制度,已看穿后壁,只赤条条地剩一个穿衣吃饭之目的而已。"夫古今中外之礼法制度,其成立之根本原因,试剥肤以求,有一不直接或间接为穿衣吃饭而设者乎?个人生活必要之维持,必不可以贪鄙责之也。《东方》记者倘薄视穿衣吃饭,以为功利主义之流弊;而何以又言"犹有一事为功利主义妨阻学术之总因,则此主义之作用,能使社会组织剧变,个人生计迫促,而无从容研学之余暇是也。"原来《东方》记者亦重视穿衣吃饭如此,岂非与"君子谋道不谋食,忧道不忧贫"之非功利主义相冲突乎?敢问。

(7)《东方》记者以反对功利主义故,并利益多数国民之通俗书籍文字而亦反对之。然则《东方》记者之所为文章,何以不模仿周诰殷盘,而书以篆籀,其理由安在?敢问。

(8)《东方》记者以反对功利主义故,并教育普及而亦反对之,竟云:"教育普及,而廉价出版物日众,不特无益学术,而反足以害之。"夫书籍之良否,果悉以售价之高下为标准乎?上海各书局之出版物,售价奇昂,果皆有益于学术者乎?欧美各种小册丛书,售价极廉,果皆无益于学术者乎?倘谓一国之文化,重在少数人有高深之学,不在教育普及,则欧洲中古寺院教育及今之印度婆罗门亦多硕学奇士,以视现代欧美文化如何?敢问。

(9)伧父君《迷乱之现代人心》文中,大意谓:"中国周、孔以来,儒家统一,思想界未闻独创异说者,此我国之文明,即我国之国基。乃自西洋学说输入,思想自由,吾人之精神界中,种种庞杂之思想,互相反拨,遂至国基丧失,可谓之精神界之破产;于是发生政治界之强有力主义,此主义即以强力压倒一切主义主张;当是非淆乱之时,快刀斩乱麻,亦不失为痛快之举,古人有行之者,秦始皇是也;今人有行之者,德意志是也;惟此种强力,吾国此时尚不可得,乃发生教育界回避是非之实用主义;此主义为免思想界各种主义相反抵之纷扰,亦自可取;惟其注重物质生活而弃置精神生活,其弊也,中国胡氏,德人台里乌司言之颇中肯。吾人今日迷途中之救济,决不希望陷于混乱矛盾之西洋文明,而当希望于己国固有之文明。"云云。余今有请教于伧父君者:(一)中国学术文化之发达,果以儒家统一以后之汉、魏、唐、宋为盛乎?抑以儒家统一以前之晚周为盛乎?(二)儒家不过学术之一种,倘以儒术统一为国是为文明,在逻辑上学术与儒术之内包外延何以定之？倘以未有独创异说为国是为文明,将以附和雷同为文明为国是乎？则人间思想界与留声机器有何区别？（三）欧洲中世,史家所称黑暗时代也,此时代中耶教思想统一全欧千有余年,大与中土秦、汉以来儒家统一相类；文艺复兴后之文明,诚混乱矛盾,然比之中土,比之欧洲中世,优劣如何？（四）近代中国之思想学术,即无欧化输入,精神界已否破产？假定即未破产,伧父君所谓我国固有之文明与国基,是否有存在之价值？倘力排异说,以保存此固有之文明与国基,能否使吾族适应于二十世纪之生存而不削灭？（五）伧父君谓："吾人在西洋学说尚未输入之时,读圣贤之书,审事物之理,出而论世,则君道若何,臣节若何……关于名教纲常诸大端,则吾人所以为是者,国人亦皆以为是,虽有智者不能以为非也,虽有强者不能以为非也。"伧父君所谓我国固有之文明与国基,如此如此。请问此种文明,此种国基,倘忧其丧失,忧其破产,而力图保存之,则共和政体之下,所谓君道臣节名教纲常,当作何解？谓之迷乱,谓之谋叛共和民国,不亦宜乎？（六）伧父君之意,颇以中国此时无强有力者以强力压倒一切主义主张为憾；然则洪宪时代,颇有此等景象,伧父君曾称快否？（七）伧父君谓："古代教育,皆注重于精神生活；今之教育,则埋没于物质生活之中。"又云："吾人今日在迷途中之救济,决不能希望于自外输入之西洋文明,而当希望于固有之文明。"请问伧父君,古代之精神生活,是否即君道臣节及名教纲常诸大义？或即种种恶臭之生活（伧父君所称赏之胡氏著作中曾谓:中国人不洁之癖即中国人重精神不重物质之证）？西洋文明,于物质生活以外,是否亦有精神文明？我中国除儒家之君道臣节名教纲常以外,是否绝无他种文明？除强以儒教统一外,吾国固有之文明是否免于混乱矛盾？以希望思想界统一故,独尊儒家而黜百学,是否发挥固有文明之道？伧父君既以为非己国固有文明周公、孔子之道,决不足以救济中国,而何以于《工艺杂志》序文中（见第十五卷第四号《东方杂志》）又云："国家社会之进行,道德之向上,皆与经济有密切之关系。而经济之充裕,其由于工艺之发达。十余年以来,有运动改革政治者,有主张倡提道德者；鄙人以为工艺苟兴,政治道德诸问题,皆迎刃而解。非然者,虽周、孔复生,亦将无所措手。"是岂非薄视周公、孔子而提倡物质万能主义乎？今后果不采用西洋文明,而以固有之文明与国基治理中国,他事之进化与否且不论,即此现行无君之共和国体,如何处置？由斯以谈,孰为魔鬼？孰为陷吾人于迷乱者？孰为谋叛国宪之罪犯？敢问。

（10）《中西文明之评判》之中有云："此次战争,使欧洲文明之权威,大生疑念。"此言果非梦呓乎？敢问。

(11) 胡氏谓："中国之文化为完全,较之欧洲文化,著为优良。"又云："至醇至圣之孔夫子,当有支配全世界之时；彼文人以达于高洁,深玄,礼让,幸福之唯一可能之道；故诸君（指西洋人）当弃其错误之世界观,而采用中国之世界观,此诸君唯一之救济也。"此固不但谓非中国固有之文明不足以救济中国,更进一步,而谓"欧洲人非学于我等中国人不可"（胡氏原语）。案辜鸿铭氏夙昔轻视欧洲之文明,即在欧人之伦理观念（即此文之所谓世界观）,以其不知君道臣节名教纲常诸大义也。辜氏于政治,力尊君主独裁之大权,不但目共和为叛逆,即英国式之君主立宪,亦属无道。彼意以为一国中,只应有上谕而不应有宪法。宪法者,不啻侵犯君主神圣,破坏君道臣节名教纲常之怪物也。此等见解之是非,姑且不论；《东方杂志》记者诸君倘以为是,则发行此志之商务印书馆何以不用欧洲文译中国书,输出君道臣节名教纲常诸优良文明以救济世界；却偏要用中国文译欧洲书,输入混乱矛盾之文化,以乱我中国圣人之道,使我中国人思想自由,使我中国人国是丧失,精神界破产,迷乱而不可救济耶？敢问。

(12) 台里乌司氏谓："欧洲之文化,不合于伦理之用,此胡君之主张,亦殊正当；胡君著作之主旨,实在于此。彼以其二千五百年以来之伦理的国民的经验,视吾欧人,殆如小儿；吾人倾听彼之言论,使吾人对于世界观之大问题,怅然有感矣。"彼迂腐无知识之台里乌司氏,在德意志人中,料必为崇拜君权反对平民共和主义之怪物,其称许辜氏之合理与否,兹不必论。独怪《东方》记者处共和政体之下,竟译录辜之言而称许之。岂以辜氏伦理上之主张为正当耶？敢问。

(13) 台里乌司氏谓："欧洲之道义,全属于物质的。伦理之方面,即以赏罚之概念为主。中国在纪元前五百年,既有大心理学者,从精神之根本动机,说明善为自成与自乐,非依酬报而动者。"按此即伦理学上动机论与功利论之分歧点,亦即中西文化鸿沟之一也。此二者之是非且不论,今所欲论者,动机论之伦理观,岂中国所独有而欧洲所无乎？所以造成今日欧洲之庄严者,非进化论发达以来,近代 Utilitarianism 战胜古代 Asceticism 及基督教之效乎？敢问。

(14) 胡氏谓："欧洲人在学校所学者,一则曰知识,再则曰知识,三则曰知识；中国人在学校所学者,为君子之道。"夫个人人格之养成,岂不为欧校所重？即按之实际,欧人中人格健全所谓 Gentleman 者,其数量岂不远胜于我中国人乎？崇拜孔夫子之中国人,其人格足当君子者,果有几人？且智、力、德三者并重,为近代教育之通则；若夫 Herbart 派之专事外行之陶冶,及胡氏所谓学为君子之道,果为完全教育乎？敢问。

第六章 《新青年》与东西文化论争

（15）台里乌司氏称"中国人三岁之儿童，在学校中学中国大思想家之思想；德国人在学校，于自国文化之高顶，绝不得闻"。夫教儿童以大思想家之思想，果为教育心理学原则之所许乎？试观中国、印度及回教各民族之儿童教育，皆以诵习古圣经典为重，其效果如何？敢问。

（16）台里乌司氏承认孔子伦理之优越，而视欧西之伦理，为全然物质主义。且推赏胡氏之著作，谓微妙锐利，无逾于此书。而胡书中曾谓中国人不洁之癖，为中国人重精神而不注意于物质之一佐证。不知所谓精神者，为何等不洁之物？敢问。

以上疑问，乞《东方》记者一一赐以详明之解答，慎勿以笼统不中要害不合逻辑之议论见教；笼统议论，固前此《东方》记者黄远庸君之所痛斥也。

（原载《新青年》第 5 卷第 3 号）

再质问《东方杂志》记者

陈独秀

　　记者信仰共和政体之人也,见人有鼓吹君政时代不合共和之旧思想,若康有为、辜鸿铭等,尝辞而辟之;虑其谬说流行于社会,使我呱呱堕地之共和,根本摇动也。前以《东方杂志》载有足使共和政体根本摇动之论文,一时情急,遂自忘固陋,竟向《东方》记者提出质问。乃蒙不弃,于第十五卷十二号杂志中,赐以指教,幸甚,感甚。无论《东方》记者对于前次之质问如何非笑,如何责难,即驳得身无完肤,一文不值,记者亦至满意。盖以《东方》记者既不认与辜鸿铭为同志,自认非反对民权自由,自认非反对立宪共和;倘系由衷之言,他日不作与此冲突之言论,则记者质问当时之根本疑虑,涣然冰释,欣慰为何如乎!惟记者愚昧,对于《东方》记者之解答,尚有不尽明了之处;倘不弃迂笨,对于左列所言,再赐以答,则不徒记者感之,谅亦读者诸君之所愿也。

　　(1) 辜氏著书之志,即在自炫其二千五百年以来君道臣节名教纲常等之固有文明,对于欧人无君臣礼教之伦理观念,加以非难也。《东方》记者既郑重征引其说,且称许之,则此心此志当然相同。前文设为疑问者,特避武断之态度,欲《东方》记者自下判断耳。不图《东方》记者乃云:"夫征引辜氏著作为一事,与辜同志为又一事;二者之内包外延,自不相同。"此何说耶?夫泛泛之征引,自不发生同志问题。若征引他人之著作,以印证自己之主张,则非同志而何?譬若记者倘征引且称许尼采之"强权说"或托尔斯泰之"无据抗说",当然自认与尼采或托尔斯泰为同志,以其主张之宗旨相同也。记者未云:辜鸿铭主张君臣礼教,《东方》记者亦主张君臣礼教,由是而知《东方》记者即辜鸿铭。且并未云:《东方》记者乃辜鸿铭第二。但以《东方》记者珍重征引辜氏生平所力倡之言论宗旨,且称许之,遂推论其与辜为同志。倘谓此二者内包外延自不相同,所推论者陷于谬误,则此等逻辑,非记者浅学所可解矣。

　　(2) 德国政体,君主政体也。孔子伦理,君臣等之五伦也。君臣尊卑者,孔子政治伦理之一贯的大原则也。辜鸿铭、康有为、张勋皆信仰孔子之伦理与政治,主张君主政体者也。此数者本身之全体,虽为异物,而关于尊重君主政体之一点,则自然互相连缀。《东方》记者倘承认吾人思想域内有观念联合之作用,自不禁其并为一谈。德国政体,君主政体也。孔子伦理,尊君之伦理也。此二者,当然可并为一谈。辜鸿铭所主张之孔子伦理,尊君之伦理也。其所同情之德国政体,君主政体也。此二者,当然可并为一谈。辜鸿铭之所言,尊孔也,尊君也。张勋之所言,亦尊孔也,尊君也。此二者,更无不可并为一谈。孔子伦理,尊君之伦理也。张勋所言所行,亦尊君也。当然可作一联带关系。此数者,关于尊重君主政体之一点,乃其共性;苟赞同其一项者,则其余各项,当然均在赞同之列。诉诸逻辑,"凡尊崇孔子伦理,而不赞同张勋所言所行,为其人之言不顾行者也"。《东方》记者对于前次之质问,未曾将此数项所以不能并为一谈之理由,及各项中赞同者何项,不赞同者何项,一一说明,但云:"对于《新青年》记者所设问题,以为过于笼统,不能完全作答。"《东方》记者之答词,如此笼统,则《新青年》记者,未免大失所望。

(3) 民权自由立宪共和与功利主义,在形式上虽非一物;而二者在近世文明上同时产生,其相互关系之深,应为稍有欧洲文明史之常识者所同认也;所谓民权,所谓自由,莫不以国法上人民之权利为其的解,为之保障。立宪共和,倘不建筑于国民权利之上,尚有何价值可言?此所以欧洲学者或称宪法为国民权利之证券也。不图《东方》记者,一则曰:"欧美民权自由立宪共和之说,非功利主义所能赅括;吾国人之为此,则后于功利主义。"再则曰:"夫批评功利主义之民权自由,非反对民权自由。批评功利主义之立宪共和,非反对立宪共和。"是明明分别功利主义之民权自由立宪共和,与非功利主义之民权自由立宪共和为二矣。以记者之浅学寡闻,诚不知非功利主义之民权自由立宪共和果为何物也。《东方》记者以应试做官之读书及金钱运动之选举,比诸功利主义之民权自由立宪共和,斯亦过于设解功利主义,拟不于伦矣。《东方》记者谓可以逻辑之理审察之,则所谓逻辑者,其《东方》记者自己发明之形式逻辑乎?否则应试做官之读书,乃读书者腐败思想;金钱运动之选举,乃选举中违法行为;功利主义之所谓权利,主张所谓最大多数之最大幸福等,乃民权自由立宪共和中重要条件;若举前二者以喻后者,为之例证,诉谓因明与逻辑,得谓为不谬于事实之喻与例证乎?

(4) 通常所谓功利主义,皆指狭义而言;《东方》记者之所非难者,亦即此物,此不待郑重声明者也。惟广狭乃比较之词,最广与最狭,至于何度,是固不易言也。余固彻头彻尾颂扬功利主义者,原无广狭之见存。盖自最狭以至最广,其间所涵之事相虽殊,而所谓功利主义则一也。《东方》记者所排斥之功利主义,与余所颂扬者虽云广狭不同,即至最狭,亦不至与其相反之负面同一意义。但在与其负面相反以上,虽最狭之功利主义,与《东方》记者所排斥者同一内包外延,余亦颂扬之。盖以功利主义无论狭至何度,倘不能证明其显然为反面之罪害事实,无人能排斥之也。倘排斥之,自不能不立于与其相反之地位。《东方》记者乃不谓此推论为然,且设一例证云:"'凡反对图利之人,即赞成谋害者;凡反对贪功之人,即赞成犯罪者。'此推论果合乎否乎?"余则以此不足为非反对功利主义,即赞成罪害主义之证明。盖以功利主义与图利贪功,本非一物;若以恶意言之(既以其人谋利贪功而反对之,必其为不应谋而谋,不应贪而贪之恶方面也),且与功利主义为相反之负面。审是,则图利与谋害,贪功与犯罪,同属恶的方面,而无正负之分,固不能谓反对其一者必赞成其一。若夫功利主义之与罪害主义为相反之正负两面,反对其一者为赞成其一,不容两取或两舍也。《东方》记者以此例证批评记者推论之不合,合前条所举之例证观之,得发见其有一公同之误点。其误点为何?即《东方》记者不明功利主义之真价值,及其在欧美文明史上之成绩,误以贪鄙、不法、苟且、势利之物视之。其千差万错,皆导源于此。《东方》记者,倘亦自承之乎?

(5) 自根本言之,学术无所谓高深。其未普及之时,习之者少,乃比较的觉其高深耳。且今日柏格森之哲学,可谓高深矣。乃其在大学公开之演讲,往各国游行之演讲,听众率逾千人,贩夫走卒,亦得而与焉。此非高深亦可普及之一例乎?况《东方》记者以高深学术为教育文化中心之说,记者本不反对。特以其专重高深之学,而蔑视普及教育,遂不无怀疑耳。明言"教育普及而廉价出版物日众,不特无益学术,反足以害之",此非谓教育普及廉价出版物日众,为有害学术之事乎?谓为有害学术,非反对而何耶?不图《东方》记者复遁其词曰:"所谓廉价出版物之有害学术者,自指勃氏所言之书报及坊肆中海盗海淫之书而言。"夫海盗海淫之书,与廉价出版非同一物,与教育普及更毫无关系。今反对海盗海淫之书,不知以何因缘而归罪于廉价出版?更不知以何因缘而归罪于教育普及?《东方》记者倘承认其因噎废食之推论为不谬,最好再归罪于苍颉之造字。《东方》记者强不承认明说"教育普及,廉价出版物日众,有害学术"为反对教育普及之言,已觉可怪,复设一相类之例以自证曰:"民国成立而定期出版物日多,言论荒谬如某日报之鼓吹某事,杂志之主张某说云云。则此例中所指为言论荒谬者,自然指某日报某杂志而言。若以此例所言为'反对民国,反对出版物,以定期出版物为荒谬',果当乎否乎?"余以为《东方》记者此等例证,只益自陷于谬误而已,未见其能自辨也。此例之文倘改曰:"自民国成立以来,定期出版物日众,其中佳者固多,惟言论荒谬如某日报之鼓吹某事,某杂志之主张某说。"此不过泛论当时出版界之现象,或无语病之可言。因其所谓荒谬者,乃专指某日报某杂志而言,与民国成立而定期出版物日多,不生因果联带之关系也。今《东方》记者所设之例,其本意之反对民国反对定期出版物与否不必论,第据其例词,显然以民国成立而定期出版物日多为之因,以某日报某杂志之言论荒谬为之果,二者打成一片,未尝分别其词,虽欲谓之非反对国民非反对定期出版物而不可得也。以此比证前例,亦以教育普及而廉价出版物日众为之因,以有害学术为之果,虽欲谓之非反对教育普及而不可得也。倘易其词曰:"教育普及而廉价出版物日众,学术因以发展。惟若勃氏所言之书报及坊肆中诲盗诲淫之书,则不特无益学术,反足以害之。"使《东方》记者如此分别言之,不使诲盗诲淫有害学术之书,与教育普及廉价出版发生因果联带之关系,虽欲谓之反对教育普及而亦不可得也。

(6)学术之发展,固有分析与综合二种方向,互嬗递变,以赴进化之途。此二种方向,前者多属于科学方面,后者属于哲学方面,皆得谓之进步,不得以孰为进步孰为退步也。此综合的发展,乃综合众学以成一家之言,与学术思想之统一决非一物。所谓学术思想之统一者,乃黜百家而独尊一说,如中国汉后独尊儒术罢黜百家,欧洲中世独扬教宗遏抑学术是也。易词言之,即独尊一家言,视为文明之中心,视为文化之结晶体,视为天经地义,视为国粹,视为国是;有与之立异者,即目为异端邪说,即目为非圣无法,即目为破坏学术思想之统一,即目为混乱矛盾庞杂纠纷,即目为国是之丧失,即目为精神界之破产,即目为人心迷乱。此种学术思想之统一,其为恶异好同之专制,其为学术思想自由发展之障碍,乃现代稍有常识者之公言,非余一人独得之见解也。《东方》记者之所谓分化,当指异说争鸣之学风,而非谓分析的发展;所谓统整,当指学术思想之统一,而非谓综合的发展。使此观察为不误,则征诸历史,诉之常识,但见分析与综合,在学术发展上有相互促进之功,而不见分化与统整,在进化规范上有调剂相成之事。倘强曰有之,而不能告人以例证,则亦无征不信而已。反之统整(即学术思想之统一)之为害于进化也,可于中土汉后独尊儒术,欧洲中世独扬教宗征之。乃《东方》记者反称有分化而无统整,不能谓之进步,且征引"中国晚周时代,及欧洲文艺复兴以后之文明,分化虽盛而失其统整,遂现混乱矛盾之象"以为例证。夫晚周为吾国文明史上最盛时代,与欧洲近代文明之超越前世,当非余一人之私言。不图《东方》记者因其学术思想不统一也,竟以"混乱矛盾"四字抹杀之;且明言以晚周与汉、魏、唐、宋比较其文明,不能谓其彼善于此;诚石破天惊,出人意表矣。即以汉、魏、唐、宋而论,一切宗教思想文学美术,莫不带佛、道二家之彩色;否则纯粹儒家统一,更无特殊之文化可言。盖文化之为物,每以立异复杂分化而兴隆,以尚同单纯统整而衰退;征之中外历史,莫不同然,《东方》记者之所见,奈何正与历史之事实相反耶?《东方》记者又云:"至于文明之统整,思想之统一,决非如欧洲黑暗时代之禁遏学术,阻碍文化之谓,亦非附和雷同之谓。"按欧洲中世所以称为黑暗者无他,以其禁遏学术、阻碍文化故。其所以禁遏学术、阻碍文化者亦无他,乃以求文明之统整、思想之统一故。夫统一与黑暗,皆比较之词;黑暗之处,乃以统一之度为正比例;一云统一,即与黑暗为邻,欧洲中世特其最甚者耳。《东方》记者倘不以欧洲黑暗时代之禁遏学术、阻碍文化为然,亦当深思其故也。《东方》记者以"孔子之集大成,孟子之拒邪说,皆致力于统整者"为高,复以"后世大儒亦大都绍述前闻,未闻独创异说"为贵,此非附和雷同而何?此非以人间思想界为留声机器而何?

《东方》记者意谓:吾人在西洋学说尚未输入之时,本有圣经贤传名教纲常之统一的国是;今以西洋学说之输入,乃陷于混乱矛盾,乃至国是丧失,乃至精神界破产;遂至希此"强有力主义,果能压倒一切主义主张,以暂定一时之局"。此非禁遏学术、阻碍文化而何?《东方》记者一面言"吾人不宜仅以保守为能事","西洋学说之输入,夙为吾人所欢迎","尽力输入西洋学说",一面乃谓"西洋在中古以前,宗教上之战争与虐杀,史不绝书;其纷杂而不能统一,自古已然。文艺复兴以后,思想益复自由;持独到之见以风靡一世者,如卢骚、达尔文等,代有其人;而集众说之长,立群伦之鹄者,则绝少概见"(记者按:西洋学者,若康德、孔特、卢骚、达尔文、斯宾塞之流,莫不集众说以成一家言,为世宗仰;只以其族尊疑尚异,贵自由独到;不欲独定一尊,以阻碍学术思想之自由发展,故其新陈代起,日益美备。《东方》记者乃以其不独定一尊,谓为立群伦之鹄者绝少概见,其病在不细察文化之实质如何,妄以思想统一与否定优劣,不知适得其反也)又谓:"吾人今日在迷途中之救济,决不能希望于自外输入之西洋文明,而当希望于吾国固有之文明,此为吾人所深信不疑者。盖产生西洋文明之西洋人,方自陷于混乱矛盾之中,而亟亟有待于救济;吾人乃希望借西洋文明以救济吾人,斯真问道于盲矣。西洋人之思想,为希腊思想与希伯来(犹太)思想之杂合而成;希腊思想,本不统一;斯笃克派与伊壁鸠鲁派,互相反对;其后为希伯来思想所压倒。文艺复兴以

第六章 《新青年》与东西文化论争

后,希伯来思想又被希腊思想破坏;而此等哲学思想,又被近世之科学思想所破坏;今日种种杂多之主义主张,皆为破坏以后之断片,不能得其贯串联络之法,乃各各持其断片,欲借以贯彻全体,因而生出无数之障碍。故西洋人于物质上虽获得成功,得致富强之效,而其精神上之烦闷殊甚。"(按:《东方》记者所非难之西洋文明,皆在中古以前及文艺复兴以后,殆以其思想不统一之故乎?独思想统一之中古时代,则未及之。不知《东方》记者之所谓宗教上之战争与虐杀,正以正教统一,力排自由思想之异端,造成中古黑暗时代耳。此非中古以前文艺复兴以后之所有也。)似此一迎一拒,即油滑官僚应付请托者之言,亦未必有此巧妙也。若此等"战争与虐杀"之文明,"自陷于混乱矛盾"之文明,"破坏以后之断片"之文明,致"精神上烦闷"之文明,《东方》记者明知其不足为"吾人今日在迷途中之救济",乃偏欲尽力输入而欢迎之,是直引虎自杀耳,岂止"问道于盲"已耶?《东方》记者其狂易耶?不然,明知"此等主义主张之输入,直与猩红热、梅毒等之输入无异",何苦又主张尽力输入而欢迎之?不更使吾思想界混乱矛盾不能统一,使吾精神界破产,使吾国是丧失耶?是则愚不能明也。

若云"西洋之种种主义主张,骤闻之,似有与吾固有之文明绝相凿枘者;然会而通之,则其主义主张,往往为吾固有文明之一局部,扩大而精详之者"耶?若假定此等"丙种自大派"(见本志五卷第五号五一六页第十三行)之附会穿凿为不谬,则《东方》记者所诅咒西洋文明之恶名词,皆可加诸吾固有文明之上矣。既认定其为吾固有文明之一部,且扩大而精详之,又何独以其在西洋而诅咒之耶?若云"尽力输入西洋学说,使其融合于吾固有文明之中"耶?将输入其同者而融合之乎?使其所谓同者为非同,则附会穿凿耳;使其所谓同者为真同,则尽力输入为骈枝,为多事。将输入其异者而融合之乎?则异者终不能合,适足以使吾人思想界增其混乱矛盾之度;非所以挽回国是之丧失,精神界之破产,而为吾人迷途中救济之道也。无已,惟有仍遵《东方》记者"不希望于自外输入西洋文明"之本怀,且用"强力压倒一切主义主张"之方法,使吾国数千年统整之文明不至摇动,则《东方》记者之主张,方为盛水不漏也。

《东方》记者又谓:"民视民听,民贵君轻,伊古以来之政治原理,本以民主主义为基础。政体虽改而政治原理不变,故以君道臣节名教纲常为基础之固有文明,与现时之国体,融合而会通之,乃为统整文明之所有事。"呜呼!是何言耶?夫西洋之民主主义(Democracy)乃以人民为主体,林肯所谓"由民(by people)而非为民(for people)"者是也。所谓民视民听,民贵君轻,所谓民为邦本,皆以君主之社稷——即君主祖遗之家产——为本位。此等仁民、爱民、为民之民本主义（民本主义，乃日本人用以影射民主主义者也。其或径用西文 Democracy，而未敢公言民主者，回避其政府之干涉耳），皆自根本上取消国民之人格，而与以人民为主体，由民主义之民主政治，绝非一物。倘由《东方》记者之说，政体虽改而政治原理不变，则仍以古时之民本主义为现代之民主主义，是所谓蒙马以虎皮耳，换汤不换药耳。毋怪乎今日之中国，名为共和而实不至也。即以今日名共和而实不至之国体而论，亦与君道臣节名教纲常，绝无融合会通之余地。盖国体既改共和，无君矣，何谓君道？无臣矣，何谓臣节？无君臣矣，何谓君为臣纲？如何融合，如何会通？敢请《东方》记者进而教之，毋再以笼统含混之言以自遁也。若帝制派严复"大总统即君"之谬说，乃为袁氏谋叛之先声；今无欲自称帝之人，《东方》记者谅不至袭用严说，重为天下笑欤！

就历史上评论中国之文明，固属世界文明之一部分，而非其全体。儒家又属中国文明之一部分，而非其全体。所谓君道臣节名教纲常，不过儒家之主要部分而亦非其全体。此种过去之事实，无论何人，均难加以否定也。至若《东方》记者所谓：《新青年》"于共和政体之下，不许人言固有文明中有君道臣节名教纲常诸大端"。又云："固有文明中有君道臣节名教纲常诸大端，乃已往之事实，非《新青年》记者所得而取消。已往之事实既不能取消，则不能禁人之记忆之称述之。"斯可谓支吾之遁词也矣。吾人不满于古之文明者，乃以其不足支配今之社会耳，不能谓其在古代无相当之价值，更不能谓古代本无其事，并事实而否认之也。不但共和政体之下，即将来竟至无政府时代，亦不能取消过去历史中有君道臣节名教纲常及其他种种黑暗之事实。若《东方》记者之所云，匪独前次质问中无此言，即全部《新青年》亦未尝有此谬说。前次质问中所谓：共和政体之下，君道臣节名教纲常，当作何解者，乃以《东方》记者力言非统整己国固有君道臣节名教纲常之文明，不足以救济精神界之破产，不足以救济国是之丧失，不足以救济国家之灭亡。然若实行以强力压倒一切主义主张，恢复君道臣节名教纲常，以图思想之统整，以救国家之灭亡，则无君臣之现行制度，不知将以何法处之？疑不能明，是以为问。非谓吾固有文明中无君道臣节名教纲常，而欲取消历史上已行之事实，禁人记忆之称述之也。《东方》记者所谓焚书坑儒，所谓前清专制官吏，动辄以大逆不道谋为不轨之罪名压迫言论，此正君道臣节名教纲常时代以强力压倒一切主义主张者之所为，而混乱矛盾之共和时代，或不至此。公等倘欲享言论自由之权利而恶压迫，慎毋反对混乱矛盾之西洋文明，慎毋梦想思想统整，而欲以强力压倒一切主义主张以自缚束也。

(7)《东方》记者所谓"原文明言强有力主义之不能压倒一切,反足酿乱"。今细检原文,未见有此。有之则所谓"特恐其辗转于极短缩之周期中,愈陷吾人于杌陧彷徨之境耳"。于表示欢迎之下,紧接此词,盖惟恐其寿命不长,未能压倒一切为憾;固非根本反对强力主义,谓为足以酿乱也。其他极力赞扬之词则曰:

> 强有力主义者……即以强力压倒一切主义主张之谓。当是非淆乱之时,快刀斩乱麻,亦不失为痛快之举……古之人有行之者,秦始皇是也。百家竞起,异说争鸣;战国时代之情状,殆与今无异;焚书坑儒之暴举,虽非今日所能重演;而如此极端之强有力主义,实令后世之人有望尘勿及之叹。今日之欧洲,又与我之战国相似,乃有德意志主义出现……无所谓正,无所谓义,惟以强力贯彻者,斯为正义……秦始皇主义,德意志主义,与我国现时政治界中一部分之强有力(当指段内阁而言)主义,实先后同揆……秦始皇主义,在我国已经实验;虽获成功,不旋踵而殁;然中国统一之局,汉室四百年之治,亦未始非始皇开之。德意志主义正在试验时代,成败尚不能预料。吾人就历史上推测强力主义之效果,则当文治疲敝是非淆乱之时,强力主义出,而纠纷自解。故我国之强有力主义,果能压倒一切主义主张,以暂定一时之局,则吾人亦未始不欢迎之。

《东方》记者眼中之战国时代及欧洲现代之文明,皆百家竞起,异说争鸣,是非淆乱之文明也;颇希望强有力者,出其快刀断麻之手段,压倒一切主义主张,以定于一。此言也,《东方》记者固笔之于书,谅非《新青年》记者推想之误;其是非可否,请读者加以论断,余则不欲多言矣。若余之所感者,乃《东方》记者所崇拜,所梦想,所称为"痛快之举""望尘勿及""纠纷自解""吾人未始不欢迎之"之三种强力主义:其一秦始皇主义,固可以开汉室四百年统一之江山,颂其功德;其他二种强力主义,均已成败昭然,效果共睹;坐令是非淆乱之今日,无有能快刀断麻,压倒一切,以定时局,以解纠纷者;吾知《东方》记者对于德帝威廉及段内阁,当挥无限同情之热泪也欤。

《工艺》杂志序文中所云:"虽周、孔复生亦将无所措手。"固属述其当年之感想,而后文对于自给自足之工艺,则仍谓亟宜提倡,未见取消前说,谓为反面文字,亦未得当。

(8) 所谓梦呓者,乃指《中西文明之评判》之著者日人而言。盖自欧战以来,科学、社会、政治,无一不有突飞之进步,乃谓为欧洲文明之权威,大生疑念。此非梦呓而何? 正以此事乃稍有常识者之所周知,而况《东方》记者之博学方闻,宁不识此,故未详加事理上之诘责耳。何谓反唇相讥耶?

(9) 辜氏《春秋大义》主旨在尊王,并以非难欧洲人之伦理观念也。台里乌司氏亦谓欧洲文化,不合于伦理之用,而称许辜氏所主张之二千五百年以来之伦理为正当,是非崇拜君权而何耶?《东方》记者译录其说而称许之,故敢以辜氏伦理上之主张为正当与否为问。此何谓罗织?

(10) 辜氏谓中国人不洁之癖,为中国人重精神而不注意于物质之佐证。夫注意物质则洁,注意精神则不洁;独重精神者可与不洁为缘,重物质者则否。是以中国人以重精神故,致有不洁之癖,致有种种臭恶之生活,岂非精神之为物,使我中国人不洁至此哉? 余是以有精神为何等不洁之物之叹也。

此外,若前次质问中之(5)(6)(7)(13)(14)(15)等条,及(9)条中之第四项与第七项之前半段,并乞明白赐教,倘仍以"不暇一一作答"六字了之,不如一字不答也。

此中最要之点,务求赐答者,即:

一、自西洋混乱矛盾文明输入,破坏吾国固有文明中之君道臣节名教纲常,遂至国是丧失、精神界破产、国家将致灭亡。

二、今日吾人迷途中之救济,非保守君道臣节名教纲常之固有文明不可。

三、欲保守此固有文明,非废无君臣之共和制不可。倘废君臣大伦,便不能保守君道臣节名教纲常,便不能救济国是丧失、精神界破产、国家灭亡。

此推论倘有误乎否耶?

(原载《新青年》第 6 卷第 2 号)

延伸阅读：

1. 汪叔潜：《新旧问题》，《青年杂志》第 1 卷第 1 号。
2. 陈独秀：《近代西洋教育（在天津南开学校演讲）》，《新青年》第 3 卷第 5 号。
3. 守常（李大钊）：《动的生活与静的生活》，《甲寅》1917 年 4 月 12 日。
4. 守常（李大钊）：《物质变动与道德变动》，《新潮》第 2 卷第 2 号。
5. 伧父（杜亚泉）：《迷乱之现代人心》，《东方杂志》第 15 卷第 4 号。
6. 梁启超：《欧游心影录》，商务印书馆 2014 年版。
7. 梁漱溟：《东西文化及其哲学》，商务印书馆 2009 年版。

第七章
《新青年》的社会调查及对社会问题的讨论

  《新青年》派学人将当时中国社会问题放置在社会转型的大潮之中,一方面他们试图通过这些社会问题分析社会现状和社会病因,另一方面,他们从自杀问题、人口问题、劳动问题等从传统社会延续下来的"顽疾"中寻找现代社会的发展方向。

  自杀问题是五四转型时期一个重要的社会问题。从这些自杀现象中暴露出的种种社会弊端,比如社会制度的缺陷、消极人生观的泛滥等,引起了五四思想家们的关注。他们对自杀现象作了多次讨论,分别从自杀的趋势和原因、自杀的道德和社会价值等方面进行了深入透彻的分析,并结合五四新文化运动的目标,提出了提倡新的人生观和改造社会制度两种手段对自杀这一社会问题进行解决。

  《新青年》派学人将自杀问题看作研究中国社会问题的典型案例,透过自杀问题观察文明进程与社会发展中出现的问题,言说他们对中国文明发展的走向、未来理想社会的建构、人们生活怎样过得更美好、中国社会改造的目标与中国革命的方向等的见解。五四思想家们以案例分析和公开讨论的方式加大了思想解放的力度,拓宽了社会影响的广度,推动了思想革命和社会革命的深入开展。此外,他们对自杀社会意义和价值阐释存在不同,是因为他们所依据的理论有差异,且分别受到了不同意识形态的支配与影响。当时,国家与社会的结构呈现出多元的、不稳定的态势,各种意识形态话语与思潮以前所未有的姿态在社会上传播。这也是他们对自杀的社会意义有很多不同看法甚至观念相左的重要原因。

  另外,《新青年》杂志还重点对劳动问题、人口问题等社会主要问题发起了探讨。《新青年》派学人所描绘的现代社会是多元化的,他们所提倡的并不仅仅是制度的变迁与思想的解放,他们还希望通过对一些社会问题的深入讨论,来推动一系列的社会变迁,用一种新的生活模式来适配一个现代化的社会。因此,他们对新的生活模式的提倡常常是深入的,直击问题要害的,而且他们还将新的生活模式上升到人的思想层面,对社会发展产生了积极的影响。《新青年》杂志所倡导的新的社会生活方式,是与现代化社会相适配的,其终极目的是在中国建成一个全面的现代社会。

社 会 调 查

陶履恭

一、导言

  我向来抱着一种宏愿，要把中国社会的各方面，全调查一番：一则可以知道吾国社会的好处，例如家庭生活种种事情，婚丧祭祀种种制度，凡是使人民全体生活良善之点，皆应保存；一则可以寻出吾国社会上种种凡是使人民不得其所，或阻害人民发达之点，当讲求改良的方法。

  追溯这个愿心，却是狠早，六年前（一九一二）的春天，当时我在伦敦同一位同学梁君要编纂一部述中国社会生活的书，给外国人读。我最初以为凡是中国人，都生长在中国社会里，每天所经验所接触的，自然都是中国社会里所发现的事，把他写出来，当不觉有何困难。然而以后写起来的时候，就觉得个人的经验有限，个人所接触的事物限于极小范围，个人所知的社会生活不过是一小部分。我们过去有好几十年的历史，这历史上的社会生活如何，我们却不得而知。我们生长大都在一个地方，倒是我生长在北方，且又是北方一小隅之天津，关于天津附近的事知道的已极不详细，更不必论西北、西南、南部诸省，或蒙古、西藏、青海诸地方了——我记得回国后，同着一位朋友到一宁波人家。这家主人在北方已经住过八九年，就用"乡谈"同我这一位朋友痛骂北方人好吃葱蒜，不讲卫生诸话，我当时就觉得我们中国各地方人互相隔阂。所有一知半解亦不过一小方面，却不是社会之全体。只见他人之非，不见自己不是，这都是互相隔阂见闻不远不广的弊病——我于是乎不得不稍为依赖古今人所著的书籍，补我的经验不完记忆不清的地方。然而中国关于社会生活的书籍，又非常的稀罕，论起群盲所崇拜的人物来，说得"天花乱坠"，叫现在稍有怀疑思想的人看起来，就觉得文人之笔，舞文弄墨不足凭信。及至论到人民一般的状况，记载又失之过于简略。司马迁的《史记》不得不算一部有价值的史书，然而记述人民一般之真状，资料亦非常缺乏。如其《平准书》曰：

"汉兴七十余年之间……民则人给家足,都鄙廪庾皆满……"

所谓"人给家足",未免太失之空泛。若是现在研究社会经济的考究起来,搜寻各种材料只就汉兴七十余年间,足可以再著出一部与《史记》长短差不多的经济史来。后人叙述人民一般的事情,都是沿用一种空泛捉摸不着的套语,一般百姓每天如何生存,未有能详细记载的。

以后我忽然想起我国各地方差不多有志书。志书里记各地方风俗制度,关于社会生活的材料,定然不少。我于是到剑桥大学藏中国书籍的地方,把各种志书都翻阅一过。后来只见江苏某县志书内载有一条:谓该处人民业蚕桑,每日侵晨有贫婆之民,植立桥畔待雇,日得工资若干文,不得者皆懊丧归家(原文曾录出,藏在诸札记本中,今翻阅多册,苦获不得。俟将来清理书籍时,再为检查,以告阅者)。写出人民经济状况:如经济生存之竞争,生活程度,失业问题,在此短文皆可见之。其他志书所载四季之风俗,婚丧之礼节,不是陈旧套语,就是失了简略。我所以才恍然明白两件事。一则我们中国人于"生活"(生活有两个意思:一就是生存的意思,最为简单,如各种生物与人类全要生活;一则生活之道的意思,如家庭生活、宗教生活,乃是人所特长。即是文中所用之意。文明愈高,则人的生活之道愈精细,愈高尚。所以人不必只求生活,且求生活之道;若生活不得其道,则宁可舍去生活,亦不为憾)—道,素不注意,素欠研究,所以思想能力用在生活水平活之道者有限,此中固然有种种原因,今日无庸详论,然而此种事实,实在是不可掩的。一则我们人民是不算数的,不在话下的。我国的文学家宁可以为一个人用几万几十万字夸耀他的功绩德行,不愿用几十个字几百个字叙述一般人民的真状。外国人常好说我们中国重文,所以典籍之多,世界上各国论起数目来都比不上。我以为中国的书籍较比各文明国数目反太少。所有的都是用铺张扬厉的笔法记些英雄恶霸的故事;或者用不合理的文笔,发表不合理的想象;或者如胡适之先生所说,用"奴性逻辑"解释陈言,为古人的奴隶。不见得有一部书,是专描写一般人民的。就是各种志书里,亦记些"先儒""烈女"。先儒烈女之外,众男子众女人,不计其数,如何生活却不可得知了。我们中国人是一个哑国民,人民的欢乐,人民的冤苦,一般生活的状态,除了些诗歌小说之外,绝未有记出来的。而一般能写能画能发表一己之经验的人,又以为秦政刘邦,较当时好几百万的人民,重要得多。所谓圣贤豪杰之休戚,较诸一般百姓之苦乐,重要得多。这种崇拜英雄之理想,就是现在一般愚民希望贤人政治之根源。要知一国之中,不贵在有尧、舜、汤、拿破仑、袁世凯(袁世凯与拿坡仑在一口气说出来,并非有比拟的意思),而贵在一般人民都能发达,不必等着枭雄恶霸,就可以自治的。有了"贤人"政客,反妨害一般人民能力的发达,"圣人不死",便待人民如聋如哑,如痴如盲,本"圣人"之意旨,定为法律政制,范围社会,那就扰得社会便不宁了。所以研究社会,调查社会上各种现象,有何美点,有何弊病,可以使一般人民全有发展成贤圣之机会,那就用不着"贤人政治",亦就无"贤人"营私利己之机会了。

我抱着这种希望,虽然极久,然却没有机会,可以自身调查。前三年,北京青年会设有社会实进会,会员诸君曾调查北京城里人力车夫,当时我就着调查的材料,用英文作出一份报告。可以见出人力车是否为一种好职业,其收入是否足供衣食住之资,其职业生何种效果于社会。报告虽不详尽,然以上诸端,多为吾人所不知,颇可使我们猛省,发同情谋矫救的方法。此后亦就没有调查他事。然而我国是以农业为本,人民的大部分全是务农,或作农业副产物的工作。所以农间生活,实在是我们现在最切要的一个大问题,较比都市生活所产出种种问题,切要得多。这就是我适才所说的意思:中国人住在都市里的人极少,住在乡村里的人极多;要是不想研究乡村里的状况,辨别好处坏处,看他们生活可否能发展进步,能自治之国民,共盼望生在都市里的人,受过教育专去治理这些乡村的人,那就是"贤人政治"的思想,无益于民,与今日民政的观念凿枘不相入的。所以我们现在第一要务,调查"郡国病利",就是先从乡村生活、农民生活方面着手就是了。

二、震泽之农民

震泽位于江苏之西南,与浙邻接,属吴江县之小镇也。镇人富者居多,而其操业大率非工非商,盖纯以剥取农民之脂膏为业者也,兹故述其他农民之境况,约略如左:

震泽之农民,勤俭出于天性。农蚕之暇,兼操一种家庭工业,俗名"做经",即以白丝合而成经,匀其粗细,均其长短,作为适合于织物之原料,其出品即现时于海关册出品货中占重要位置之"七里大经"是也。获利虽巨,然仍十室九空,年丰啼饥,冬暖号寒,能无忧衣食者,百不得一二焉。问其所苦,则以"还租""借债"对。夫"还租""借债"何处无之,乃震泽之农民,独以为苦,何也?是不得不将其"还租""借债"之事实叙出,以供留心于国计民生者之参考焉。

(一) 还租

一方面有田而不能耕,一方面能耕而无田,于是订立契约,使欲耕者耕,而有田者取其租,此至公平之事也。乃震泽则否。盖在农民,完全系强迫,而无一出于自愿者也。设某有田,欲觅耕者,则先觅乡人之愿者,诱之以利,令其耕,待既耕之明年,则召其人而告之曰:"吾田你所耕也,是当署契。"其契所书,乃愿耕某氏之田,子孙世世永为佃户是也。若乡人不允,则立械之官,拘押之,笞朴之,必得其允而后已(此制度闻系前清江苏巡抚王某所奏准者,其是否仅行于吴江一县,或他县亦有此制,未详)。然农民署契,亦不必尽由诱骗。盖镇人相授受,皆已有佃户。若农民售田于镇人,或抵押而为没收者,则即以其人为佃户,全其署契。农民自署契后,子孙世世永为牛马,若有逃亡或绝后者,则以其亲戚代之。该处之田本非沃土,每亩得二石粟,已庆大有。论其代价,不过六七元。除去肥料人工,所余几何,乃收租每亩或至五六元,少亦四五元。是以冬期既届,农民罗掘以应;偶不足,则捉将官里去,笞朴立至。于是卖子女,鬻妻息以偿。必满其欲乃止。其专司拘押笞朴农民之责者,在前清时有巡检司。民国成立,巡检司裁,诸田主惧无威吓农民之具也,乃结一会名曰田业公会,并辟一陋室,围以栅栏,名曰押田公所。农民有不如意者,则押之。室小而押者众,有时之骈足立,身不得曲,粪秽狼藉,虮虱丛生,毙者时有所闻焉! 其给食则每日二餐,每餐一碗,碗之大仅如拳耳! 自政府明令废除肉刑,田主虽悍尚不敢公然笞朴农民;然亦间一秘密为之。司其责者,则堂堂曾受文明教育之警察区长也。尤可恶者,则田主所用之爪牙是也。其人专司逮捕乡民之责,名曰"弓兵",俗名曰"差役",属于巡检司,鼎革后已经遣散,乃田业公会复招集之,令司其旧职。此辈一至乡间,威焰薰天,逢物即攫,鸡鸭皆空。田主遣此辈下乡,名曰"开纤"。每一次被逮捕之乡民,须缴一元二角之代价,名曰"纤费",一若酬其劳也者!

(二) 借债

震泽之专以放债为业者,大概即前述之田主,故其手段亦相同。农民之借债期,大概为春季二三月。盖是时蚕事将始,不得不厚集资本,以博什一之利也。此时之息大于平时。凡一月之息,十中取一,名曰"加益钱"。一月以外,则每月之息,为百分之三四。实际则清明借债,蚕后偿还,十元之息,率三四以为常。而借债之时,必须抵押品。农民除田之外,无长物,故多以田契为抵。幸而蚕利,鬻丝偿债,所余无几;不幸而蚕不利,则灾祸至矣。放债者收债之法,至为巧妙。于蚕方作茧之时,雇船四出直入债户之家,径取其丝或茧,挟之返家。农民欲售丝,则钟门而告,由债主派人代售。得资先除本若干,利若干,售丝之用费若干;有余,始得入农民之手。不幸而不能如数,则扣留其抵押品,依然不能取还。用种种手段,以逼其偿清。然此犹有丝与茧者也。脱蚕竟失败,并丝与茧而无之,则压力横施,不免缧绁,既不经法庭,亦不必控诉。盖法官即债主自己,执行者即前述田业公所所雇之爪牙,号为差役者也,而监狱即押田公所也。农民而略有薄产者,则售屋典衣以偿;否则更有一法,名曰"卖糙米",盖预卖其冬期收获之米也。其价每石不过八角至一元,较之冬期市价,贱三四倍。买主则大概亦前述之债主也。殆届初冬新谷登场,买主已如虎而至,取所卖出之糙米,按数斛量,不容少颗粒。其有旧债未偿清者,债主亦满载其米而去,以折前未清还之本息。于是血汗农民,春耕夏耘,秋收而冬乃不得藏。所余升斗,曾不足供一家数月粮,殆既绝粒,于是又不得不乞怜于镇之大户,大户即专以收租放债为业者也。此时彼等又有一好营业,名曰"借转斗米"。大概借三斗或四斗之米于农民,至冬责偿一石。而在冬期农民有收获之米,尽被大户取去,颗粒无存者;则再卖其并未萌芽之桑叶,其名为"卖梢叶",是分二种:一则卖绝者,其价较高,每担约七八角,至明春须按数收叶;一为可赎者,每担三四角乃至五六角,预定续价,约须原价之二三倍,若过谷雨不赎,即为没收而须取叶矣。为此日复一日,农民之担负益益增高,最后肉无可挖,疮无可补,于是抵押之田,为没收矣。没收之手续至为简单。但须遣所谓差役者持竹签,上书债主之姓某字样,插于田之四周,则此田之主权,即归债主所有,名曰"签田"。一面召乡民至,令其署卖绝契。以一物不知之农民,乌敢抗虎狼之势;且习俗如是,亦无有以为非法者。农民之田既为没收,实际农民之身,亦为没收,盖循例强迫其人为世袭佃户。而子孙世世永为牛马矣!故该处有租田者,无不放债,放债者无不有租田。农民则既一借债,终必为佃户;既为佃户,更乃不得不借债。以小康之家二三年间而片瓦无存者,比比然也!其放债获利之佳,盖可想见。有邱某者,以赌倾其家,冬寒冻欲死,友人某怜而贷之二百元,令其作小营业。邱某即以其资作放债之营业,迄今不十年,拥资三十万,夏屋连渠矣!

以上所述,震泽农民之实在情形也。人人知之,人人见之,人人不以为奇而视为当然!乃仆不幸,其脑筋不能同于人人,见此情形辄不知不觉而有不可思议之感触,曾言之于朝孔孟夕仁义之旧学者。彼摇首吟哦曰:"君子营心,小人营力,孺子何知焉!"仆唯唯,不敢辩也!又言之于论法律唱民权之新学者。彼捻其八字须,作鹭鸶笑曰:"优胜劣败,天演公理也!"仆亦唯唯,不敢辩也!谨详述之以告于世人。果然乎!否乎!

　　昔日欧洲封建制度,所蓄的农人,多属世袭,与土地相展转。观此篇所述之佃户,与欧洲昔日之农奴比较,亦不见有何分别。不过欧洲封建的君王对于农奴,多方体恤,以农奴为财产,不忍损害。而震泽的农民以大田主不措意于田之肥瘠,专以就剥佃主为事,所以不以农民为财产的一部分,不事怜恤。一七八九年法国大革命以前的时代,法国贵族对于一般农民,就仿佛震泽的田主对于农民的样子(参看剑桥《近世史汇法国革命史》卷),张君的文,研究社会经济的,颇可以细心揣摩;更望张君此后更为详细的研究,投稿本报,在都市之读者亦可借知乡间之真况。(陶履恭附言)

(原载《新青年》第4卷第3号)

对于梁巨川先生自杀之感想

陈独秀

梁巨川先生自杀前一个月,留下《敬告世人书》一篇,说明他自杀的宗旨,现在把这书中最紧要的几处录在左方:

吾今竭诚致敬以告世人曰:梁济之死,系殉清朝而死也。

吾因身值清朝之末,故云殉清。其实非以清朝为本位,而以幼年所学为本位。吾国数千年,先圣之诗礼纲常,吾家先祖先父先母之遗传与教训,幼年所闻,以对于世道有责任为主义。此主义深印于吾脑中,即以此主义为本位,故不容不殉。

今人为新说所震,丧失自己权威。自光、宣之末,新说谓敬君恋主为奴性,一般吃俸禄者靡然从之,忘其自己生平主意。苟平心以思,人各有尊信持循之学说。彼新说持自治无须君治之理,推翻专制,屏斥奴性,自是一说。我旧说以忠孝节义范束全国之人心,一切法度纪纲,经数千年圣哲所创垂,岂竟毫无可贵?

今吾国人憧憧往来,虚诈惝恍,除希望侥幸便宜外,无所用心,欲求对于职事以静心真理行之者,渺不可得。此不独为道德之害,即万事可决其无效也。夫所谓万事者,即官吏军兵士农工商,凡百皆是。必万事各各有效,而后国势坚固不摇,此理最显。我愿世界人各各尊重其当行之事。我为清朝遗臣,故效忠于清,以表示有联锁巩固之情;亦犹民国之人,对于民国职事,各各有联锁巩固之情。此以国性救国势之说也。

梁先生自杀的宗旨,简单说一句,就是想用对清殉节的精神,来提倡中国的纲常名教,救济社会的堕落。他这见解和方法,陶孟和先生已有评论;况且他老先生已死,我们也不必过于辨论是非了。我现在要说的,就是在梁先生见解和方法以外的几种感想:

第一感想,就是梁先生自杀,总算是为救济社会而牺牲自己的生命,在旧历史上真是有数人物。新时代的人物,虽不必学他的自杀方法,也必须有他这样真诚纯洁的精神,才能够救济社会上种种黑暗堕落。

第二感想,就是梁先生主张一致,不像那班圆通派,心里相信纲常礼教,口里却赞成共和;身任民主国的职务,却开口一个纲常,闭口一个礼教,这种人比起梁先生来,在逻辑上犯了矛盾律,在道德上要发生人格问题。

第三感想,就是梁先生自杀,无论是殉清不是,总算以身殉了他的主义。比那把道德礼教纲纪伦常挂在口上的旧官僚,比那把共和民权自治护法写在脸上的新官僚,到底真伪不同。

第四感想,就算梁先生是单纯殉了清朝,我们虽然不赞成,然而他的几根老骨头,比那班满嘴道德暮楚朝秦冯道式的元老,要重得几千万倍。

第五感想,就是梁先生《敬告世人书》中,预料一般人对他死后的评论,把鄙人放在大骂之列。不知道梁先生的眼中,主张革新的人,是一种什么浅薄小儿?实在是遗憾千万!

(原载《新青年》第 6 卷第 1 号)

论 自 杀

陶履恭

桂林梁巨川先生，因为中国的"国性"已经沦丧，没有立国的根本，打定主意要用自杀的手段，唤起国民。他蓄志好几年，一直到去年十月四日才有机会实行他的志愿。他留下了许多的著作，我所读过的是《敬告世人书》（梁先生文章的原文甚长，本志不能录出，读者能与原文对照最妙）。和给亲朋家族的遗书，都是说明自杀的理由。那《敬告世人书》里边，已经预想到将来一定有人评论他的自杀：有大骂的，有大笑的，有百思不解的，有极口夸奖但是不知道他的心的。现在梁先生已经死了，我们不应该笑骂——笑骂是不合理的举动，平心静气说理的人没有用笑骂做辩论的——更不必夸奖，夸奖给谁听呢？但是我们要明白他自杀的理由，我仔细读了他的著作，觉着他的死是根本于两种误谬的理想，那是不可不解释清楚的。

第一样，是拿清朝当做国家。梁先生之自杀，自称为殉清，拿清朝当做几千年的文化。他说："我为满朝遗臣，故效忠于清。"并且拿民国之人当效忠于民国做比拟。民国之人所效忠的是民国，不是民国的政府。政府不过是人民的一个政治机关，无论他是清朝或是民国的，一个人绝不能为人民的政治机关殉死的。这是政治上的常识。因为东方人习于孔孟的政治哲学，伏在专制政体下长久了，所以把政府和国家的区别都分不清。观念不清，竟至误送性命，够怎样的危险啊！本志向来对于陈旧思想不遗余力的攻击的缘故，也正是深知观念不清的弊病比洪水猛兽的祸害还凶烈呢。

他的政治观念可批评之点差不多句句都是。我以为这是他受了遗传、教育、环境所限制，应该原谅，不关本题，无庸详细讨论。前节所陈已足够了。那第二种误谬思想，是以为自杀可以唤醒世人。

这是一个道德问题，也是一个社会问题，我们要稍为详细讨论。讨论分为两层：第一层，自杀是否合乎道德；第二层，自杀是否有效于社会？

自杀是一种社会现象。据社会学者之研究，除了几种低文化民族［例如南美火国之耶干人(yahgans),安达曼岛人和澳洲的几种蛮族],不晓得自杀的以外,这种现象不问社会之文野大概是普遍的(看威斯特马克所著《道德之起原及发达》自杀章,本篇材料多有取诸此书者)。自杀虽然可称为普遍的现象,但是自杀之原因,在各民族里却又不同。低级文化民族自杀之原因有许多种,例如疾病、老年、嫉妒、殇儿、夫死、妻死、凌虐、刑罚、悔恨、仇恨等等,都可以产出自杀来。这些种原因在每个社会里都有,因为人生是受种种自然的社会的限制。现在的社会也没有完全的,生老病死之苦痛,爱恨悲悔之情绪,是人人所不能免的。但是,绝不能每个人都因为这些种感情、情绪去把自己的生命断绝。这是什么缘故呢？自杀之盛否,要看那社会里的制度、信仰和自杀者个人的观念如何。印度重女子侍夫,所以寡妇把自己焚化(sati)。日本推重武士道,所以流行"腹切"(harakiri)。中国重名节,所以女子殉夫,受了污辱,更要上吊、跳井;以先重忠君,所以历史上才有殉节的忠臣烈士。这都是因为社会不反对自杀,并且奖励自杀(例如建昭忠祠,烈女牌坊,旌表节烈等方法。昔印度寡妇焚化,有许多亲友协助一切)。一个人遇见了可死的条件,发了这个决心,自然要自杀的。

欧美信奉耶教名族,反对自杀防范自杀的法律极严。但是他们的社会各项制度也不完全,每年也有许多人为饥寒所迫或为洗白名誉竟至趋于自杀的。现在所论的都假定是心理健全的人,每年自杀者有一大部分是心理有残疾的,我们且不必去论他。

自杀是否合乎道德,要视社会态度的向背为转移。社会的态度是根据着历史传来的习惯,和宗教家、哲学家、道德家的教训的。古希腊、罗马对于自杀未尝反对,且认为名誉。司脱阿派(the Stoics)且以自杀为万有苦痛之解脱。反对自杀最力的,是后世的基督教徒。圣僧奥格斯丁(St. Augustine)说,受污辱的女子不应该自杀,因为贞洁是心理的德行,失身不是出诸本心,并不得算为失节(这个道理用现在眼光看起来,理由甚充足。不过奥格斯丁所说是根据于耶教经典,人不该自戕其生。现在的说法是男女的道德标准应该一样。女子受男子的污辱便去寻死以保贞洁,那污辱女子的男子,毁了自己的贞洁,更妨害旁人的贞洁,又应该怎么样呢?)。哲学家脱玛阿坤(Thomas Aquinas)说,自杀有三不当：(1) 好生恶死是人的自然倾向,自杀乃背乎这自然倾向,所以是罪孽。(2) 各人都是社会里的一分子,自杀乃有害于社会。(3) 生命是上帝所赐,生杀之权操诸上帝,人不该干涉。这种观念流传到近世,势力极大。欧洲后代立法如没收自杀者财产,处罚那自杀未遂的,都是受了教会的影响。所以厌恶自杀是一般的风气。后来哲学家反抗这种教会的人生观，提倡个人的自由意志，才渐渐的把旧观念打破。法国的曼泰因（Montaigne）、孟德斯鸠、福禄特尔都说政府不应该苛待自杀者，福禄特尔说假使自杀是有害于社会，那各国法律所认可的战争，屠杀生灵又怎么样呢？英国哲学家休谟（David Hume）论的最透澈：

> 假使我有能力可以移转尼罗河的流域不算为罪，为什么我使几磅的血脱离了他所行的自然的路会算一种罪呢？假使处置人的生命完全属于上帝，人类处置自己的生命是侵害他的权利，人要是延长上帝用自然的通则所限定的生命年限岂不也是错了么？假使我已经没有力量为社会造福，假使我或为社会之累，假使我的生命妨害旁人致力于社会，如此，则抛弃我的生命不只是无辜，并且是可以称赞的。（《休谟文集·自杀篇》）

德国的康德、费希特、黑格尔又都根据个人的哲学不赞成自杀。所以只就欧洲文化里考察关于自杀的态度，各时代已不相同，各人的主张也不全相一致。但是，近来思想的倾向都是脱离教会派的羁绊，休谟的论调颇可以代表唯理派的意见。自杀纯然是个人的行为，不能下伦理的判断，褒贬这个行为的。假使一个人心中含有极端之苦痛，无限之悲愁，想要脱离尘世，解脱一切，把生命断送了，我们对于自杀者应该承认他的自由，不必评论他。从社会方面看起来，自杀又是一个社会问题。

自杀的结果是损失一个生命，并且使死者之亲族限于穷困。自杀影响是及于社会的，所以是一个极重要的问题。我们对于自杀行为自身虽然不必下判断，但是执社会学者之眼光，我们要研究自杀之原因及其范围的。

按右边所说的道理推论，梁先生之自杀，本无所谓合乎道德与否。不过东方人对于自杀与西方不同，向来是容让并且奖励这个自由的。只就中国说，孔子的伦理学说是除去"匹夫匹妇"之自杀，并没有加以指责。后世儒家一派的伦理对于殉国——实在是殉皇室——的忠臣，殉夫的节妇，殉贞洁——片面的贞洁，因为身体的一部分接触了不正当的外物，就把身体全部分的机能都毁坏，这就是妇人的贞洁——的烈女，都竭力的奖励颂扬。道德家、史学家更拿殉国、殉夫、殉贞洁三种事觇验一代之气风。历史、志书，都特别记载这忠臣烈妇的事迹。积久竟把这种自杀变成一种形式的道德。形式主义之害在文学上、在戏剧上、在美术上，已经极烈，在道德上更是一时不能容的。形式主义的道德只有因袭从俗，没有独立选择,所以是奴隶的道德。倘使一个人有一种觉悟,具澈底之人生观,觉得万事皆不如一死为当,这是个人的行为,正如我上边所说的,无道德之可言。倘使把殉节看做一种道德的型(type),那亡国大夫、寡妇和被奸污的女子都应该模仿,并且受世上的褒奖,这就是形式主义的道德,我们是绝对的反对的。倘使道德家再拿名分来做这种道德的后援——什么天经地义,什么君为臣纲、夫为妇纲,什么烈女不事二夫——那更是要极端的反对的。最摧残个人道德的,就是把行为变成了一定方式,又拿古圣先贤的言语做那方式的后盾。这种合乎方式的行为并不是无道德之可言,实在是极不道德的。我读梁先生的文章,觉得他自杀是由于澈底觉悟之自杀,不是那遵循方式的自杀,所以他的行为,是无所谓合乎道德与否的。

自杀果能于社会上有益么?上边说过的,自杀既损害性命,并且剩下了孤儿寡妇,当然是有害的。但是梁先生自己深信,自杀可以唤起国民的爱国心。我想这是一种误谬的观念,不可不辩解的。什么是爱国心呢?所爱的国是什么呢?国是一个抽象的名词,原来没有什么可爱,我们所爱的是同在这个抽象名称里头的生灵。但是这亿万的生灵也没有什么可爱,不过因为他们与我有共同的利害关系,所以应该互相友爱。"爱国心"这个名词常用为骗人的口头禅:君主用他保护皇室,帝国主义者用他保护资本家的利益,民国的执政者用他保护他们自己的势力。所以为人民全体争幸福才可以激发真爱国心,不然,这个名词是最危险、最祸害的。欧洲诸邦人民爱国心的勃发,是在人民有觉悟、牺牲生命、争夺自由的时代。对于共同利害关系有了觉悟,才肯为自由牺牲自己的性命,因为这个自由一个人享受不到,要众人享受,众人奋争斗的。读者诸君试研究欧洲近世史,那些新国家之成立(如十九世纪之比利时、德意志、意大利),小国民之卓越(如巴尔干半岛之希腊、塞尔比亚,最近之却克族、波兰、久哥斯据夫族),都是国民觉悟(national consciousness)之结果。国民觉悟发表出来就是爱国心。他们的觉悟也多少是用流血的代价搏来,这话是不错。但是他们的流血是一种奋斗,是为争生命所最宝贵的部分(如自由、独立都是)与强有力者反抗而流血的。东方式的自杀是消极的,不是对于政治上、经济上、宗教上有所奋斗而流血,乃是奋斗无力而流血。梁先生的自杀仿佛比这个胜一筹,但是这种自杀仍然是消极的,没有和旁人奋斗——和梁先生所反抗的东西奋斗——却专和自己的生命奋斗。中国这几年来有许多的烈士,那投海、断指、自杀的事件每年发生的不算为少,生了什么效果呢?他们的性质都不是为所争求的和反对者奋斗,却是和自己的生命奋斗,那有什么用处呢?

更深一层说,有生命才可以奋斗,没有生命就没有奋斗的。为生命去奋斗,不应该先把生命断绝的。那爱国志士因为奋斗而丧失性命的,是以求自由(生命所最宝贵的部分)为主,流血不过是偶然的附属的现象。东方式的自杀是以自杀为主,再拿自杀去鼓动人心,岂不是不明生命的真趣么?悲观的自杀(蒋观云先生曾在《新民丛报》上论自杀,论悲观与自杀甚为透澈,惜吾书齐中不存此报未能引用)是厌弃生命的自杀,用不着批评。为唤醒国民的自杀,是借着断绝生命的手段做增加生命的事,岂能有效力么(有爱国心的人比无爱国心的人生命强。自己努力总可以希望旁人努力,不能诚心把自己的努力终止却希望旁人努力的)?

(原载《新青年》第 6 卷第 1 号)

自 杀 论

思想变动与青年自杀

陈独秀

一九一九年十一月十七日上午,北京大学学生林德扬君在三贝子花园投水自杀了。他自杀底原因,大概是厌世。

林君底同学罗志希君做了一篇文章,叫做《是青年自杀还是社会杀青年?》,说林君不是因病想免除痛苦而死,乃是万恶社会迫他自杀的。他并说出三个救济底方法:(一)美术的生活;(二)男女朋友交际的生活;(三)新的人生观。

北大教授蒋梦麟先生也做了一篇文章,他不把青年自杀的罪恶都加在社会身上,他说:"社会本来不能自己改良,要我们个人去改良他。"他主张"奋斗到极点还要奋斗""用大刀阔斧斩一条路,为后人造幸福""从地狱里造天堂"。他以为"自杀是自示其弱""自杀是一个大罪恶"。他以为自杀算是杀了社会上一个人,而且是杀了社会上一个有用的好人。

北京《晨报》上登了一首《读〈自杀论〉有感》的诗:

> 凡物皆有死。死了仍再生。死死生生何劳苦!不若永死了不复生。
> 我昔曾绝望。自杀,岂粗鲁。当我自杀时,万象皆空,情志自由,乐难数。
> 神魂即与体魄离,茫然如睡,无知无识,更何怵?
> 谁谓自杀是懦夫?懦夫岂能自杀,甘为虏。
> 利己利他两不亏。何罪,求死不自主?
> 今且追恨援救我的人,把我解了;死乃生之祖。
> 茫茫宇宙何时停?我怎能够永久死了不复生?我怎能够永久死了不复生?

有一个外国人,听见蒋梦麟先生谈学潮后青年底三种心理:(一)事事要问做什么,就是对于事事怀疑;(二)思想自由;(三)改变人生观。他便说:好危险!将来恐怕有许多青年要自杀。

我的朋友李守常先生也要做一篇论青年自杀的文章,他这篇文章虽然还没有做出来,他的意思大概是:能自杀的人固然比偷生苟活的人好,但是再转一个念头,能用自杀的精神去改造世界,比消极的自杀更好。

杜威夫人说:"我不自杀。若是我自杀,必须先用手枪打死两个该死的人。"

以上都是对于林君自杀底各种感想。我以为林君自杀,是青年自杀中底一件,青年自杀,是全般自杀中底一件,要评论林君自杀底问题,不得不从全般自杀问题说起。

自杀是一种重大的社会现象,在社会学上是一个重大的问题;因为自杀若成了一种普遍的信仰,社会便自然破灭。那里还有别的现象、别的问题发生呢?这样重大的问题,不是简单的感想可以解答的。我现在从各种方面分别讨论如左:

一、自杀底趋势

二、自杀底时期

三、自杀底原因

四、自杀底批评

五、自杀底救济

一、自杀底趋势　据社会学者说,自杀底人数,有随着文明程度(我以为是思想发达和经济压迫底程度)加增底趋势,因此各国自杀底人数多寡不同。从一八八七年到一八九一年,五年间平均计算,欧洲各国底人口一百万里,自杀底人数如左表:

丹麦	二五三	巴威利亚	一一八
法兰西	二一八	英格兰	八〇
瑞士	二一六	那威	六六
普鲁士	一九七	荷兰	五八
奥地利	一五九	苏格兰	五六
比利时	一二二	意大利	五二
瑞典	一一九	爱尔兰	二四

有一位意大利底社会学者也说自杀底事,多发生在智识阶级,曾统计意大利和法兰西百万人中,自杀的人职业如左:

意大利		法兰西	
科学家、文学家	六一四	自由职业	五一〇
军人	四〇四	工业家	一五九
教育家	三五五	原料制造者	一一一
行政官	三二四	商人、运送业	九八
商人	二七七	仆婢	八三
司法官	二一八		
医生	二〇一		
工业家	八〇		
原料制造者	二五		

二、自杀底时期　欧洲自杀底时期，每年从一月起，渐渐增加；自七月起，渐渐减少。日本人底自杀期，每年七八月间最盛。

三、自杀底原因　据统计学者底话：自杀事件，文明人比蛮族多，教育程度高的比程度低的人多，青年老年比少年人多，妇女比男子多，未婚的人比已婚的多，都会比乡村多，穷人比富人多。照统计学上自杀底人数看起来，可以发见自杀底三个原因：

（一）智识信仰发达：文明人；有教育的人；青年老年人。

（二）情绪压迫：妇女；未婚的人。

（三）经济压迫：都会里的人；穷人。

这三个自杀底原因，详细地追本求源，社会压迫自然是这三个原因底总原因。但分别说起来，前两个是偏于主观的，后一个是偏于客观的。偏于主观的自杀，虽然受了社会压迫或暗示的影响，而自杀者的意志在主观上多少总与压迫或暗示的意志相结合；偏于客观的自杀，大部分是因社会的压迫。

再就自杀事件底各种直接的原因，除精神病之外，可以类别如左：

第一类　关于知识信仰：

（1）厌世及解脱

（2）烈女殉夫

（3）忠臣殉君及奴仆殉主人

（4）义士殉国家及朋友

（5）教徒殉教及志士殉主义

第二类　关于情绪压迫：

（6）失恋

（7）羞惭

（8）忏悔

（9）名誉被污

（10）考试落第

（11）刑罚底痛苦

（12）虐待底痛苦

（13）疾病底痛苦

（14）愤恨

第三类　关于经济压迫：

（15）饥寒所迫

（16）债务所迫

第一类底男子殉忠、女子殉节，都是中国、日本重要的道德，最大的荣誉，印度还有寡妇自焚的事。像这类的自杀，完全是被社会上道德习惯压迫久了，成了一种盲目的信仰，因为社会上不但设立许多陷阱似的制度，像昭忠祠、烈士墓、旌表节烈、节孝牌坊等奖励品，引诱一班男女自杀；而且拿天经地义的忠节大义，做他们甘心自杀底暗示。这种压迫和暗示受久了，便变成一种良知，觉得殉忠殉节，真是最高的道德，不如此便问心不过。殉教、殉主义、厌世、求解脱，这几种自杀，一方面固然是因为客观上社会直接的压迫，一方面也因为主观上受了一种新信仰新思潮的暗示，暗示也算一种间接的压迫。Wundt 把暗示（Suggestion）叫做"醒的催眠"（Watch-hypnose），因为他也有催眠作用，受了暗示的人，便入了"意识逼窄"（Narrowing of consciousness）的状态，暗示底力量压迫着他的思路向一定的方向进行，他自己的意志完全失去效力（略用 Christensen 底意思，见 Politic and crowd—morality p.12）。Christensen 分暗示为二大类：一是别人的暗示（Foreign suggestion），一是自己的暗示（Auto-suggestion）。别人的暗示又分两种：一种是人身的暗示（Personality suggestion），一种是社会的暗示（Social suggestion）。人当恐怖、猜疑、冥想、迷信底时候，多起自己暗示的作用，中国人怕鬼，就是这种作用。人身的暗示，最有力量的是两亲、业师、宗教家、医生、演说家、音乐家、演剧家、大思想家、社会改革运动者、大文豪、爱国者，不但同地同时，就是在远方古代，他们也都有暗示底力量；社会的暗示就是历史、传说、习惯、舆论、道德、时代精神、社会风尚、思想潮流。这几样暗示底力量强大而且久远。个人底行为或者不能说全没有意志自由底时候，但是造成他的意志以前，他的意志自由去选择信仰行为以后，都完全受环境暗示底支配，决没有自由底余地。自杀

第七章 《新青年》的社会调查及对社会问题的讨论

也是一种行为，所以不能说不是受环境底压迫和暗示。压迫和暗示紧紧地逼窄了他的意识，意识失了觉性，意志失了效力，好像鬼迷了一般，压迫在后面追赶，暗示在前面指引，所以不知不觉地只看见自杀是唯一的道路，不容他看见第二条道路；而且暗示占领了他的知识界域，成了信仰，也不愿意走别的道路。所以平常人看做极悲惨、可恐怖的事，自杀的人看做平常，绝不回顾。这一类自杀的人所以多是文明有教育的青年，因为知识信仰发达的结果，比蛮族、无教育的人、少年容易接受这种暗示。

第二类底(6)(7)(8)(9)四种自杀，都是因为情绪上受了道德习惯和舆论的压迫；(10)(11)(12)(13)(14)五种自杀，都是因为情绪上受了社会制度的压迫。人是社交的动物，一旦受了压迫，社会上无立足之地，断绝社交又是人生最大的痛苦，像这种人自然毫无生趣；但是他们倘不受厌世思想、解脱主义的暗示，恐怕还没有自杀底决心。因为自杀多兼两种原因：一是社会的压迫，一是思想的暗示。蛮族、无教育的人、少年，比较自杀的少，都是思想不发达，缺少第二种原因。倘若二种原因俱全，无论怎样勇于奋斗的人，一方面为社会底道德、制度所驱逐，一方面为厌世思想所引诱，还有不自杀的道理吗？妇女的情绪易于感动，未婚的人情绪容易失调，所以自杀底人数比男子、比已婚的人多。

第三类的自杀，纯粹是因为经济的压迫，受思想暗示底影响很小。都会里的人生活更艰难，所以自杀的比乡村多。物质文明越发达，富人兼并的力量越大，穷人所受经济压迫的痛苦越深，所以文明人自杀的比蛮族多。这是社会组织、经济制度不良底结果，不能说是文明本身底弊害。至于学说思想随着别的文明发达，而且传播加快，厌世主义的暗示，也随着效力加大，所以各国自杀底人数，有随着文明程度加增底趋势，这只可以说是厌世主义的弊害，不能归罪文明本身。这种受了思想暗示的自杀，应该归到第一类，和第三类的自杀关系很浅。因为受经济压迫而自杀的人，大半教育知识底程度很低，未必有学说思想上的信仰；所以有许多困苦不堪老年残废的乞丐，还要贪生怕死，有为的青年却往往自杀，就是这个缘故了。少年人自杀的少，也因为他感觉痛苦和暗示的力量薄弱。有几种蛮族不但他们自己不自杀，并不相信人类真有自杀底事，正因为他们一方面思想不发达，一方面经济的压迫也不甚利害。

以上三类十六种自杀底原因，综合起来，不外两大总原因：

（一）社会的压迫（精神的、物质的两方面）。

（二）思想的暗示（个人的、社会的两方面）。

四、自杀底批评　古来对于自杀底批评,有反对非反对两派:

(甲)反对派

(一)佛教反对一切杀,自杀也包含在内,而且他们相信轮回,杀这世的肉身,无济于事。

(二)基督教极端反对自杀,以为犯了自杀罪的人不能够到天堂。罗马圣奥古斯丁(St. Augustine)主张就是受污的女子也不应该自杀。

(三)意大利神学者阿夫纳斯(Thomas Aquinas)说自杀有三样罪:一是违背了好生恶死的自然性;二是减少了社会底分子;三是侵犯了上帝底生杀权。

(四)费希特(Fichte)说为人生存时有义务,自杀是想免除义务,所以不道德。

(五)叔本华(Schopenhauer)说自杀不是应该非难的行为,乃是糊涂的行为,因为自杀只能够灭绝肉体,不能够灭绝本体(即意志)。他又以为自杀底真正目的,在求得精神底平安,否定意志是达此目的底唯一方法。否定意志是什么?就是无我主义。

(乙)非反对派

(一)希腊禁欲派(the Stoics)说自杀可以解脱一切痛苦。

(二)英国哲学家休谟说:"人类处置自己的生命,若算是侵犯上帝底权利,那么人要延长上帝用自然法限定的生命,岂非也不应该吗?"又说:"我若是没有力量为社会造福,或是为社会底累赘,或是因为我的生命妨碍别人为社会尽力,那么我若是自杀了,不但无罪而且有功。"

(三)法国孟德斯鸠(Montesquien)反对国家设立没收自杀者底财产和处罚自杀未成的等法律。

(四)福禄特尔(Voltaire)说:"若说自杀有害于社会,那么屠杀生命的战争,何以各国底法律都认可?"

我们对于这些评论,可以看出两种趋势:一是古代宗教家大半反对自杀,一是后来自由思想的哲学家大半不反对自杀。希腊古代的风气,本和自由思想的近代相仿佛,所以有Stoic一派的主张,完全与基督教相反。自由思想的希腊人,事事与基督教相反,不止自杀一端。

五、自杀底救济　讨论自杀底救济,第一个先决问题,就是究竟有没有救济底必要?

我们为什么要救济自杀?因为自杀若成了一种普遍的信仰,社会便自然破灭。各国政府所深恶痛绝的是共产主义和无政府主义,说他们是破灭社会的危险思想;倒是真有两个可以破灭社会的危险思想,他们却不曾看见。这两个思想是什么呢？一个是独身主义(我以为不婚主义和独身主义是两样),一个就是自杀。

更进一步讨论,我们为什么要维持这社会不让他破灭呢？这种疑问是很难解答的疑问,是哲学上的疑问。厌世自杀的人,正是这种疑问达到他心境最深的处所,感得人生没有什么价值,所以才发生一种彻底的觉悟、最后的决心。这种自杀是最高等的自杀,是哲学的自杀,是各种自杀底源泉、模范,各种自杀多少都受了他暗示底影响。这种对于人生根本上怀疑的自杀,决非单是改良社会制度减轻压迫所可救济。他心境深处底疑问倘没有圆满的解答,对他说什么生活好,什么生活不好,什么社会制度好,什么社会制度不好;对他说自杀道德不道德,犯罪不犯罪,于社会有害无害;对他说什么死得值不值,什么徒死不能收改良社会的效果,什么为人类造幸福应该奋斗到底,什么自杀是女性,是示弱,是懦夫。像这一类的话,都是隔靴搔痒,在他眼里都没有一看的价值。只有能解答他心坎里面深处所藏人生哲学的疑问,才能够改变他的人生观,才能够做他不去自杀的暗示。

我以为这种疑问,是两种心理造成的：一是苟且心,一是偏见。苟且心出于宗教上"空观"底暗示,以为人生百年,终久是死,死后底社会更和我没有关系,为什么要维持他不让他破灭呢？偏见出于哲学上"性恶"底暗示,以为人类生来性恶,救济、希望,终久是绝对的不可能,像这种黑暗万恶的社会,为什么要维持他不让他破灭呢？

这两种心理都可以造成厌世自杀,懦弱的人就是不自杀,也要变成顺世堕落一派。顺世堕落原来就是厌世自杀的变相,都是极危险的人生观。这两种人生观,对于人生底价值都是根本地怀疑：一切皆空,人生底意义是什么,价值在那里？黑暗万恶,人生底价值又在那里？人生既然无意义、无价值,活着徒受痛苦,不自杀便是无意识的苟活。

人生果然完全是空？人性果然完全是黑暗？人生果然无意义、无价值？

相信"空观"的人,未必都相信灵魂转生(果然灵魂转生,不但现世界空而不空,并且死后底社会还和我关系不断)。就是我也不相信灵魂转生,但是"种性不灭""物质不灭",我们是相信的。一切现象是转变不是断灭,一切空间时间都无实在性,都是这永续无间的转变现象上便于说明的一种假定,我们也可以相信的。我们个体的生命,乃是无空间时间区别的全体生命大流中底一滴。自性和非自性,我相和非我相,在这永续转变不断的大流中,本来是合成一片,永远同时存在,只有转变,未尝生死,永不断灭。如其说人生是空是幻,不如说分别人我是空是幻;如其说一切皆空,不如说一切皆有;如其说"无我",不如说"自我扩大"。物质的自我扩大是子孙、民族、人类;精神的自我扩大是历史。各种历史都是全体生命大流底记录,我与非我一切有生命底现象、痕迹,都包含在这些记录里面。我们个体生命和全体生命底现象、痕迹,无论是善或恶,是光明或黑暗,总算是"有"不是"空"。

复次讨论人性问题,"性恶说"本是一种偏见,人性本有善恶两方面如左表:

善的方面:	恶的方面:
创造的冲动	占有的冲动
利他心	利己心
互助的本能	掠夺的本能
同情心(即恻隐心)	残忍心
爱慕心	嫉妒心
哀哭的本能	嗔忿的本能

在生物进化上看起来,人类也是一种动物,他本性上恶的方面,也和别的动物一样。不过恶的方面越减少,善的方面越发达,他的品格越进化到高等地位,并不是一成不变的。人虽是最高等动物,"下等动物的祖先"所遗传的恶性固然存在,他们所遗传的善性也未尝不存在;况且现在正在进化途中,恶性有减少底可能,善性有发展底倾向,何以见得绝对没有救济底希望呢?受厌世主义暗示的人,只看见人性上恶的方面,没有留心那善的方面,岂不是偏见吗?

"空观"是世俗囿于现世主义底一种反动,"性恶底悲观"是过于把人类看得高明底一种反动。反动不合真理底本来面目。我们现在要了解人生不完全是空,而且要了解这不空的人生不完全是恶,我们要了解人生有相当的意义与价值。了解得人生底意义与价值是什么,他心境最深处所怀的疑问,便自然有了解答,自然会抛弃那危险的人生观。

危险的人生观,厌世的自杀,乃是各种自杀底母亲,这种自杀底救济,也就是各种自杀底根本救济。因为自杀底原因虽各不相同,多少都受点厌世思想的暗示,这种暗示可以算是各种自杀底共性。解除了暗示,抛弃了危险的人生观,对于人生根本的怀疑有了解释,方才可以和他说什么改良生活状况,反抗社会压迫,由个人改造社会,奋斗到底一类的话。这种自杀有了救济,其余自杀底救济才有路可寻。

厌世观以外，其余的自杀：像上文所列的(2)(3)(4)(7)(8)(9)六种，都是为了社会道德习惯上积极的压迫；(5)(6)两种，都是为了宗风名教学说道德上消极的压迫；(10)是因为社会制度上积极的压迫；(11)(12)都是因为社会制度上消极的压迫；(13)(14)都是因为社会制度上积极的或消极的压迫。

社会成了固定性底时候，他的道德的组织和制度的组织，往往发挥一种极有势力的集合力，压迫、驱逐那和他组织不同的分子。那被他积极的(就是奖励)或消极的(就是禁止)压迫而没有集合力和他反抗的分子，往往出于自杀。这种被压迫、驱逐而自杀的分子倘然多了，决不是全社会中底好现象。救济底方法分两方面：一方面是压迫的社会要觉察自己的组织底缺点，要有度量容纳和自己组织不同的新生分子，要晓得这种分子将来也会有集合力，也会有一种新组织，取自己的地位而代之；一方面是被压迫的分子倘然发见了社会底罪恶，不要消极的自杀，要有单人匹马奋勇直前的精神，要积极的造成新集合力和压迫的社会反抗。反抗是好现象不是坏现象，反抗与结合，是相反相成的作用，是社会进化所必经的现象。社会上倘永远没有反抗的现象，便永远没有进步。

经济压迫的自杀，自然也是社会制度不良的结果。世界上对于这种自杀底积极的救济，正闹得天翻地覆，现在不用多说了。我相信社会经济制度果然能够改变，生产机关、工具和生产物，都归到生产者自己手里，不被一班好吃懒做的人抢去，那时便真能达到孔子"均无贫"的理想。因为贫富是比较的现象，缺乏乃是对于不缺乏相形见绌的情况，分配果然平均，那里会有贫的现象？生产物果然按劳力分配平均，无论生活如何困难，那里会有心怀不平愤而自杀的人呢？

据以上讨论，自杀底救济，仍用因果法则，照着自杀底总原因分为两事：

（一）解除思想的暗示（改造人生观）

（二）解除社会的压迫（改造道德的、制度的组织）

现代青年的自杀，大多数是(1)(6)两种原因。林君自杀自然是厌世不是失恋。这班现代的青年，心中充满了理想，这些理想无一样不和现社会底道德、信条、制度、习惯冲突，无一样不受社会的压迫。他们的知识又足以介绍他们和思想潮流中底危险的人生观结识。若是客观上受社会的压迫，他们还可以仗着信仰鼓起勇气和社会奋斗；不幸生在思潮剧变的时代，以前的一切信仰都失了威权，主观上自然会受悲观怀疑思想的暗示，心境深处起了人生价值上的根本疑问，转眼一看，四方八面都本来空虚、黑暗，本来没有奋斗、救济的价值，所以才自杀。像这种自杀，固然是有意义、有价值的自杀，但是我们要注意的，这不算是社会杀了他，算是思想杀了他呵！忠节大义的思想固然能够杀人，空观、悲观、怀疑的思想也能够杀人呵！主张新思潮运动的人要注意呵！要把新思潮洗刷社会底黑暗，别把新思潮杀光明的个人加增黑暗呵！

近代思潮中有这种黑暗的、杀人的部分吗？有的，有的，但是最近代最新的思潮不是这样。思潮底趋势如左表：

古代思潮：	近代思潮：	最近代思潮：
理想主义	唯实主义	新理想主义与新唯实主义
纯理性的	本能的	情感的
超自然的	自然的	以自然为基础的
天上的	地上的	人生的
神的	物的	人的
全善的	全恶的	恶中有善的
全美的	全丑的	丑中有美的
未来的	现世的	现世的未来
人性超越万物	人性与兽性同恶	人性比兽性进化
理想万能	科学万能	科学的理想万能
玄想	现实	现实扩大
无我	唯我	自我扩大
主观的想象	客观的实验	主观的经验
个人的非国家的	国家的	社会的非国家的

古代的思潮过去了，现在不去论它。所谓近代思潮是古代思潮底反动，是欧洲文艺复兴底时候发生的，十九世纪后半期算是他的全盛时代，现在也还势力很大，在我们中国底思想界自然还算是新思潮。这种新思潮，从他扫荡古代思潮底虚伪、空洞、迷妄的功用上看起来，自然不可轻视了他。但是要晓得他的缺点，会造成青年对于世界人生发动无价值无兴趣的感想。这种感想自然会造成空虚、黑暗、怀疑、悲观、厌世，极危险的人生观。这种人生观也能够杀人呵！他的反动，他的救济，就是最近代的思潮，也就是最新的思潮。古代思潮教我们许多不可靠的希望，近代思潮教我们绝望，最近代思潮教我们几件可靠的希望。最近代思潮虽然是近代思潮底反动，表面上颇有复古的倾向，但他的精神、内容都和古代思潮截然不同，我们不要误会了（参看本志六卷六号中《文艺的进化》）。

最近代最新的思潮底代表，就是英国罗素（Bertrand Russell）底新唯实主义的哲学和法国罗兰（Romain Rolland）底新理想主义的文学和罗丹（Rodin）底新艺术。这也是我们应该知道的(参看本志前号中《精神独立宣言》)。

这思想变动的时代,自然是很可乐观的时代,也是很危险的时代,很可恐怖的时代,杜威博士和蒋梦麟先生所虑的,想必也就是这个意思。但是主张新思潮运动的人,却不可因此气馁,这是思想变动底必经的阶级。况且最近代的最新的思潮,并不危险,并无恐怖性,岂可因噎废食?

(原载《新青年》第 7 卷第 2 号)

一个贞烈的女孩子

夬 庵

"爸爸,我实在饿的忍不住了。你四天多不给我一口饭吃,爸爸呀,你当真忍心看着我饿死吗?"

一个十四岁的女孩子锁在后堂屋西头房里,两支手不住的捶打房门,连哭带喊,声音已经哑了。他的父亲坐在房门外头一张椅子上,脸上颜色,冷冰冰的好像铁一样。听着他的女儿喊叫,忽然站起来指着房门说道:

"阿毛,你怎么这样的糊涂,我自从得了吴家那孩子的死信,就拿定主意叫你殉节。又叫你娘苦口劝你走这条路,成就你一生名节,做个百世流芳的贞烈女子。又帮你打算,叫你绝粒。我为什么要这样办呢?因为上吊、服毒、跳井那些办法,都非自己动手不可,你是个十四岁的孩子,如何能够办得到。我因为这件事情,狠费了踌躇,后来还是你大舅来,才替我想出这个好法子,叫你坐在屋里从从容容的绝粒而死。这样殉节,要算天底下第一种有体面的事,祖宗的面子上,都添许多光采,你老子娘沾你的光,更不用说了。你要明白,这样的做法,不是逼迫你,实在是成全你。你不懂得我成全你的意思,反要怨我,真真是不懂事极了。"

王举人说了一篇大道理,他女儿听了还是不懂,哭喊越发利害,后来竟然对他老子大骂起来。王举人没有法子想,只好溜出来,叫陈妈把他房里书桌子上那把新洋锁拿来,连穿堂后边通后院的门,也锁起来了。

到了明天,阿毛的娘,躺在床上,正在为他女儿伤心流泪。看见王举人从外面进来,就向他说道:"阿毛不吃饭已经六天了,还没有饿死,还是直着脖子在那里喊骂。今天嗓子更哑,声音好像老鸭子,我听到耳朵里,比刀扎我的心还要难受,这样惨的事情,我实在经不住了。依我的意思,不如拿你吃的鸦片烟膏,和在酒里,把他灌下去,叫他死的快些,也少受许多苦。这样的办法,我想你也没有什么不愿意。"

王举人说:"你这个主意,我倒也狠愿意办。但是事到如今,已经迟了。你要晓得我们县里的乡风,凡是绝粒殉节的,都是要先报官。因为绝粒是一件顶难能而又顶可贵的事,到了临死的时候,县官还要亲自去上香进酒,行三揖的礼节,表示他敬重烈女的意思,好叫一般妇女都拿他作榜样。有这个成例在先,我们也不能不从俗。阿毛绝粒的第二天,我已经托大舅爷禀报县官了。现在又要叫他服毒,那服过毒的人,临死的时候,脸上要变青黑色,有的还要七窍流血。县官将来一定要来上香的,他是常常验尸的人,如何能瞒过他的眼。这岂不是有心欺骗父母官吗?我如何担得起。"

又过了一天,是阿毛绝粒的第七天了。王举人清早起来,躺在炕上过瘾,后堂屋里连鸭子似的声音,也听见不了。知道阿毛已到要死的时候,连忙出来,开了两道门上的锁,进去一看:阿毛直挺挺的,卧在床上,脸色灰白,瘦得皮包骨头,眼珠子陷到里头,成两个深坑,简直像个死过的人。拿手放在他小嘴唇上,还略有一丝鼻息出进。紧按他两手上的脉,也还觉得有点跳动。知道他还可以经过三四个钟头,才能断气。正当这个时候,可巧大舅爷来了。王举人就托他赶快往县衙门里去报告。又托他顺道代邀几位熟识的乡绅,预备县官来的时候作陪客。王举人叫人把香桌抬到客厅里正面摆好,就同他夫人把阿毛抬起,放在一张大圆椅上坐着,拿几根丝带子,把他从头到脚,都绑在椅子上,抬到客厅里香桌跟前。再看阿毛,两只眼睛的光,已将散了,只有气息还没有断尽。他娘看见他这个样子,就忍不住大哭起来。王举人皱着眉头说道:"今天县太爷来上香,总算我们家里百年不遇的大典,你这样哭哭啼啼,实在太不像样,你还是忍着些好。"他夫人就哭着进后面去了。

大舅爷同着几位乡绅进来了,不多一刻,合肥县官也来了。上香,进酒,作三个揖,礼毕。王举人向县太爷作揖道谢。坐定后彼此说了许多客气话,县太爷端茶碗告辞,几位陪客略坐一坐,也都散去了。

王举人送完了客,向大舅爷说道:"刚才县太爷说的,他那里还预备了'贞烈可风'四个字的一方匾额,明天早上就用他衙门里的全副执事鼓乐送过来悬挂。这件事情,一定要轰动了全城的亲友,都来贺匾,又要到阿毛灵前上祭。明天还要劳舅兄的驾,早些到我这里,替我烦一烦神招待他们。"大舅爷说:"那是应该的事,何消你说,我想我这外甥女儿,不过十四岁的一个孩子,死后惊动了合城官绅,替他挂匾上祭,他的福命,总还……"刚说到这里,忽然听见后面上房里一阵乱嚷,老陈跑出来喊道:"老爷,请你快些进去,太太哭晕过去了。"(完)

(原载《新青年》第7卷第2号)

马尔塞斯人口论与中国人口问题

陈独秀

（一）

我向来有两种信念：一是相信进化无穷期，古往今来只有在一时代是补偏救弊的贤哲，时间上没有"万世师表"的圣人，也没有"推诸万世而皆准"的制度；一是相信在复杂的人类社会，只有一方面的真理，对于社会各有一种救济的学说，空间上没有包医百病的良方。我对于马尔塞斯的人口论，就是这种见解。不但马尔塞斯人口论是这样，就是近代别的著名学说，像达尔文自然淘汰说，弥尔自由论，布鲁东私有财产论，马克斯唯物史观，克鲁泡特金互助论，也都是这样。除了牵强、附会、迷信，世界上绝没有万世师表的圣人，推诸万世而皆准的制度和包医百病的学说这三件东西。在鼓吹一种理想实际运动的时候，这种妄想、迷信，自然很有力量、价值；但是在我们学术思想进步上，在我们讨论社会问题上，却有很大的障碍。这本是我个人的一种愚见，是由种种事实上所得一种归纳的论断，并且想用这种论断演绎到评判各种学说、研究各种问题的态度上去。

（二）

马尔塞斯人口论的内容，简单总括起来，就是：（1）自然界一切生物（人类也包含在内）底增殖，常有超过食物范围以上的倾向。（2）这种不断的倾向底结果，生物常苦于食物不足，自然界所以发生种种悲惨，人类社会底贫困罪恶不能绝迹也就为了这个缘故。（3）因此人类社会要想断绝这个祸根，凡是没有赡养家属资力的人，不得不遏制性欲，守独身主义，来防止人口过多的自然力。

后来新马尔塞斯派，对于前列的（2）（3）两项大加修正。这修正派的人，以为人类底贫困和罪恶，不仅是人口过多的结果，社会组织的缺陷，的确也是一种原因。他们又以为拿制欲和独身主义来限制人口，未免太酷，不如实行预防受胎的法子。因为预防受胎比制欲合乎自然,而且不损身体底健康。

后来无论赞成马尔塞斯底学说或是反对的人,对于修正派底意见,反对的却少得多了。但是他们对于马尔塞斯底(2)(3)两项意见虽然加了多少修正,却于他的根本学说还是不曾动摇。因为马尔塞斯主张底大前提,是在前列的(1)项,马尔塞斯得了永久不朽的大名,迷信他的学说当做万古不动的一大真理,也就在(1)项。因此人口论底研究,便不得不集中于(1)项了。

(三)

人口底增殖率,果然是照马尔塞斯底推算,每二十五年必定增加一倍吗?

生物底生殖力,自然都很伟大,即以一切动物中生殖力最低的象而论,他一生百年间,平均生殖六子,这六子果然都能生存蕃殖,从最初的一对夫妇起,经过七百四五十年,应有一千九百万匹子孙。生殖力最高的微生物,有几种一昼夜可以生殖一万倍以上。若照马尔塞斯底主张,单就生物生殖力底理论,便可以推断生物在事实上计年增加底倍数,那么单是生殖力最低的象一项,也已经充满地球了。

生物底生殖力和蕃殖力,本来不是一件事。人类也和他种生物一样,事实上蕃殖增加底倍数,决不能拿理论上的生殖力用数学式来武断推算的。人类底生殖力固然伟大,克鲁泡特金所谓自然的破坏力(寒冷、大雪、暴风雨、旱灾、水灾等),亦复伟大,战争的、瘟疫的破坏力更是不用说的了。据中国底历史,三千年间,人口增加不过二十倍;再加上调查不精密,国土古今广狭不同,合并异族的人口增加等原因,实际增加当然还没有二十倍,可见马尔塞斯底人口增殖率,未免离事实太远了。在马氏他自己也知道在历史的事实上因有自然的限制,人口增加率不是这样快,所以他说:"人口若无限制,是按几何的比例增加。"(《人口论》第一版十一、十四页)后来迷信马氏学说的人,只注意下半句,忘记了上半句,因此比马尔塞斯更要武断一点。

在马氏著书当时,机器初兴,失业的人多,一时现出人口过剩的假象。马氏不在这多人失业上研究救济方法,却想用限制人口来根本解决,已经和用石条压平驼背的法子同样可笑。自从他死后一直到现今,欧洲大陆各国,不但没有人口过多的现象,而且却有人口不足的恐慌,这真是马氏警告、预言当时所想不到的了。如今大战后更是不用说的了,就在战前,即以法、德两国而论,如何使人口增加,不是两国几十年来政治家和学者苦心研究的问题吗?法国因为人口减少,Bertillon有三百年后降为三等国,五百年后种族灭亡的警告。"法国人口增加奖励协会"(Alliance natioan lepour l'accroissement De la population francaise)曾提出奖励人口增加议案十二条。议会也屡次提出同样的议案。德国自从一九〇〇年以来,产儿力非常低减,因此国论沸腾,一九一一年至一九一四年间,关于这个问题的著书多至二百十六种,Julius Wolf教授等所组织的"德国人口政策学会"(Deutsche Yesellschalf fur Bevolkerungspolitik),他们的政策:(1)产儿底限制;(2)产儿底障碍,如花柳病预防、女工保护、产妇保护等;(3)保护现生的小儿。此等现象,岂不正和马尔塞斯底警告、预言相反吗?

(四)

生物底增殖,果然和食物底增殖不能保平均的速度吗?文化进步的社会,果然不能按照人口增殖速度,扩张食物底范围,增加食物增殖底速度吗?

多数的生物一方面是食物底需求者,一方面又是食物底供给者。倘这种生物,自己吃别的生物而生存,同时别的生物又吃他而生存;因此可以说生物底增殖速度增加,同时也就是食物底增殖速度增加。例如猛类鱼吃普通鱼而生存,普通鱼吃小鱼及甲壳虫而生存,他们在一方面是食物底需求者,同时在他方面不又是食物底供给者吗?

即以最进步的人类而论,一方面吃别的生物而生存,一方面也算是别的生物底食物,像那最大的猛兽和最小的微菌,不都是吃人的生物吗?前一项现在或者可以说渐渐减少,后一项无论医术卫生如何进步,将来能否绝迹,还是一个疑问。

人类底人口递增固然是事实,食物随着递增也不是空想。在文化进步的社会,除了宗教上、私有财产上、非生活品的工业上等障碍,又加上科学底发达和生产技术底进步,那时食物增加底速度,恐怕不是现在时代的人想象得到的,何以能断定他只能照算术的比例增加呢?

人口增殖率当然不能每二十五年增加一倍,供给人类吃的生物,他们的生殖力,每二十五年却可以增加数十倍或数百倍。倘用科学来选择、培养和人力保护,不叫别的生物侵占,增殖底速度更要大大的无限增加。例如有许多我们现在不吃的生物,若是利用科学来选择、消毒,我们食物底范围便自然扩张了,我们现在所吃的生物,若是用科学来培养和人力来保护,像养鱼隔离法(产卵期内和他鱼隔离,防止卵为他鱼所吃),农业上蚕业上驱除害虫法,家畜防疫法,牧场防兽法,都严密实行起来,食物增殖底速度,自然没有不意外增加底道理。

私有财产废止底好处:(1)社会资本在真能集中;(2)全社会资本完全用在生产方面,不会停滞;(3)人人都有劳动生产底机会;(4)可以节省用在拥护私有财产(国内、国际),大部分的劳力资本,到生活品的生产事业上去。在这时候,自然可以实现"无旷土无游民"的理想,再加上农业化学天天进步,农产物增加底速度,自然非常伟大了。

姑且让一步说,这都是未来的空想。就以现代的经济制度,现代的科学程度而论,自从马尔塞斯死后现在八十五年间,因为资本集中、机器广行、交通发达、殖民地开拓这四个缘故,欧洲经济状况生了绝大的变化,和马尔塞斯时代迥不相同;一方面农产物输入多量,毫没有收获渐减底恐慌;一方面工业物却有收获渐增底效果,生产过剩底恐慌,居然成了经济学上一个原则。因为有生产过剩的恐慌,所以他们寻找销场的希望比寻找殖民地的希望,更要热烈得万倍。他们用极强大的海陆军保护殖民地还不过是一种手段,扩充销场,拥护商业,才真是他们的根本目的。所以近代的国际战争,往往拿出极大的牺牲,所争得的并不是一块土地,不过是几项有利的通商条约。

再让一步说,这种过剩的生产物,乃是资本私有制度之下,分配不均劳动者无力购买的结果,不是实际的过剩。这话固然不错,但无论分配如何不均,也必定在勉强维持社会生存以上,资本家才能够拿过剩的名义输出国外。像现在俄、奥两国产业界底情况,无论如何大力的资本家,也不能够把维持国内底生存尚嫌不足的生产物,用过剩的名义输出国外。在一种生产过剩急找销场的国家,若是没有资本私有制度,平均分配起来,当然有维持生存以上的余裕了。因此就是这种非实际的生产过剩,一方面可以证明社会上贫困的现象,不是因为生产物不足,乃是因为分配不均;一方面可以证明马尔塞斯食物增加和人口增加不能保持平均速度的理论,确有不验的地方、不验的时代。况且棉纱、米谷,更是生活品中第一不可少的东西,决没有绝对不足还可以输出的道理,近代中国、日本、美国底人口都非常增加,而棉纱、米谷,反是大宗的输出品,这岂不正和马尔塞斯底预料相反吗?

(五)

科学发达、生产技术也进步,人类食物底范围,自然有无限扩大底可能性。

但是对于土地这一层，有一以为土地底丰腴力有一定的限度。因此对于这一定丰度的土地上所加劳动底生产力，也不能不有一定的限度，这就叫做"收获递减法则"。这种法则都是马尔塞斯人口论底一个有力的帮助，因为这种法则若是真理，在人类食物范围扩大上有很大的影响。这种法则就是说：一块土地底收获分量，决不能随劳力分量比例增加。例如第一年十人耕种一块土地，有百分的收获；第二年加十人耕种，收获分量虽有增加，决不能照人数增加的比例增加一倍。照人数比起来，反有劳力递加收获递减的现象，如左表：

	一年度	二年度	三年度	四年度	五年度
劳力人数	一〇	二〇	三〇	四〇	五〇
收获总数	一〇〇	一八〇	二四〇	二八〇	三〇〇
最后增加的劳力所收获		八〇	六〇	四〇	二〇

第一，我们要晓得我们的食物不全靠农产物。第二，我们要晓得化学发达可以人工增加不须耕种的食物。第三，我们要晓得将来农业化学发达，收获底增加还可以在人数增加的比例以上。第四，我们要晓得此时地球上未开垦的荒地还多得很，假定收获递减法则是真理，人口有加无减也是事实，这种真人满的恐慌，也不知道在多少年以后。若是把眼前的社会问题放下不理，预先忧虑那多少年以后的事，那么有人说地球将来也要毁坏的，我们应该怎么预防呢？

（六）

有人把经济思想分为二大系统：一是富底哲学，说明富底性质及原因；一是贫底哲学，说明贫底性质及原因。斯密亚丹属于前者，马尔塞斯属于后者。人类底贫困不单是食物一样，乃是衣、食、住、知识、娱乐，一切等等不足者对于足者比较的现象。不但没有衣、食、住是贫困，吃素菜的比吃肉的是贫困，着布衣的比着绸缎的是贫困，住茅屋的比住大屋的是贫困，着短衣的比着长衣外套的是贫困，没有钟表用的比有钟表的是贫困，步行的比坐马车、汽车的是贫困，无钱结婚的比妻妾成群的是贫困，无力量读书的比学者是贫困。倘在均产社会里，权利均等，机会均等，没有足不足底比较，个人贫困底现象便不会发生了。个人比较的贫底现象，不一定是因为人口超过了生活资料，大部分是因为财产私有分配不均，一阶级人底占据有余造成一阶级人底不足；若拿有余补不足，岂不立刻成了"均无贫"的社会吗？到了均产社会时代，若公共觉得生活资料不足，那时才可以拿人口过剩算贫底一种原因,也不是全原因。因为还有科学不发达,生产技术不精,劳力底数量不充分,交通不便,也都是造成生活资料不足底一种原因。马尔塞斯说明贫底性质只注重食物一样,已经不大周到了。他说明贫底原因只注重人口过剩这一层,把分配不均,科学不发达,生产技术不精,劳力底数量不充分,交通不便,这五种贫底重大原因都忽略了。他这种贫底哲学,恐怕还不及斯密亚丹富底哲学稍有根据。

马氏生在盛唱均产人权的时代,不肯盲从时论,对于 Godwin 及 Condorcet 加以有系统的攻击,我们不能不佩服他有胆识,发明了贫底一种原因——即人口过剩——我们不能不承认他在社会经济学上有很大的贡献。但是他过于偏重他发明的这一种原因,和别的发明家、持论家陷于同样的偏见。不但如此,假全人口过剩是造成贫困的唯一原因,此外没有别的原因,非限制人口不能救济,也没有理由专门要限制下层贫民,上流富裕阶级就有孳生的权利,他们的这权利是从那里来的?又何至主张贫民没有生存权,又何至说没有得父母财产的人没有吃饭的权利,好比宴会里未请的宾客没有入座的权利一样呢?(《人口论》第二版五三一页)? Place 说马尔塞斯否决无事的穷人有吃饭的权利,却许无事的富人有这种权利。像马氏这种掩护资本家底偏见,不免要发生学者良心问题。

贫民多子,自然是社会上一种悲惨的现象,我们应该设法救济的。但是救济的方法,不能够像限制人口那样简单。第一要问贫民是怎么会贫的,是不是社会制度底罪恶?第二要问贫民底子女何以没有公共教育底机关,是不是社会制度底缺点?若丢开这两个问题,专门限制贫民人口,这种劫贫济富的办法,就不说什么生存权和人道主义,社会上必招两项实际的损失:(1)贫民底子孙中往往有许多伟大的人物,倘限制贫民多子,社会上岂不是要受绝大的损么?(2)富人底子弟多游惰,贫民底子弟多勤劳,倘专门限制贫民多子,社会上游惰的分子渐渐增加,勤劳的分子渐渐减少,岂不是可怕的么?

优种论虽有点和个人自由、人权平等冲突,比人口论似乎还好些。因为优种论所要淘汰的,在他的观察总是社会上恶劣分子,还没有贫富底分别。

(七)

说到中国人口问题,有一班糊涂人常常以我们中国人口众多自豪,实在是梦话。第一,我们要晓得我们中国一百万人口左右的都市,不过上海、武汉(合武昌、汉口、汉阳而言)、广州、北京四处,拿人口和土地比例起来,是不是人口众多,还是一个问题。第二,我们要晓得,无知识、无能力、无职业,游惰偷生的人口越多,社会越发不得了,单是人多不一定就可以自豪。单是我们人口数目比别国多不算是真人多,必须我们人口和土地的比例比别国多,才真是人口众多。单是人口众多也不能自豪,必须是有知识和生产能力的人多,才可以自豪。

但是中国人口问题,也不会是马尔塞斯底学说可以解决的。中国不生产而消费的人过多,人口增加似乎是超过了生活资料之上,这也是到处发生生活困难底一种原因。但这种原因,不是专靠限制人口可以解决的,因为中国人口过多底现象,不是和土地比例的人口过多,乃是不生产而消费的游惰人口过多;生活资料不足,不是生活资料增加底可能性赶不上人口增加,是增加生活资料底方法赶不上人口增加。照现在增加生活资料底方法和"游惰神圣"的社会制度,若不改造,就照现在的人口减去一半,恐怕仍然免不掉贫困的现象。若依马尔塞斯底主张专门限制下层阶级,不承认贫民有生存权,那么,中国式的上流阶级——即富贵游惰分子渐渐增加,贫苦的、劳动的生产分子渐渐减少,不知道将来要变成一种什么社会?

所以我主张要解决中国人口问题,应该并行左列的几个方法:

(1)发展生产事业。劳动方面,大都市底工厂里,每天工值两三角做十二点钟的工,大家还惟恐谋不到手;人口稠密的农村里,因为租地竞争,地主除收租外还有种种不法的需索,佃户终年辛苦还不能够饱暖;农家底帮工,每年工价不过十余元;这都是人口过多,工价过低到这样地步。但是我们中国不但矿业、工业、交通事业,都还有无穷的发展;就是已经发达的农业,不但东北西北底边地,就是内地各省底荒地荒山也不知有多少,拿这一样就可消纳无穷的人口。

(2)发展交通事业。此事对于人口问题有两种效果:(一)增加能生产的人口;(二)利用有余以补不足,等于增加生活资料。

(3)发达科学。此时欧美各国底物质文明虽是进步,将来科学越发达,衣食住各种生活资料,还要随着无限的增加,至于我们科学还未萌芽的中国更是不用说的了。

(4)发达生产技术。无论农产工产品,技术越发进步,生活资料增加底速度越发增加。

(5)增加劳力底数量。土地劳力在生产要素上应该居首要地位,在我们"游惰神圣"的国里,不但劳动底人数过少,劳动底力量也不充分,一般劳动者做工底时虽多,大半等于西洋的怠工。现在要增加生活资料,应该在社会制度上、经济组织上取销那"游惰的上流阶级"和"游惰神圣"的风尚,使劳力底数量充分增加。

(6)分配平均。现在军阀集中资本,人民已经是受不了,财阀倘再来集中一下,将来恐怕只有极少数的人生活余裕,那最大多数、最大痛苦的人,连一班拥护资本主义大骂社会主张的学者自己或是他的子孙,都要变成没有生活资料的贫民,都要被马尔塞斯取消他们的生存权了。在财产权私有社会里,似乎不可因为有许多穷人生活资料不足,便马上断定是人口过剩,便马上断定人口常有在生活资料以上增加的倾向。因为若将全社会合拢起来平均分配,不见得生活资料真是不足,恐怕是一班强盗太有余了,别人便当然不足呵。所以若要讨论社会上究竟是不是人口过剩,究竟生活资料足不足,候实行分配平均后再谈,似乎才能够得到真相。纵然大家说平均分配是一种不能实现的空想,那就请大家狠狠心肠拿出一部分剩余价值(他们说是什么红利)来,办几个贫儿公育院,这总是做得到的罢。这种分配底法子固然离平均还差得远,但是也可以救济人口问题一部分的危急。

(7)限制人口。在以上几种方法没有收效以前,用限制人口的法子减轻社会上一部分生活困难,也可使的。但限制底方面应该注重在游惰的上流社会,不限于贫苦的劳动者,这却和马尔塞斯底主张有点不同。

(原载《新青年》第7卷第4号)

延伸阅读:

1. 陶履恭:《社会》,《新青年》第 3 卷第 2 号。
2. 梁漱溟、胡适:《通信·梁巨川先生的自杀》,《新青年》第 6 卷第 4 号。
3. 顾孟余:《人口问题,社会问题的锁钥》,《新青年》第 7 卷第 4 号。
4. 刘秉麟:《劳动问题是些什么?》,《新青年》第 7 卷第 6 号。
5. 吴葆光:《论中国卫生之近况及促进改良方法》,《新青年》第 3 卷第 5 号。
6. 守常(李大钊):《青年厌世自杀问题》,《新潮》第 2 卷第 2 号。
7. 李守常(李大钊):《论自杀》,《学艺》第 3 卷第 8 号。
8. 瞿秋白:《林德扬君为什么要自杀呢?》,《晨报》1919 年 12 月 3 日。
9. 陈兆楠:《蔡子民先生在林德扬君追悼会之演说》,《晨报》1919 年 12 月 24 日。
10. 徐志摩:《读桂林梁巨川先生遗书》,《晨报副刊》1925 年 10 月 12 日。
11. 陶孟和:《再论梁巨川先生的自杀》,《晨报副刊》1925 年 10 月 15 日。
12. 陶孟和:《贫穷与人口问题》,《新青年》第 7 卷第 4 号。

第八章
《新青年》对马克思主义的介绍

新文化运动对封建意识和思想的无情打击和批判,大大解放了中国人的思想,为马克思主义在中国的广泛传播做了充分的思想准备。作为中国早期传播马克思主义的重要载体,《新青年》杂志生动地展示了中国早期马克思主义者对马克思主义的认识、接受和传播的心路历程,呈现了马克思主义在中国早期传播的演进路径。它对马克思主义中国化的起步和发展的贡献主要表现在:《新青年》提倡的新文化运动所营造的"中国化"历史语境,为马克思主义中国化提供了一定思想氛围;《新青年》对马克思主义的传播,为马克思主义中国化作出了重要贡献;《新青年》的文本本身就蕴含着丰富的马克思主义中国化的思想萌芽;《新青年》在指导马克思主义中国化的早期尝试中,发挥了积极作用。

李大钊是十月革命后中国第一个马克思主义的积极传播者。1917年11月7日俄国十月革命的胜利,让在救国图强道路上苦苦挣扎的中国人看到了光明,使先进的中国人从众多的社会思潮中毅然决然地选择了马克思主义。1918年11月,李大钊在《新青年》第5卷第5号发表《庶民的胜利》《BOLSHEVISM的胜利》的价值,已经超出了一般时评的价值,显示了以李大钊为代表的先进中国人的思想自觉,他们开始运用唯物史观,探索人类发展的必然之路,积极歌颂十月革命的伟大胜利,指出马克思主义必将在全世界取得胜利。与此同时,陈独秀也在《新青年》上积极刊载一系列介绍俄国社会主义革命和马列主义的文章,并与李大钊一起创办《每周评论》,第一次刊载了《共产党宣言》的摘译。救亡图存的时代主题和早期传播者的现实焦虑,决定了马克思主义在当时的中国不仅仅是被视为一种理论,而更多的是被当作一种解决中国问题的思想工具和理论武器。

1919年7月,胡适在《每周评论》第31号上发表《多研究些问题,少谈些"主义"》一文,该文反对将马克思主义作为"招牌"谈论,揭开了"问题与主义"的论争。针对胡适的见解,李大钊发表《再论问题与主义》与之论战。"问题与主义"之争是一场发生在新文化阵营内部的、具有学术辩论形式,但在内容上又带有浓厚政治色彩的论争。它事关如何解决中国社会政治问题的根本方法,反映了二者在指导思想上的分歧。该论战使马克思主义在中国的传播更加深远。中国共产党人坚定选择了马克思主义,并以其为指导,创立了民族的、科学的、大众的新民主主义文化。中国的革命与社会建设在这种新文化的引领下,一步一步走向胜利和辉煌。

BOLSHEVISM 的胜利

李大钊

"胜利了！胜利了！联军胜利了！降服了！降服了！德国降服了！"家家门上插的国旗，人人口里喊的万岁，似乎都有这几句话在那颜色上音调里隐隐约约的透出来。联合国的士女，都在街上跑来跑去的庆祝战胜。联合国的军人，都在市内大吹大擂的高唱凯歌。忽而有打碎德人商店窗子上玻璃的声音，忽而有拆毁"克林德碑"砖瓦的声音，和那些祝贺欢欣的声音遥相应对。在留我国的联合国人那一种高兴，自不消说。我们这些和世界变局没有狠大关系似的国民，也得强颜取媚：拿人家的欢笑当自己的欢笑，把人家的光荣做自己的光荣。学界举行提灯，政界举行祝典。参战年余未出一兵的将军，也去阅兵，威风凛凛的耀武。著《欧洲战役史论》主张德国必胜后来又主张对德宣战的政客，也来登报，替自己作政治活动的广告：一面归咎于人，一面自己掠功。像我们这种世界上的小百姓，也只得跟着人家凑一凑热闹，祝一祝胜利，喊一喊万岁。这就是几日来北京城内庆祝联军战胜的光景。

但是我辈立在世界人类中一员的地位，仔细想想：这回胜利，究竟是谁的胜利？这回降服，究竟是那个降服？这回功业，究竟是谁的功业？我们庆祝，究竟是为谁庆祝？想到这些问题，不但我们不出兵的将军、不要脸的政客，耀武夸功，没有一点趣味，就是联合国人论这次战争终结是联合国的武力把德国武力打倒的，发狂祝贺，也是全没意义。不但他们的庆祝夸耀是全无意味，就是他们的政治运命，也怕不久和德国的军国主义同归消亡！

原来这次战局终结的真因，不是联合国的兵力战胜德国的兵力，乃是德国的社会主义战胜德国的军国主义；不是德国的国民降服在联合国武力的面前，乃是德国的皇帝、军阀、军国主义降服在世界新潮流的面前。战胜德国军国主义的，不是联合国，是德国觉醒的人心。德国军国主义的失败，是 Bolshevism 家（德国皇家）的失败，不是德意志民族的失败。对于德国军国主义的胜利，不是联合国的胜利，更不是我国徒事内争托名参战的军人，和那投机取巧卖乖弄俏的政客的胜利,是人道主义的胜利,是平和思想的胜利,是公理的胜利,是自由的胜利,是民主主义的胜利,是社会主义的胜利,是Holenyollern的胜利,是赤旗的胜利,是世界劳工阶级的胜利,是廿世纪新潮流的胜利。这件功业,与其说是威尔逊(Wilson)等的功业;毋宁说是列宁(Lenine)、陀罗慈基(Trotzky)、郭冷苔(Collontay)的功业,是列卜涅西(Liebknecht)、夏蝶曼(Scheidemann)的功业,是马客士(Marx)的功业。我们对于这桩世界大变局的庆祝,不该为那一国那些国里一部分人庆祝,应该为世界人类全体的新曙光庆祝;不该为那一边的武力把那一边的武力打倒而庆祝,应该为民主主义把帝制打倒,社会主义把军国主义打倒而庆祝。

　　Bolshevism就是俄国Bolsheviki所抱的主义。这个主义,是怎样的主义?狠难用一句话解释明白。寻他的语源,却有"多数"的意思。郭冷苔(Collontay)是那党中的女杰,曾遇见过一位英国新闻记者,问他Bolsheviki是何意义?女杰答言:"问Bolsheviki是何意义,实在没用,因为但看他们所做的事,便知这字的意思。"据这位女杰的解释,"Bolsheviki的意思,只是指他们所做的事"。但从这位女杰自称他在西欧是Revolutionary Socialist,在东欧是Bolshevika的话,和Bolsheviki所做的事看起来,他们的主义,就是革命的社会主义;他们的党,就是革命的社会党;他们是奉德国社会主义经济学家马客士(Marx)为宗主的;他们的目的,在把现在为社会主义的障碍的国家界限打破,把资本家独占利益的生产制度打破。此次战争的真因,原来也是为把国家界限打破而起的。因为资本主义所扩张的生产力,非现在国家的界限内所能包容;因为国家的界限内范围太狭,不足供他的生产力的发展,所以大家才要靠着战争,打破这种界限,要想合全球水陆各地成一经济组织,使各部分互相联结。关于打破国家界限这一点,社会党人也与他们意见相同。但是资本家的政府企望此事,为使他们国内的中级社会获得利益,依靠战胜国资本家一阶级的世界经济发展,不依靠全世界合于人道的生产者合理的组织的协力互助。这种战胜国,将因此次战争,由一个强国的地位进而为世界大帝国。Bolsheviki看破这一点,所以大声疾呼,宣告:此次战争是Czar的战争,是Kaiser的战争,是Kings的战争,是Emperors的战争,是资本家政府的战争,不是他们的战争。他们的战争,是阶级战争,是合世界无产庶民对于世界资本家的战争。战争固为他们所反对,但是他们也不恐怕战争。他们主张一切男女都应该工作,工作的男女都应该组入一个联合,每个联合都应该有的中央统治会议。这等会议,应该组织世界所有的政府,没有康格雷,没有巴力门,没有大总统,没有总理,没有内阁,没有立法部,没有统治者,但有劳工联合的会议,什么事都归他们决定。一切产业都归在那产业里作工的人所有,此外不许更有所有权。他们将要联合世界的无产庶民,拿他们最大最强的抵抗力,创造一自由乡土,先造欧洲联邦民主国,做世界联邦的基础。这是 Bolsheviki 的主义。这是廿世纪世界革命的新信条。

伦敦《泰晤士报》曾载过威廉氏(Harold Williams)的通讯,他把 Bolshevism 看做一种群众运动,和前代的基督教比较,寻出二个相似的点:一个是狂热的党派心,一个是默示的倾向。他说:"Bolshevism 实是一种群众运动,带些宗教的气质。我曾记得遇见过一个铁路工人,他虽然对于至高的究竟抱着怀疑的意思,犹且用'耶典'的话,向我极口称道 Bolshevism 可以慰安灵魂。凡是晓得俄国非国教历史的人,没有不知道那些极端的党派将要联成一大势力,从事于一种新运动的。有了 Bolshevism,于贫苦的人是一好消息,于地上的天堂是一捷径的观念,他的传染的性质和权威,潜藏在他那小孩似的不合理的主义中的,可就变成明显了。就是他们党中的著作家、演说家所说极不纯正的话,足使俄国语言损失体面的,对于群众,也仿佛有一种教堂里不可思议的仪式的语言一般的效力。"这话可以证明 Bolshevism 在今日的俄国,有一种宗教的权威,成为一种群众的运动。岂但今日的俄国,廿世纪的世界,恐怕也不免为这种宗教的权威所支配,为这种群众的运动所风靡。

哈利逊氏(Frederic Harrison)也曾在《隔周评论》上说过:"猛厉,不可能,反社会的,像 Bolshevism 的样子,须知那也是狠坚、狠广、狠深的感情的发狂——这种感情的发狂,有狠多的形式。有些形式,是将来必不能避免的。"哈氏又说:"一七八九年的革命,唤起恐怖,唤起过激革命党的骚动;但见有鲜血在扫荡世界的革命潮中发泡,一种新天地,就由此造成。Bolshevism 的下边,潜藏着一个极大的社会的进化,也与一七八九年的革命同是一样,意大利、法兰西、葡萄牙、爱尔兰、不列颠都怵然于革命变动的暗中激奋。这种革命的暗潮,将殃及于兰巴地和威尼斯,法兰西也难幸免。过一危机,危机又至。爱尔兰独立运动,涌出狠多的国事犯。就是英国的社会党,也只想和他们的斯堪的那维亚、日耳曼、俄罗斯的同胞握手。"

陀罗慈基在他著的《Bolsheviki 与世界平和》书中,也曾说过:"这革命的新纪元,将由无产庶民社会主义无尽的方法,造成新组织体。这种新体,与新事业一样伟大。在这枪炮的狂吼、寺堂的破裂、豺狼性成的资本家爱国的怒号声中,我们应先自而进从事于此新事业。在这地狱的死亡音乐声中,我们应保持我们清明的心神,明了的视觉。我们自觉我们将为未来唯一无二创造的势力。我们的同志现在已有很多,将来似可更多。明日的同志,多于今日。后日更不知有几千万人跃起,隶于我们旗帜的下边。有数千万人,就是现在,去共产党人发布檄文已经六十七年,他们只须丢了他们的绊锁。"从这一段话,可知陀罗慈基的主张,是拿俄国的革命做一个世界革命的导火线。俄国的革命,不过是世界革命中的一个,尚有无数国民的革命将连续而起。陀罗慈基既以欧洲各国政府为敌,一时遂有亲德的嫌疑。其实他既不是亲德,又不是亲联合国,甚且不爱俄国。他所亲爱的,是世界无产阶级的庶民,是世界的劳工社会。他这本书,是在瑞士作的。着笔在大战开始以后,主要部分,完结在俄国革命勃发以前。书中的主义,是在陈述他对于战争因果的意见。关于国际社会主义与世界革命,尤特加注意。通体通篇,总有两事放在心头,就是世界革命与世界民主。对于德奥的社会党,不惮厚加责言,说他们不应该牺牲自己本来的主张,协助资本家的战争,不应该背弃世界革命的信约。

　　以上所举,都是战争终结以前的话,德奥社会的革命未发以前的话。到了今日,陀氏的责言,已经有了反响。威、哈二氏的评论,也算有了验证。匈、奥革命,德国革命,勃牙利革命,最近荷兰、瑞典、西班牙也有革命社会党奋起的风谣。革命的情形,和俄国大抵相同。赤色旗到处翻飞,劳工会纷纷成立,可以说完全是俄罗斯式的革命,可以说是廿世纪式的革命。像这般滔滔滚滚的潮流,实非现在资本家的政府所能防遏得住的。因为廿世纪的群众运动,是合世界人类全体为一大群众。这大群众里边的每一个人、一部分人的暗示模仿,集中而成一种伟大不可抗的社会力。这种世界的社会力,在人间一有动荡,世界各处都有风靡云涌、山鸣谷应的样子。在这世界的群众运动的中间,历史上残余的东西——什么皇帝咧,贵族咧,军阀咧,官僚咧,军国主义咧,资本主义咧——凡可以障阻这新运动的进路的,必挟雷霆万钧的力量摧拉他们。他们遇见这种不可当的潮流,都像枯黄的树叶遇见凛冽的秋风一般,一个一个的飞落在地。由今以后,到处所见的,都是 Bolshevism 战胜的旗。到处所闻的,都是 Bolshevism 的凯歌的声。人道的警钟响了!自由的曙光现了!试看将来的环球,必是赤旗的世界!

　　我尝说过:"历史是人间普遍心理表现的纪录。人间的生活,都在这大机轴中息息相关,脉脉相通。一个人的未来,和人间全体的未来相照应。一件事的朕兆,和世界全局的朕兆有关联。一七八九年法兰西的革命,不独是法兰西人心变动的表征,实是十九世纪全世界人类普遍心理变动的表征。一九一七年俄罗斯的革命,不独是俄罗斯人心变动的显兆,实是廿世纪全世界人类普遍心理变动的显兆。"俄国的革命,不过是使天下惊秋的一片桐叶罢了。Bolshevism 这个字,虽为俄人所创造,但是他的精神,可是廿世纪全世界人类人人心中共同觉悟的精神。所以 Bolshevism 的胜利,就是廿世纪世界人类人人心中共同觉悟的新精神的胜利!

(原载《新青年》第 5 卷第 5 号)

由经济上解释中国近代思想
变动的原因

李大钊

凡一时代,经济上若发生了变动,思想上也必发生变动。换句话说,就是经济的变动,是思想变动的重要原因。现在只把中国现代思想变动的原因,由经济上解释解释。

人类生活的开幕,实以欧罗细亚为演奏的舞台。欧罗细亚就是欧亚两大陆的总称。在欧罗细亚的中央有一凸地,叫作 Tableland。此地的山脉不是南北纵延的,乃是东西横亘的。因为有东西横亘的山脉,南北交通遂以阻隔,人类祖先的分布移动,遂分为南道和北道两条进路,人类的文明遂分为南道文明——东洋文明和北道文明——西洋文明两大系统。中国本部、日本、印度支那、马来半岛诸国、俾露麻、印度、阿富汗尼士坦、俾而齐士坦、波斯、土尔其、埃及等,是南道文明的要路;蒙古、满洲、西伯利亚、俄罗斯、德意志、荷兰、比利时、丹麦、士坎迭拿威亚、英吉利、法兰西、瑞士、西班牙、葡萄牙、意大利、奥土地利亚、巴尔干半岛等,是北道文明的要路。南道的民族,因为太阳的恩惠厚,自然的供给丰,故以农业为本位,而为定住的;北道的民族,因为太阳的恩惠薄,自然的供给啬,故以工商为本位,而为移住的。农业本位的民族,因为常定住于一处,所以家族繁衍,而成大家族制度——家族主义;工商本位的民族,因为常转徙于各地,所以家族简单,而成小家族制度——个人主义。前者因聚族而居,易有妇女过庶的倾向,所以成重男轻女一夫多妻的风俗;后者因转徙无定,恒有妇女缺乏的忧虑,所以成尊重妇女一夫一妻的习惯。前者因为富于自然,所以与自然调和,与同类调和;后者因为乏于自然,所以与自然竞争,与同类竞争。简单一句话,东洋文明是静的文明,西洋文明是动的文明。

中国以农业立国,在东洋诸农业本位国中,占很重要的位置,所以大家族制度在中国特别发达。原来家族团体,一面是血统的结合,一面又是经济的结合。在古代原人社会,经济上男女分业互助的要求,恐怕比性欲要求强些,所以家族团体所含经济的结合之性质,恐怕比血统的结合之性质多些。中国的大家族制度,就是中国的农业经济组织,就是中国二千年来社会的基础构造。一切政治、法度、伦理、道德、学术、思想、风俗、习惯,都建筑在大家族制度上作他的表层构造。看那二千余年来支配中国人精神的孔门伦理,所谓纲常,所谓名教,所谓道德,所谓礼义,那一样不是损卑下以奉尊长?那一样不是牺牲被治者的个性以事治者?那一样不是本着大家族制下子弟对于亲长的精神?所以孔子的政治哲学,修身齐家治国平天下,"一以贯之",全是"以修身为本",又是孔子所谓修身,不是使人完成他的个性,乃是使人牺牲他的个性。牺牲个性的第一步就是尽"孝"。君臣关系的"忠",完全是父子关系的"孝"的放大体,因为君主专制制度,完全是父权中心的大家族制度的发达体。至于夫妇关系,更把女性完全浸却:女子要守贞操,而男子可以多妻蓄妾;女子要从一而终,而男子可以细故出妻;女子要为已死的丈夫守节,而男子可以再娶。就是亲子关系的"孝",母的一方还不能完全享受,因为伊是隶属于父权之下的;所以女德重"三从","在家从父,出嫁从夫,夫死从子"。总观孔门的伦理道德,于君臣关系,只用一个"忠"字,使臣的一方完全牺牲于君;于父子关系,只用一个"孝"字,使子的一方完全牺牲于父;于夫妇关系,只用几个"顺""从""贞节"的名辞,使妻的一方完全牺牲于夫,女子的一方完全牺牲于男子。孔门的伦理,是使子弟完全牺牲他自己以奉其尊上的伦理;孔门的道德,是与治者以绝对的权力责被治者以片面的义务的道德。孔子的学说所以能支配中国人心有二千余年的原故,不是他的学说本身具有绝大的权威,永久不变的真理,配作中国人的"万世师表",因他是适应中国二千余年来未曾变动的农业经济组织反映出来的产物,因他是中国大家族制度上的表层构造,因为经济上有他的基础。这样相沿下来,中国的学术思想,都与那静沈沈的农村生活相照映,停滞在静止的状态中,呈出一种死寂的现象。不但中国,就是日本、高丽、越南等国,因为他们的农业经济组织和中国大体相似,也受了孔门伦理的影响不少。

时代变了!西洋动的文明打进来了!西洋的工业经济来压迫东洋的农业经济了!孔门伦理的基础就根本动摇了!因为西洋文明是建立在工商经济上构造,具有一种动的精神,常求以人为克制自然,时时进步,时时创造。到了近世,科学日见昌明,机械发明的结果,促起了工业革命。交通机关日益发达,产业规模日益宏大,他们一方不能不扩张市场,一方不能搜求原料,这种经济上的需要,驱着西洋的商人,来叩东洋沈静的大门。一六三五年顷,已竟有荷兰的商人到了日本，以后 Perry Harris 与 Lord Elgin 诸人相继东来，以其商业上的使命，开拓东洋的门径，而日本，而中国，东洋农业本位的各国，都受了西洋工业经济的压迫。日本国小地薄，人口又多，担不住这种压迫，首先起了变动，促成明治维新，采用了西洋的物质文明，产业上起了革命——如今还正在革命中——由农业国一变而为工业国，不但可以自保，近来且有与欧美各国并驾齐驱的势力了。日本的农业经济组织既经有了变动，欧洲的文明、思想又随着他的经济势力以俱来，思想界也就起了绝大的变动。近来 Democracy 的声音震荡全国，日本人夸为"国粹"之万世一系的皇统，也有动摇的势子，从前由中国传入的孔子伦理，现在全失了效力了。

中国地大物博，农业经济的基础较深，虽然受了西洋工业经济的压迫，经济上的变动却不能骤然表见出来。但中国人于有意无意间也似乎了解这工商经济的势力加于中国人生活上的压迫实在是利害，所以极端仇视他们、排斥他们，不但排斥他们的人，并且排斥他们的器物。但看东西交通的初期，中国只是拒绝和他们通商，说他们科学上的发明是"奇技淫巧"，痛恨他们造的铁轨，把他投弃海中。义和团虽发于仇教的心理，而于西洋人的一切器物一概烧毁，这都含着经济上的意味，都有几分是工业经济压迫的反动，不全是政治上、宗教上、人种上、文化上的冲突。

欧洲各国的资本制度一天盛似一天，中国所受他们经济上的压迫也就一天甚似一天。中国虽曾用政治上的势力抗拒过几回，结果都是败辱。把全国沿海的重要通商口岸都租借给人，割让给人了，关税铁路等等权力，也都归了人家的掌握。这时的日本崛然兴起，资本制度发达的结果，不但西洋的经济力不能侵入，且要把他的势力扩张到别国。但日本以新兴的工业国，骤起而与西洋各国为敌，终是不可能；中国是他的近邻，产物又极丰富，他的势力自然也要压到中国上。中国既受西洋各国和近邻日本的二重压迫，经济上发生的现象，就是过庶人口不能自由移动，海外华侨到处受人排斥虐待，国内居民的生活本据渐为外人所侵入——台湾、满蒙、山东、福建等尤其——关税权为条约所束缚，造成一种"反保护制"。外来的货物和出口的原料，课税极轻，而内地的货物反不能自由移转，这里一厘，那里一卡，几乎步步都是关税。于是国内产出的原料品，以极低的税输出国外，而在国外造成的精制品，以极低的税输入国内。国内的工业，都是手工工业和家庭工业，那能和国外的机械工业、工厂工业竞争呢？结果就是中国的农业经济挡不住国外的工业经济的压迫，中国的家庭产业挡不住国外的工厂产业的压迫,中国的手工产业挡不住国外的机械产业的压迫。国内的产业多被压倒,输入超过输出,全国民渐渐变成世界的无产阶级,一切生活,都露出困迫不安的现象。在一国的资本制下被压迫而生社会的无产阶级,还有机会用资本家的生产机关;在世界的资本制下被压迫而生世界的无产阶级,没有机会用资本国的生产机关。在国内的就为兵为匪,跑到国外的就作穷苦的华工,展转迁徙,贱卖他的筋力,又受人家劳动阶级的疾视。欧战期内,一时赴法赴俄的华工人数甚众,战后又用不着他们了,他们只得转回故土。这就是世界的资本阶级压迫世界的无产阶级的现象,这就是世界的无产阶级寻不着工作的现象。欧美各国的经济变动,都是由于内部自然的发展;中国的经济变动,乃是由于外力压迫的结果,所以中国人所受的苦痛更多,牺牲更大。

中国的农业经济,既因受了重大的压迫而生动摇,那么首先崩颓粉碎的,就是大家族制度了。中国的一切风俗、礼教、政法、伦理,都以大家族制度为基础,而以孔子主义为其全结晶体。大家族制度既入了崩颓粉碎的运命,孔子主义也不能不跟着崩颓粉碎了。

试看中国今日种种思潮运动、解放运动,那一样不是打破大家族制度的运动?那一样不是打破孔子主义的运动?

第一,政治上民主主义(Democracy)的运动,乃是推翻父权的君主专制政治之运动,也就是推翻孔子的忠君主义之运动。这个运动,形式上已算有了一部分的成功。联治主义和自治主义,也都是民主主义精神的表现,是打破随着君主专制发生的中央集权制的运动。这种运动的发动,一方因为经济上受了外来的压迫,国民的生活,极感不安,因而归咎于政治的不良、政治当局的无能,而力谋改造。一方因为欧美各国Democracy的思潮随着经济的势力传入东方,政治思想上也起了一种响应。

第二,社会上种种解放的运动,是打破大家族制度的运动,是打破父权(家长)专制的运动,是打破夫权(家长)专制的运动,是打破男子专制社会的运动,也就是推翻孔子的孝父主义、顺夫主义、贱女主义的运动。如家庭问题中的亲子关系问题、短丧问题,社会问题中的私生子问题、儿童公育问题,妇女问题中的贞操问题、节烈问题、女子教育问题、女子职业问题、女子参政问题,法律上男女权利平等问题(如承继遗产权利问题等)、婚姻问题——自由结婚、离婚、再嫁、一夫一妻制,乃至自由恋爱、婚姻废止都是属于这一类的,都是从前大家族制下断断不许发生,现在断断不能不发生的问题。原来中国的社会只是一群家族的集团,个人的个性、权利、自由都束缚禁锢在家族之中，断不许他有表现的机会。所以从前的中国，可以说是没有国家，没有个人，只有家族的社会。现在因为经济上的压迫，大家族制的本身已竟不能维持，而随着新经济势力输入的自由主义、个性主义，又复冲入家庭的领土，他的崩颓破灭，也是不能逃避的运数。不但子弟向亲长要求解放，便是亲长也渐要解放子弟了；不但妇女向男子要求解放，便是男子也渐要解放妇女了。因为经济上困难的结果，家长也要为减轻他自己的担负，听他们去自己活动，自立生活了。从前农业经济时代，把他们包容在一个大家族里，于经济上很有益处，现在不但无益，抑且视为重累了。至于妇女，因为近代工业进步的结果，添出了很多宜于妇女的工作，也是助他们解放运动的一个原因。

欧洲中世也曾经过大家族制度的阶级，后来因为国家主义和基督教的势力勃兴，受了痛切的打击，又加上经济情形发生变动，工商勃兴，分业及交通机关发达的结果，大家族制度，遂立就瓦解。新起的小家族制度，其中只包含一夫一妻及未成年的子女，如今因为产业进步、妇女劳动、儿童公育种种关系，崩解的气运，将来也必然不远了。

中国的劳动运动，也是打破孔子阶级主义的运动。孔派的学说，对于劳动阶级，总是把他们放在被治者的地位，作治者阶级的牺牲。"无君子莫治野人，无野人莫养君子。""劳心者治人，劳力者治于人。"这些话，可以代表孔门贱视劳工的心理。现代的经济组织，促起劳工阶级的自觉，应合社会的新要求，就发生了"劳工神圣"的新伦理，这也是新经济组织上必然发生的构造。

总结以上的论点：第一，我们可以晓得孔子主义（就是中国人所谓纲常名教）并不是永久不变的真理。孔子或其他古人，只是一代哲人，决不是"万世师表"。他的学说，所以能在中国行了二千余年，全是因为中国的农业经济，没有很大的变动，他的学说适宜于那样经济状况的原故。现在经济上生了变动，他的学说，就根本动摇，因为他不能适应中国现代的生活、现代的社会。就有几个尊孔的信徒，天天到曲阜去巡礼，天天戴上洪宪衣冠去祭孔，到处建筑些孔教堂，到处传布"子曰"的福音，也断断不能抵住经济变动的势力来维持他那"万世师表""至圣先师"的威灵了。第二，我们可以晓得中国的纲常、名教、伦理、道德，都是建立在大家族制上的东西。中国思想的变动，就是家族制度崩坏的征候。第三，我们可以晓得中国今日在世界经济上，实立于将为世界的无产阶级的地位。我们应该研究如何使世界的生产手段和生产机关同中国劳工发生关系。第四，我们可以正告那些钳制新思想的人,你们若是能够把现代的世界经济关系完全打破,再复古代闭关自守的生活;把欧洲的物质文明、动的文明,完全扫除,再复古代静止的生活,新思想自然不会发生。你们若是无奈何这新经济势力,那么只有听新思想自由流行,因为新思想是应经济的新状态、社会的新要求发生的,不是几个青年凭空造出来的。

(原载《新青午》第7卷第2号)

唯物史观在现代史学上的价值

李大钊

"唯物史观"是社会学上的一种法则,是 Karl Marx 和 Hrederick Engels 一八四八年在他们合著的《共产党宣言》里所发见的。后来有四种名称,在学者间通用,都是指此法则的,即是:(1)"历史之唯物的概念"("The Materialistic Conception of History"),(2)"历史的唯物主义"("Historical Materialism"),(3)"历史之经济的解释"("The Economic Interpretation of History")及(4)"经济的决定论"("Economic Determinism")。在(1)(2)两辞,泛称物质,殊与此说的真相甚相符。因为此说只是历史之经济的解释,若以"物质"或"唯物"称之,则是凡基于物质的原因的变动,均应包括在内。例如历史上生物的考察,乃至因风土、气候,一时一地的动植物的影响所生的社会变动,均应论及了。第(4)一辞,在法兰西颇流行,以有倾于定命论、宿命论之嫌,恐怕很有流弊。比较起来,还是"经济史观"一辞妥当些。Seligman 曾有此主张,我亦认为合理,只以"唯物史观"一语,年来在论坛上流用较熟,故且仍之不易。

科学界过重分类的结果,几乎忘却他们只是一个全体的部分而轻视他们相互间的关系,这种弊象,显露已久了。近来思想界才发生一种新倾向:研究各种科学,与其重在区分,毋宁重在关系。说明形成各种科学基础的社会制度,与其为解析的观察,不如为综合的观察。这种方法,可以应用于现在的事实,亦可以同样应用于过去的纪录。唯物史观,就是应这种新倾向而发生的。从前把历史认作只是过去的政治,把政治的内容亦只解作宪法的和外交的关系。这种的历史观,只能看出一部分的真理而未能窥其全体。按着思想界的新倾向去观察,人类的历史,乃是人在社会上的历史,亦就是人类的社会生活史。人类的社会生活,是种种互有关联、互与影响的活动,故人类的历史,应该是包括一切社会生活现象,广大的活动。政治的历史,不过是这个广大的活动的一方面,是社会生活的一部分,不是社会生活的全体。以政治概括社会生活,乃是以一部分概括全体,陷于很大的误谬了。于此所发生的问题,就是在这互有关联、互与影响的社会生活里,那社会进展的根本原因究竟何在?人类思想上和人类生活上大变动的理由究竟为何?唯物史观解答这个问题,则谓人的生存,全靠他维持自己的能力,所以经济的生活,是一切生活的根本条件。因为人类的生活,是人在社会的生活,故个人的生存总在社会的构造组织以内进动而受他的限制,维持生存的条件之于个人,与生产和消费之于社会是同类的关系。在社会构造内限制社会阶级和社会生活各种表现的变化,最后的原因,实是经济的。此种学说,发源于德,次及于意、俄、英、法等国。

唯物史观的名称意义,已如上述,现在要论他在史学上的价值了。研究历史的重要用处,就在训练学者的判断力,并令他得着凭以为判断的事实。成绩的良否,全靠所论的事实确实与否和那所用的解释法适当与否。十八世纪和十九世纪前半期的历史学者,研究历史原因的问题的人很少。他们多以为历史家的职分,不外叙述些政治上、外交上的史实,那以伟人说或时代天才说解释这些史实的,还算是深一层的研究。Lessing 在他的《人类教育论》与 Herder 在他的《历史哲学概论》里所论述的,都过受神学观念的支配,很与思想界的新运动以阻力。像 Herder 这样的人,他在德国与 Ferguson 在苏格兰一样,可以说是近代人类学研究的先驱,他的思想,犹且如此,其他更可知了。康德在他的《通史概论》里,早已窥见关于社会进化的近代学说,是 Huxley 与许多德国学者所公认的,然亦不能由当时的神学思想完全解放出来,而直为严正的科学的批评。到了 Hegel 的《历史哲学》,达于历史的唯心的解释的极点,但是 Hegel 派的"历史精神"观,于一般领会上究嫌过于暧昧,过于空虚。

有些主张宗教是进化的关键的人,用思想感情等名词解释历史的发长,这可以说是历史的宗教的解释。固然犹太教、儒教、回教、佛教、耶教等五大宗教的教义,曾与于人类进步以很深的影响,亦是不可争的事实,但是这种解释,未曾注意到与其把宗教看作原因,不如把他看作结果的道理,并且未曾研究同一宗教的保存何以常与他的信徒的环境上、性质上急遽的变动相适合的道理。这历史的宗教的解释,就是 Benjamin Kidd 的修正学说,亦只有很少的信徒。

此外还有历史的政治的解释。其说可以溯源于 Aristotle,有些公法学者右之。此派主张通全历史可以看出由君主制到贵族制、由贵族制到民主制的一定的运动,在理想上,在制度上,都有个由专制到自由之不断的进步。但是有许多哲学家,并 Aristotle 亦包在内,指出民主制有时亦弄到专制的地步,而且政治的变动,不是初级的现象,乃是次级的现象,拿那个本身是一结果的东西当作普遍的原因,仿佛是把车放在马前一样的倒置。

这些唯心的解释的企图,都一一的失败了,于是不得不另辟一条新路。这就是历史的唯物的解释。这种历史的解释方法不求其原因于心的势力,而求之于物的势力,因为心的变动常是为物的环境所支配。

综观以上所举历史的解释方法,新旧之间截然不同。因历史事实的解释方法不同,从而历史的实质亦不同,从而及于读者的影响亦大不同。从前的历史,专记述王公世爵纪功耀武的事。史家的职分,就在买此辈权势阶级的欢心,好一点的,亦只在夸耀自国的尊荣。凡他所纪的事实,都是适合此等目的的,否则屏而不载;而解释此类事实,则全用神学的方法。此辈史家把所有表现于历史中特权阶级的全名表,都置于超自然的权力保护之下。所记载于历史的事变,无论是焚杀,是淫掠,是奸谋,是篡窃,都要归之于天命,夸之以神武,使读者认定无论他所遭逢的境遇如何艰难,都是命运的关系。只有祈祷天帝,希望将来,是慰藉目前痛苦的唯一方法。

这种历史及于人类精神的影响,就是把个人的道德的势力,全弄到麻木不仁的状态。既已认定自己境遇的难苦,都是天命所确定的,都是超越自己所能辖治的范围以外的势力所左右的,那么以自己的努力企图自救,便是至极愚妄的事,只有出于忍受的一途,对于现存的秩序,不发生疑问,设若发生疑问,不但丧失了他现在的平安,并且丧失了他将来的快乐。他不但要服从,还要祈祷,还在杀他的人的手上接吻。这个样子,那些永据高位握有权势的人,才能平平安安的常享特殊的权利,并且有增加这些权利的机会,而一般人民,将永沉在物质道德的卑屈地位。这种史书,简直是权势阶级愚民的器具,用此可使一般人民老老实实的听他们掠夺。

唯物史观所取的方法,则全不同。他的目的,是为得到全部的真实,其及于人类精神的影响,亦全与用神学的方法所得的结果相反。这不是一种供权势阶级愚民的器具,乃是一种社会进化的研究。而社会一语,包含着全体人民,并他们获得生活的利便,与他们的制度和理想。这与特别事变、特别人物没有什么关系。一个个人,除去他与全体人民的关系以外,全不重要;就是此时,亦是全体人民是要紧的,他不过是附随。生长与活动,只能在人民本身的性质中去寻,决不在他们以外的什么势力。最要紧的,是要寻出那个民族的人依以为生的方法,因为所有别的进步,都靠着那个民族生产衣食方法的进步与变动。

斯时人才看出他所生存的境遇,是基于能时时变动而且时时变动的原因;斯时人才看出那些变动，都是新知识施于实用的结果，就是由像他自己一样的普通人所创造的新发明新发见的结果，这种观念给了很多的希望与勇气在他的身上；斯时人才看出一切进步只能由联合以图进步的人民造成，他于是才自觉他自己的权威，他自己在社会上的位置，而取一种新态度。从前他不过是一个被动的、否定的生物，他的生活虽是一个忍耐的试验品，于什么人亦没有用处。现在他变成一个活泼而积极的分子了，他愿意知道关于生活的事实，什么是生活事实的意义，这些生活事实给进步以什么机会，他愿意把他的肩头放在生活轮前，推之提之使之直前进动。这个观念，可以把他造成一个属于他自己的人，他才起首在生活中得了满足而能于社会有用。但是一个人生在思想感情都锢桎于古代神学的习惯的时代，要想思得个生活的新了解，那是万万不可能。青年男女，在这种教训之下，全麻痹了他们的意志，万不能发育实成。

这样看来，旧历史的方法与新历史的方法绝对相反：一则寻社会情状的原因于社会本身以外，把人当作一只无帆、无楫、无罗盘针的弃舟，漂流于茫茫无涯的荒海中；一则于人类本身的性质内求达到较善的社会情状的推进力与指导力；一则给人以怯懦无能的人生观；一则给人以奋发有为的人生观。这全因为一则看社会上的一切活动与变迁全为天意所存，一则看社会上的一切活动和变迁全为人力所造，这种人类本身具有的动力可以在人类的需要中和那赖以满足需要的方法中认识出来。

有人说社会的进步，是基于人类的感情。此说乍看，似与社会的进步是基于生产程序的变动的说相冲突，其实不然。因为除了需要的意识和满足需要的娱快，再没有感情，而生产程序之所以立，那是为满足构成人类感情的需要。感情的意识与满足感情需要的方法施用，只是在同联环中的不同步数罢了。

有些人误解了唯物史观，以为社会的进步只靠物质上自然的变动，勿须人类的活动，而坐待新境遇的到来。因而一般批评唯物史观的人，亦有以此为口实，便说这种定命（听命由天）的人生观，是唯物史观给下的恶影响。这都是大错特错，唯物史观及于人生的影响乃适居其反。

旧历史的纂著和他的教训的虚伪既是那样荒陋，并且那样明显，而于文化上又那样无力，除了少数在神学校的，几乎没有几多教授再作这种陈腐而且陋劣的事业了。晚近以来，高等教育机关里的史学教授，几无人不被唯物史观的影响，而热心创造一种社会的新生。只有公立学校的初级史学教员，尚未觉察到这样程度的变动，因为在那里的教训，全为成见与习惯所拘束，那些教员又没有那样卓越的天才,足以激励他们文化进步上的自高心,而现今的公立学校又过受政治和教科书事务局的限制。

  唯物史观现在史学上的价值,既这样的重大,而于人生上所被的影响,又这样的紧要,我们不可不明白他的真意义,用以得一种新人生的了解。我们要晓得一切过去的历史,都是靠我们本身具有的人力创造出来的,不是那个伟人圣人给我们造的,亦不是上帝赐予我们。将来的历史,亦还是如此。现在已是我们世界的平民的时代了,我们应该自觉我们的势力,赶快联合起来,应我们生活上的需要,创造一种世界的平民的新历史。

(原载《新青年》第8卷第4号)

劳动者底觉悟
在上海船务、栈房工界联合会演说

陈独秀

世界上是些什么人最有用、最贵重呢？必有一班糊涂人说皇帝最有用、最贵重，或是说做官的、读书的最有用、最贵重。我以为他们说错了，我以为只有做工的人最有用、最贵重。

这是因为什么呢？

我们吃的粮食，是那种田的人做的，不是皇帝、总统、做官的、读书的人做的；我们穿的衣服，是裁缝做的，不是皇帝、总统、做官的、读书的人做的；我们住的房屋，是木匠、瓦匠、小工做的，不是皇帝、总统、做官的、读书的人做的；我们坐的各种车船，都是木匠、铁匠、漆匠做的，还有许多机器匠、驾船工人、掌车工人、水手、搬运工人等，才能把我们的货物和我们自己送到远方，这都不是皇帝、总统、做官的、读书的人底功劳。这世界上若是没有种田的、裁缝、木匠、瓦匠、小工、铁匠、漆匠、机器匠、驾船工人、掌车工人、水手、搬运工人等，我们便没有饭吃，没有衣穿，没有房屋住，没有车坐，没有船坐。可见社会上各项人只有做工的是台柱子，因为有他们的力量才把社会撑住，若是没做工的人，我们便没有衣、食、住和交通，我们便不能生存。如此，人类社会岂不是要倒塌吗？我所以说只有做工的人最有用、最贵重。

但是现在人的思想都不是这样，他们总觉得做工的人最无用、最下贱，反是那不做工的人最有用、最贵重。我们现在一方面盼望不做的工人快快觉悟自己无用的下贱，一方面盼望做工的人快快觉悟自己有用、贵重。

世界劳动者的觉悟计分二步：第一步觉悟是要求待遇；第二步觉悟是要求管理权。现在欧美各国劳动者底觉悟已经是第二步，东方各国像日本和中国劳动者底觉悟，还不过第一步。

在表面上看起来，欧美、日本的劳动者都在那里大吹大擂的运动，其实日本劳动者底觉悟和欧美大不相同。因为他们觉悟后所要求的，有第一步、第二步的分别。第一步觉悟后所要求的,是劳动者对于国家资本家要求待遇改良(像减少时间、增加工价、改良卫生、保险教育等事);第二步觉悟后所要求的,是要求做工的人自身站在国家资本家地位,是要求做工的人自己起来管理政治、军事产业,和第一步觉悟时仅仅要求不做工的人对于做工的人待遇改良大不相同。第一步要求还是讨饭吃,必须到了自己做饭吃的时候,油、盐、柴、米、菜、蔬、锅、灶、碗、碟等都拿在自己手里,做工的人底权利才算稳固。否则无论如何待遇改良,终是仰仗别人底恩惠、赏饭。

中国古人说:"劳心者治人,劳力者治于人。"现在,我们要将这句话倒转过来说:"劳力者治人,劳心者治于人。"

各国劳动者第二步觉悟,第二步要求,并没有别的奢望,不过是要求做工的劳力者管理政治、军事、产业,居于治人的地位,要求那不做工的劳心者居于治于人的地位。

我们中国的劳动运动还没有萌芽,第一步觉悟还没有,怎说得到第二步呢?不过我望我们国里底做工的人,一方面要晓得做工的人觉悟确有第二步境界,就是眼前办不到,也不妨作此想;一方面要晓得劳动运动才萌芽的时候,不要以为第一步不满意便不去运动。

(原载《新青年》第 7 卷第 6 号)

多研究些问题,少谈些"主义"!

胡 适

本报第二十八号里,我曾说过:

> 现在舆论界的大危险,就是偏向纸上的学说,不去实地考察中国今日的社会需要究竟是什么东西。那些提倡尊孔祀天的人,固然是不懂得现时社会的需要。那些迷信军国民主义或无政府主义的人,就可算是懂得现时社会的需要吗?
>
> 要知道舆论家第一天职,就是要细心考察社会的实在情形。一切学理,一切"主义",都只是这种考察的工具。有了学理作参考材料,便可使我们容易懂得所考察的情形,容易明白某种情形有什么意义,应该用什么救济的方法。

我这种议论,有许多人一定不愿意听。但是前几天北京《公言报》《新民国报》《新民报》(皆安福部的报),和日本文的《新支那报》,都极力恭维安福部首领王揖唐主张民生主义的演说,并且恭维安福部设立"民生主义研究会"的办法。有许多人自然嘲笑这种假充时髦的行为。但是我看了这种消息,发生一种感想。这种感想是:"安福部也来高谈民生主义了,这不是给我们这班新舆论家作一种教训吗?"什么样的教训呢? 这个可分三层说:

第一,空谈好听的"主义",是极容易的事,是阿猫阿狗都能做的事,是鹦鹉和留声机器都能做的事。

第二,空谈外来进口的"主义",是没有什么用处的。一切主义都是某时某地的有心人,对于那时那地的社会需要的救济方法。我们不去实地研究我们现在的社会需要,单会高谈某某主义。好比医生单记得许多汤头歌诀,不去研究病人的症候,如何能有用呢?

第三,偏向纸上的"主义",是狠危险的。这种口头禅狠容易被无耻政客利用来做种种害人的事。欧洲政客和资本家利用国家主义的流毒,都是人所共知的。

现在中国的政客，又要利用某种某种主义来欺人了。罗兰夫人说："自由！自由！天下多少罪恶，都是借你的名做出的！"一切好听的主义，都有这种危险。

这三条合起来看，可以看出"主义"的性质。凡"主义"都是应时势而起的。某种社会，到了某时代，受了某种的影响，呈现某种不满意的现状。于是有一些有心人，观察这种现象，想出某种救济的法子。这是"主义"的原起。主义初起时，大都是一种救时的具体主张。后来这种主张传播出去，传播的人要图简便，便用一两个字来代表这种具体的主张，所以叫他做"某某主义"。主张成了主义，便由具体的计画，变成一个抽象的名词。"主义"的弱点和危险就在这里。因为世间没有一个抽象名词能把某人某派的具体主张都包括在里面。比如"社会主义"一个名词，马克思的社会主义和王揖唐的社会主义不同，你的社会主义和我的社会主义不同：决不是这一个抽象名词所能包括。你谈你的社会主义，我谈我的社会主义，王揖唐又谈他的社会主义，同用一个名词，中间也许隔开七八个世纪，也许隔开两三万里路，然而你和我和王揖唐都可自称社会主义家，都可用这一个抽象名词来骗人。这不是"主义"的大缺点和大危险吗？

我再举现在人人嘴里挂着的"过激主义"做一个例：现在中国有几个人知道这一个名词做何意义？但是大家都痛骂痛恨"过激主义"，内务部下令严防"过激主义"，曹锟也行文严禁"过激主义"，卢永祥也出示查禁"过激主义"。前两个月，北京有几个老官僚在酒席上叹气，说："不好了，过激派到了中国了。"前两天有一个小官僚，看见我写的一把扇子，大诧异道："这不是过激党胡适吗？"哈哈！这就是"主义"的用处！

我因为深觉得高谈主义的危险，所以我奉劝现在新舆论界的同志道："请你们多提出一些问题，少谈一些纸上的主义。"更进一步说："请你们多多研究这个问题如何解决，那个问题如何解决，不要高谈这种主义如何新奇，那种主义如何奥妙。"

现在中国应该赶紧解决的问题，真多得狠。从人力车夫的生计问题，到大总统的权限问题；从卖淫问题到卖官卖国问题；从解散安福部问题到加入国际联盟问题；从女子解放问题到男子解放问题……那一个不是火烧眉毛的紧急问题？

我们不去研究人力车夫的生计，却去高谈社会主义！不去研究女子如何解放，家庭制度如何救正，却去高谈公妻主义和自由恋爱！不去研究安福部如何解散，不去研究南北问题如何解决，却去高谈无政府主义！我们还要得意扬扬的夸口道："我们所谈的是根本解决。"老实说罢，这是自欺欺人的梦话！这是中国思想界破产的铁证！这是中国社会改良的死刑宣告！

为什么谈主义的人那么多，为什么研究问题的人那么少呢？这都由于一个懒字。懒的定义是避难就易。研究问题是极困难的事，高谈主义是极容易的事。比如研究安福部如何解散，研究南北和议如何解决，这都是要费工夫，挖心血，收集材料，征求意见，考察情形，还要冒险吃苦，方才可以得一种解决的意见。又没有成例可援，又没有黄梨洲、柏拉图的话可引，又没有《大英百科全书》可查，全凭研究考察的工夫：这岂不是难事吗？高谈"无政府主义"便不同了。买一两本实社《自由录》，看一两本西文无政府主义的小册子，再翻一翻《大英百科全书》，便可以高谈无忌了：这岂不是极容易的事吗？

高谈主义，不研究问题的人，只是畏难求易，只是懒。

凡是有价值的思想，都是从这个那个具体的问题下手的。先研究了问题的种种方面的种种事实，看看究竟病在何处，这是思想的第一步工夫。然后根据于一生的经验学问，提出种种解决的方法，提出种种医病的丹方，这是思想的第二步工夫。然后用一生的经验学问，加上想象的能力，推想每一种假定的解决法，该有什么样的效果，推想这种效果是否真能解决眼前这个困难问题。推想的结果，拣定一种假定的解决，认为我的主张，这是思想的第三步工夫。凡是有价值的主张，都是先经过这三步工夫来的。不如此，算不得舆论家，只可算是钞书手。

读者不要误会我的意思。我并不是劝人不研究一切学说和一切"主义"。学理是我们研究问题的一种工具。没有学理做工具，就如同王阳明对着竹子痴坐，妄想"格物"，那是做不到的事。种种学说和主义，我们都应该研究。有了许多学理做材料，见了具体的问题，方才能寻出一个解决的方法。

但是我希望中国的舆论家，把一切"主义"摆在脑背后做参考资料，不要挂在嘴上做招牌，不要教一知半解的人拾了这些半生不熟的主义去做口头禅。

"主义"的大危险，就是能使人心满意足，自以为寻着了包医百病的"根本解决"，从此用不着费心力去研究这个那个具体问题的解决法了。

（原载《每周评论》第 31 号）

问题与主义

蓝公武

本报三十一期有我的《多研究些问题，少谈些主义》一篇文章。我的朋友"知非"先生把他转载在《国民公报》上，又在那报上发表了知非先生的议论，很有许多地方可以补正我的原作。他那篇文章约有七千字，本报篇幅有限，不能全载，故略加删节，转录于此。所删去的几段，如论人类的神秘性之类，大概都是不狠紧要的材料，请作者原谅。（胡适）

近日《每周评论》上，有一篇胡君适之的文章，劝人少讲主义，多研究问题，说得非常痛辟。吾们舆论界，从这篇文章里，得的益处一定不少。但是中国今日的思想界，混沌已极，是个"扶得东来西又倒"的东西。胡君这篇议论，恐怕会得一个意想外的结果。况且他的议论里头，太注重了实际的问题，把主义学理那一面的效果抹杀了一大半，也有些因噎废食的毛病。现在记者且把自己的意见，分几层写出来，就正胡君，并质之一般舆论界。

现在请先一论问题的性质。

一、凡是构成一个问题，必定是社会生活上遇着了一种困难。这困难是从三种情形来的：（一）旧存的制度，和新有的理想冲突；（二）新变化的生活（外来的或自发的原因）和旧事物的冲突；（三）社会中有扰乱迫害的事实发生。因有这三种情形问题的性质，便有理想和现实的区别。其解决的方法，也就不能一律并论了。

二、问题本因实际利害而起。但是在这不等质的社会，各部分的利害，常不一致。甲部分的问题，未必不是乙部分的问题，甚或互相冲突，各自构成相反的问题。故问题的范围常不相同，有世界的问题，有一民族的问题，有一地方的或一阶级的问题。问题愈广，理想的分子亦愈多；问题愈狭，现实的色彩亦愈甚：决不可以一概而论的。

三、问题之发生，固起于困难；但构成一种问题，非必由于客观的事实，而全赖主观的反省。有主观的反省，虽小事亦可成为问题；无主观的反省，即遇着极不合理的，或是极困难的事实，也未必能成为问题。譬如专制君主的毒害，在中国行了几千年，并没有人觉他不合理，拿来成一问题。及至最近数十年，西方的思想输入，人民有了比较，起了反省，即便成了极大的问题，产生出辛亥革命的大事件。又如东方的家族制度、奴隶劳动，在今日思想已经进步的时候，尚不能成为问题，若移到西方去，立刻便成了一种不可终日的问题了。可见构成问题的要素，全在这主观的反省。

问题的性质既是这样的复杂，那解决的方法当然不能简单一样。遇着局部的现实的经过反省，成了问题的时候，自然用不着主义学说来鼓吹，只要求具体的解决方法，便有结果。若是一种广泛的含有无数理想的分子的——即为尚未试验实行的方法——问题，并且一般人民，对于他全无反省，尚不能成为问题时候，恐怕具体的方法，也不过等于空谈，决没有什么效果可言的么。况且解决一种问题，全靠与这问题有关系的人自动的起来解决，方有效果可言。若是有关系的人毫无丝毫感觉这问题的重要，即便人起来代劳，其效果不是零便是恶，是可断定的。故所以吾们要提出一种具体的方法来解决问题，必定先要鼓吹这问题的意义以及理论上根据，引起了一般人的反省，使成了问题，才能采纳吾们的方法。否则问题尚不成，有什么方法可言呢？

通常提到问题两个字，一定把他当作具体的性质看，其实不尽然。哲学科学上的且不提，即如与吾们实际生活有关系的问题，抽象性质的也很多。……从他根本的方面着眼，即成了抽象性的问题，从他实行的方面着眼，便成了具体性的问题。……

像吾上文第一项所举的旧制度和新理想的冲突问题，这种问题，大概通常称为革命的问题（广义的）。初起的时候，一定是在那是非善恶的方面争，即标示的改革方法，也决不是什么具体方法，一定是一种趋向的标准（这种标示，与其说是方法，毋宁说是目标）。譬如法国大革命时候所标示的自由、平等，和中国辛亥革命所标示排满，算是具体的方法呢，还是理想的目标呢？这可以不言而知的。故凡是革命的问题，一定从许多要求中，抽出几点共通性，加上理想的色彩，成一种抽象性的问题，才能发生效力。若是胪列许多具体方法，即就变成一种条陈，连问题都不成，如何能做一般的进行方针呢？于此可见问题不限于具体性，而抽象性的问题是更为重要的了。

像吾上文第二项所举的例，凡是一阶级一地方的实际利害，自然是具体问题居多。但是涉于事物制度起源的问题,那就变成抽象性了。譬如选举权及自治权的问题,在起初的时候,决不是他内容如何的问题,一定是正当不正当及权利义务的理论问题。何况自一阶级以及他阶级,一地方以及他地方?若不是抽出共通点来作进行的标准,那人力车夫的利害问题,如何能算小学教员的问题?小学教员的问题,又如何能算是女工的问题?其中能一致的地方,自然是抽象的结果了。"去其特别点而取其共通点"。若如民族的世界的问题,因他范围之广,那抽象性是自然越发增大的了。故问题的范围愈大,那抽象性亦愈增加。于此更可见抽象性问题的重要了。

像吾上文所举第三项的例,人类主观的反省,固多起于实际苦痛的压迫。但是人有一种习惯性,他的性质异常固定,可以使人麻木不仁。任你如何活动的事物,一成习惯,便如生铁铸成,决不能动他秋毫。古今无量数的人,为苦痛压迫的牺牲,因为这习惯的桎梏,宛转就死,尚不知其所以然,并没有人把他提出来做个问题。必定等到有少数天才有识的人,把他提作问题,加以种种理论上的鼓吹,然后才成一个共同的问题。故抽象问题,常在具体问题之先,到了第二步才变成具体的性质的。

从这三点看起来,问题不限于具体,抽象性的更为重要;而当问题初起之时,一定先为抽象性,后才变成具体性的。照此讲法,主义学说,如何可以说是不重要,而一笔抹杀呢?吾且再把主义学说的性质论一论。

主义是什么呢?胡君说,从一种救时的具体主张,因为传播的缘故,才变成一种抽象的主义(简略胡君原语)。这话果然不错。但是有许多主义,他的重要部分,并不在从具体主张变成抽象名辞,却在那未来的理想。世间有许多极有力量的主义,在他发生的时候,即为一种理想,并不是什么具体方法,信仰这主义的,也只是信仰他的理想,并不考究他的实行方法。即如从具体方法变成主义的,也决不是单依着抽象方法便能构成,尚须经过理想的洗练泡制改造成的。故理想乃主义的最要部分。一种主张能成主义与否,也全靠这点。

主义是多数人共同行动的标准,或是对于某种问题的进行趋向或是态度。一种主张能成为标准、趋向、态度,与具体的方法却成反比例(因为愈具体,各部分的利害愈不一致),全看他所含抱的理想的强弱。设个比方:主义好像航海的罗盘针,或是灯台上的照海灯。航海的人,照着他进行罢了。至于航海的方法以及器具,却是另一件事,与他无必然的关系。故主义是一件事,实行的方法又是一件事,其间虽有联属的关系,却不是必然不可分离的。一个主义,可以有种种的实行方法,甚至可以互相冲突,绝不相容。各种的实行方法,也都是按着各部分人的利害必要,各各不同。因为方法与主义,不过是目标与路径的关系。向着这目标走,果然是一定不变。至于从那一条路走,路中所遇事物何如,行路中间所起的事变何如,与这目标并无必然的关系。换一句话讲,主义并不一定含着实行的方法,那实行的方法,也并不是一定要从主义中推演出来的。故所以同一主义,在甲地成了某种现象,在乙地又成一种现象。乃至同在一地,信奉同一主义的人,因实行方法的不同,变成种种极不相容的党派。这种例证,古今不知多少,亦不用再举的了。

胡君说,主义的弱点和危险,都在这抽象一点上,这话也不尽然。吾上文已经说过,范围愈广,他的抽象性亦愈大。因为抽象性大,涵盖力可以增大。涵盖力大,归依的人数自然愈增多。

自来宗教上、道德上、政治上,主义能鼓动一世,发生极大效力,都因为他能涵盖一切,做各部分人的共同趋向的缘故。若愈近具体,则必切合一部分的利害。他的发动的力量,顶大也只限于一部分的人,如何能鼓动各部分的人呢?故往往有一种主义,在主义进行的时候,效力非常之大,各部分的团结也非常坚强,一到具体问题的时候,主张纷歧,立刻成一种扰攘的现象。像那法国大革命、中国的辛亥革命,以及今日的俄德革命,都是极好的一个例。他们当初所以能成功,都因为共同奉着一个抽象主义。若是起初就拿具体的方法来进行,恐怕在革命前,便已互相冲突纷乱扰攘,早为旧势力所扑灭,还能等到革命后来纷扰么?

胡君说主义有危险。依吾的意见,主义的自身并没有什么危险。所谓危险,都在贯澈主义的实行方法。何以故呢?因为凡是主义,必定含着一种未来的理想。在尚未实现的时候,如何能判定他危险不危险呢?若指他试验中间所发生的种种恶现象而言,则凡属试验的事物,必须经过种种错误,才能成功,——所谓错误,也只方法上的错误,——不独主义为然。况且主义不过是一种标准、趋向、态度,并非实行方法。在同一主义之下,可以有种种不同或是相反的方法。危险不危险,全看选择的精确不精确。择术不精,才有危险。如何能怪及主义呢?譬如罗盘针虽是航海的趋向标准,但同一方向的海路,本不只一条,海中间所有的危险也不只一途,你自测量不精,走错了路,如何能怪及罗盘针指示的方向不对呢?故说主义危险,实是因果倒置……

照吾以上说法,问题与主义,并不是相反而不能并立的东西。现在且把问题、主义、方法三种相连的关系,归结到下列五点:

（一）一种问题的实行方法，本有种种条款，有重要的，有不重要的，有联属的，有矛盾的。若无一贯的精神把他整齐贯串，如何能实行有效呢？这种一贯的精神，就是主义。故吾说主义是方法的标准、趋向和态度。

（二）问题愈大，性质愈复杂。一个问题，往往含有无数相反的可能性。其中自有最重要而为问题的中心一点。这最重要而为中心一点，在问题自身原为解决方法的标准，抽象出来，推行到他部分或是他种问题去，即是主义。

（三）问题的抽象性、涵盖性，很有与主义相类的地方。往往同一事件，从受动这方面去看，是个问题，从能动这方面去看，就是主义。换一句话讲，问题有一贯的中心，是问题之中有主义，主义常待研究解决，是主义之中有问题，二者自不能截然区别的。

（四）社会的环境不同，主义和问题的关系，也就不能一样。在文化运动进步不息的社会，主义常由问题而产生。因为在这种社会，一切事物都属能动性，常跟时代前进。偶有那不进的食物，立刻便引起一般人的注意，成为问题，有问题，便发生各种运动。从这运动中，便产生了若干主义，拿来做解决方法的实行标准。若是在那文化不进步的社会，一切事物都成了固定性的习惯，则新问题的发生，须待主义的鼓吹成功，才能引人注意。因为在这种社会，问题的发生，极不容易。非有一种强有力的主义鼓吹成熟，征服了旧习惯，则无论何种事物，都有一个天经地义的因袭势力支配在那里，有敢挟丝毫疑义的人，便是大逆不道。如何能拿来当问题，去讲求解决方法呢？故在不进步的社会，问题是全靠主义制造成的。

（五）不论何种社会，凡是进到何种程度，文化必定渐渐化为固定性，发生停滞的现象。故必常常有少数天才有识的人，起来鼓吹新理想，促进社会的文化。这种新理想，在一般人渐渐首肯之时，即成为主义。由此主义，发生种种问题，试验又试验，常悬为未来的进行方针。而在旧习惯所支配的社会，自身不能发生新理想，则往往由他国输入富于新理想的主义，开拓出一个改革的基础来。

以上五点，即是吾上文所说的结论。胡君对于主义，于吾上文所说外，尚抱有几个疑点。现请就这几点上讨论。

一、空谈主义是狠容易的事，解决问题是狠难的事。

难易本来是比较的话，没有绝对的标准。……譬如主义，读一二小册子，便可乱谈，看起来似乎狠易。但是要把一种主义的内容和意义，明白得十分透澈，鼓吹到社会上去，使社会的若干部分，成为信徒，发生主义的运动，这事恐怕就狠难。又如解决实际问题,往往费尽力量,不得一个圆满的结果,看起来似乎很难。但若不问结果,只要糊里糊涂了结,那了结的方法,正容易呢!可见主义的易,不易在主义本身,而在随便乱谈;问题的难,不难在解决方法,而难在解决后的好结果。再进一步言:解决的结果何以有好坏,好结果何以很难,这不可不有一判别的标准。这个标准,就是一种主义……胡君不说应当从主义上做工夫,却教吾们去想实际解决的方法,那自然是难极的了。

二、胡君说空谈外来进口的主义,是没有什么用处的。

胡君的意思,以为一切主义,都不过是某时某地一种具体的方法转变来的,和吾们实际的需要未必能符,各有各的需要,各有各的方法,故说外来的主义是无用的。这话果然也很有道理,但是在今日世界,文化交通的时代,各社会的需要,渐渐日即日近,一地有效的主义,在他地也未必无效。吾们只能问主义之有效与否,不必问他是外来的或是自生的。况且所谓实际需要,也得有个解说。在因袭势力支配的旧社会,他的需要和那文化进步的社会,都是大不相同的。……中国今日所有的新需要、新问题,那一件不是外来的思想主义所产生来的么?如果胡君的话是专指不合现时用的那些极端主义而言,命题果然正确得多,但是亦有未尽的地方。因为一切主义,都含有几种理想,其中有现时可适用的,有现时不可适用的;甲地可适用的,乙地不可适用的;极端的如是,温和的亦复如是:这是选择应用上的问题,和输入外来的主义无关。即如过激主义和无政府主义等等。其中不适合的地方,果然很多有益处的地方也并非绝无。取长去短,以补他种主义之不足,亦未尝无效力可言,要在能否运行,研究他亦正不妨。若是概括的以空谈外来主义为无用,未免有几分独断。

三、胡君说偏向纸上的主义,有为无耻政客用来做害人的危险。

胡君这种忧虑,是大可不必有的。因为主义进于鼓吹,已不限于纸上的了。人家受他的鼓吹,信奉他的主义,必定要问这主义的内容和他的影响结果。无耻政客,决不能用来欺人的。……王揖唐讲社会主义,依然还是一个王揖唐主义,绝没有人去上他当的。至于假借名目,用来作陷害人的器具,那真是欲加之罪,何患无辞?在没有这些主义的时候,他们何尝少害了人呢?横竖吾们是他们眼中钉,有主义也罢,无主义也罢,总有一天拔去了他们才痛快。倒是吾们现时在研究商酌之中,不能自己确立一种最信奉的主义,标明旗帜,和他们短兵相接,是一件最抱憾的事罢。

吾现在再简单总括几句话:吾们因为要解决从人力车夫的生计,到大总统的权限；从卖淫到卖官卖国；从解散安福部到加入国际联盟；从女子解放到男子解放等等问题；所以要研究种种主义。主义的研究和鼓吹，是解决问题的最重要最切实的第一步。（完）

　　我对于这篇文章还有一点意见，本期篇幅不够了，且待下期发表。（适）

（原载1919年7月北京《国民公报》，现转录自《每周评论》第33号，原署名"知非"）

再论问题与主义

李大钊

适之先生：

我出京的时候，读了先生在本报三十一号发表的那篇论文，题目是《多研究些问题，少谈些主义》，就发生了一些感想。其中有的或可与先生的主张互相发明，有的是我们对社会的告白。现在把他一一写出，请先生指正。

一、"主义"与"问题"

我觉得"问题"与"主义"，有不能十分分离的关系。因为一个社会问题的解决，必须靠着社会上多数人共同的运动。那么我们要想解决一个问题，应该设法使他成了社会上多数人共同的问题。要想使一个社会问题，成了社会上多数人共同的问题，应该使这社会上可以共同解决这个那个社会问题的多数人，先有一个共同趋向的理想、主义，作他们实验自己生活上满意不满意的尺度（即是一种工具）。那共同感觉生活上不满意的事实，才能一个一个的成了社会问题，才有解决的希望。不然，你尽管研究你的社会问题，社会上多数人，却一点不生关系。那个社会问题，是仍然永没有解决的希望；那个社会问题的研究，也仍然是不能影响于实际。所以我们的社会运动，一方面固然要研究实际的问题，一方面也要宣传理想的主义。这是交相为用的，这是并行不悖的。不过谈主义的人，高谈却没有甚么不可，也须求一个实验。这个实验，无论失败与成功，在人类的精神里，终能留下个狠大的痕影，永久不能消灭。从前信奉英国的 Owen 的主义的人，和信奉法国 Fourier 的主义的人，在美洲新大陆上都组织过一种新村落、新团体。最近日本武者小路氏等，在那日向地方，也组织了一个"新村"。这都是世人指为空想家的实验，都是他们的实际运动中最有兴味的事实，都是他们同志中的有志者或继承者集合起来组织一个团体，在那里实现他们所理想的社会组织，作一个关于理想社会的标本，使一般人由此知道这新社会的生活可以希望，以求实现世界的改造的计画。Owen 派与 Fourier 派在美洲的运动,虽然因为离开了多数人民去传播他们的理想,就像在那没有深厚土壤的地方撒布种子的一样,归于失败了。而 Noyes 作《美国社会主义史》却批评他们说,Owen 主义的新村落,Fourier 主义的新团体,差不多生下来就死掉了。现在人都把他们忘了。可是社会主义的精神,永远存留在国民生命之中。如今在那几百万不曾参加他们的实验生活,又不是 Owen 主义者,又不是 Fourier 主义者,只是没有理论的社会主义者,只信社会有科学的及道德的改造的可能的人人中,还有方在待晓的一个希望,犹尚俨存。这日向的"新村",有许多点像那在美洲新大陆上已成旧梦的新村。而日本的学者及社会,却狠注意。河上肇博士说,他们的企画中所含的社会改造的精神,也可以作方在待晓的一个希望,永存在人人心中。最近本社仲密先生自日本来信也说:"此次东行在日向颇觉愉快。"可见就是这种高谈的理想,只要能寻一个地方去实验,不把他作了纸上的空谈,也能发生些工具的效用,也会在人类社会中有相当的价值。不论高揭什么主义,只要你肯竭力向实际运动的方面努力去作,都是对的,都是有效果的。这一点我的意见稍与先生不同,但也承认我们最近发表的言论,偏于纸上空谈的多,涉及实际问题的少,以后誓向实际的方面去作。这是读先生那篇论文后发生的觉悟。

大凡一个主义,都有理想与实用两面。例如民主主义的理想,不论在那一国,大致都很相同。把这个理想适用到实际的政治上去,那就因时、因所、因事的性质情形,有些不同。社会主义,亦复如是。他那互助友谊的精神,不论是科学派、空想派,都拿他来作基础。把这个精神适用到实际的方法上去,又都不同。我们只要把这个那个的主义,拿来作工具,用以为实际的运动,他会因时、因所、因事的性质情形生一种适应环境的变化。在清朝时,我们可用民主主义作工具去推翻爱新觉罗家的皇统。在今日,我们也可以用他作工具,去推翻那军阀的势力。在别的资本主义盛行的国家,他们可以用社会主义作工具去打倒资本阶级。在我们这不事生产的官僚强盗横行的国家,我们也可以用他作工具,去驱除这一班不劳而生的官僚强盗。一个社会主义者,为使他的主义在世界上发生一些影响,必须要研究怎么可以把他的理想尽量应用于环绕着他的实境。所以现代的社会主义,包含着许多把他的精神变作实际的形式使合于现在需要的企图。这可以证明主义的本性,原有适应实际的可能性,不过被专事空谈的人用了,就变成空罢了。那么,先生所说主义的危险,只怕不是主义的本身带来的,是空谈他的人给他的。

二、假冒牌号的危险

一个学者一旦成名，他的著作恒至不为人读，而其学说却如通货一样，因为不断的流通传播，渐渐磨灭，乃至发行人的形象、印章，都难分清。亚丹·斯密史留下了一部书，人人都称赞他，却没有人读他。马查士留下了一部书，没有一个人读他，大家却都来滥用他。英人邦纳(Bonar)氏早已发过这种感慨。况在今日群众运动的时代，这个主义、那个主义多半是群众运动的隐语、旗帜，多半带着些招牌的性质。既然带着招牌的性质，就难免招假冒牌号的危险。王麻子的刀剪得了群众的赞许，就有旺麻子等来混他的招牌；王正大的茶叶得了群众的照顾，就有汪正大等来混他的招牌。今日社会主义的名辞，很在社会上流行，就有安福派的社会主义，跟着发现。这种假冒招牌的现象，讨厌诚然讨厌，危险诚然危险，淆乱真实也诚然淆乱真实。可是这种现象，正如中山先生所云，新开荒的时候，有些杂草毒草，夹杂在善良的谷物花草里长出，也是当然应有的现象。王麻子不能因为旺麻子等也来卖刀剪，就闭了他的剪铺。王正大不能因为汪正大等也来贩茶叶，就歇了他的茶庄。开荒的人，不能因为长了杂草毒草，就并善良的谷物花草一齐都收拾了。我们又何能因为安福派也来讲社会主义，就停止了我们正义的宣传？因为有了假冒牌号的人，我们愈发应该一面宣传我们的主义，一面就种种问题研究实用的方法，好去本着主义作实际的运动，免得阿猫、阿狗、鹦鹉、留声机来混我们骗大家。

三、所谓过激主义

《新青年》和《每周评论》的同人，谈俄国的布尔扎维主义的议论很少。仲甫先生和先生等的思想运动、文学运动，据日本《日日新闻》的批评，且说是支那民主主义的正统思想。一方要与旧式的顽迷思想奋战，一方要防遏俄国布尔扎维主义的潮流。我可以自白，我是喜欢谈谈布尔扎维主义的。当那举世若狂庆祝协约国战胜的时候，我就作了一篇《Bolshevism 的胜利》的论文，登在《新青年》上。当时听说孟和先生因为对于布尔扎维克不满意，对于我的对于布尔扎维克的态度也狠不满意(孟和先生欧游归来，思想有无变动，此时不敢断定)。或者因为我这篇论文，给《新青年》的同人惹出了麻烦，仲甫先生今犹幽闭狱中，而先生又横被过激党的诬名,这真是我的罪过了。不过我总觉得布尔扎维主义的流行,实在是世界文化上的一大变动。我们应该研究他,介绍他,把他的实象昭布在人类社会,不可一味听信人家为他们造的谣言,就拿凶暴残忍的话抹煞他们的一切。所以一听人说他们实行"妇女国有",就按情理断定是人家给他们造的谣言。后来看见美国 New Republic 登出此事的原委,知道这话果然是种谣言,原是布尔扎维克政府给俄国某城的无政府党人造的。以后展转传讹,人又给他们加上了。最近有了慰慈先生在本报发表的俄国的新宪法、土地法、婚姻法等几篇论文,很可以供我们研究俄事的参考,更可以证明妇女国有的话全然无根了。后来又听人说他们把克鲁泡脱金氏枪毙了,又疑这话也是谣言。据近来欧美各报的消息,克氏在莫斯科附近安然无恙。在我们这盲目的社会,他们那里知道 Bolshevism 是什么东西、这个名辞怎么解释,不过因为迷这资本主义、军国主义的日本人把他译作过激主义,他们看"过激"这两个字很带着些危险,所以顺手拿来,乱给人戴。看见先生们的文学改革论,激烈一点,他们就说先生是过激党。看见章太炎、孙伯兰的政治论,激烈一点,他们又说这两位先生是过激党。这个口吻是根据我们四千年先圣先贤道统的薪传。那"杨子为我,是无君也。墨子兼爱,是无父也。无父无君,是禽兽也"的逻辑,就是他们唯一的经典。现在就没有"过激党"这个新名辞,他们也不难把那旧武器拿出来攻击我们。什么"邪说异端"哪,"洪水猛兽"哪,也都可以给我们随便戴上。若说这是谈主义的不是,我们就谈贞操问题,他们又来说我们主张处女应该与人私通。我们译了一篇社会问题的小说,他们又来说我们提倡私生子可以杀他父母。在这种浅薄无知的社会里,发言论事,简直的是万难,东也不是,西也不是。我们惟有一面认定我们的主义,用他作材料、作工具,以为实际的运动;一面宣传我们的主义,使社会上多数人都能用他作材料、作工具,以解决具体的社会问题。那些猫、狗、鹦鹉、留声机,尽管任他们在旁边乱响,过激主义哪,洪水猛兽哪,邪说异端哪,尽管任他们乱给我们作头衔,那有闲工夫去理他?

四、根本解决

"根本解决"这个话,很容易使人闲却了现在不去努力,这实在是一个危险。但这也不可一概而论。若在有组织有生机的社会,一切机能都很敏活,只要你有一个工具,就有你使用他的机会,马上就可以用这工具作起工来。若在没有组织没有生机的社会，一切机能，都已闭止，任你有什么工具，都没有你使用他作工的机会。这个时候，恐怕必须有一个根本解决，才有把一个一个的具体问题都解决了的希望。就以俄国而论，罗曼诺夫家没有颠覆，经济组织没有改造以前，一切问题，丝毫不能解决，今则全部解决了。依马克思的唯物史观，社会上法律、政治、伦理等精神的构造，都是表面的构造。他的下面，有经济的构造作他们一切的基础。经济组织一有变动，他们都跟着变动。换一句话说，就是经济问题的解决，是根本解决。经济问题一旦解决，什么政治问题、法律问题、家族制度问题、女子解放问题、工人解放问题，都可以解决。可是专取这唯物史观（又称历史的唯物主义）的第一说，只信这经济的变动是必然的，是不能免的，而于他的第二说，就是阶级竞争说，了不注意，丝毫不去用这个学理作工具，为工人联合的实际运动。那经济的革命，恐怕永远不能实现，就能实现，也不知迟了多少时期。有许多马克思派的社会主义者，很吃了这个观念的亏。天天只是在群众里传布那集产制必然的降临的福音，结果除去等着集产制必然的成熟以外，一点的预备也没有作，这实在是现在各国社会党遭了很大危机的主要原因。我们应该承认，遇着时机，因着情形，或须取一个根本解决的方法，而在根本解决以前，还须有相当的准备活动才是。

以上拉杂写来，有的和先生的意见完全相同，有的稍相差异，已经占了很多的篇幅了。如有未当，请赐指教。以后再谈罢。

李大钊寄自昌黎五峰

我要做的《再论问题与主义》，现在有守常先生抢去做了，我只好等到将来做《三论问题与主义》罢。（胡适）

（原载《每周评论》第 35 号）

三论问题与主义

胡 适

我那篇《多研究些问题,少谈些"主义"》,承蓝知非和李守常两先生,做长篇的文章同我讨论,把我的一点意思发挥得更透彻明了,还有许多匡正的地方,我狠感激他们两位。

蓝君和李君的意思,有狠相同的一点:他们都说主义是一个"共同趋向的理想"(李君的话),是"多数人共同行动的标准,或是对于某种问题的进行趋向或态度"(蓝君的话)。这种界说,和我原文所说的话并没有冲突。我说:"主义初起时,大都是一种救时的具体主张。后来这种主张传播出去,传播的人要图简便,便用一两个字来代表这种具体的主张,所以叫他做某某主义。主张成了主义,便由具体的计画,变成一个抽象的名词。"我所说的是主义的历史,他们所说的是主义的现在作用。试看一切主义的历史,从老子的无为主义,到现代的布尔札维克主义,那一个主义起初不是一种"救时的具体主张"?

蓝、李两君的误会,由于他们错解我所用的"具体"两个字。凡是可以指为这个或那个的,凡是关于个体的特别的事物的,都是具体的。譬如俄国新宪法主张把私人所有的土地、森林、矿产、水力、银行,收归国有;把制造和运输等事,归工人自己管理;无论何人,必须工作;一切遗产制度,完全废止;一切秘密的国际条约,完全无效……这都是个体的政策,这都是这个那个政治或社会问题的解决法。——这都是"具体的主张"。现在世界各国,有一班"把耳朵当眼睛"的妄人,耳朵里听见了一个"布尔札维克主义"的名词,或只是记得一个"过激主义"的名词,全不懂得这一个抽象名词所代表的是什么具体的主张,便大起恐慌,便出告示捉拿"过激党",便硬把"过激党"三个字套在某人某人的头上。这种妄人,脑筋里的主义,便是我所攻击的"抽象名词"的主义。我所说的"主义的危险",便是指这种危险。

蓝君的第二个大误会,是他把我所用的"抽象"两个字解错了。我所攻击的"抽象的主义",乃是指那些空空荡荡、没有具体的内容的全称名词。如现在官场所惯用的"过激主义",便是一例;如现在许多盲目文人心里的"文学革命"大恐慌,便是二例。蓝君误会我的意思,把"抽象"两个字,解作"理想",这便是大错了。理想不是抽象的,是想象的。譬如一个科学家,遇着一个困难的问题,他脑子里推想出几种解决方法,又把每种假设的解决所涵的结果,一一想象出来,这都是理想的。但这些理想的内容,都是一个个具体的想象,并不是抽象的。我那篇原文,自始至终,不但不曾反对理想,并且极力恭维理想。我说:

> 凡是有价值的思想,都是从这个那个具体的问题下手的。先研究了问题的种种方面的种种事实,看看究竟病在何处,这是思想的第一步工夫。然后根据于一生的经验学问,提出种种解决的方法,提出种种医病的丹方,这是思想的第二步工夫。然后用一生的经验学问,加上想象的能力,推想每一种假定的解决法该有什么样的效果,推想这种效果是否真能解决眼前这个困难问题。推想的结果,拣定一种假定的解决,认为我的主张,这是思想的第三步工夫。凡是有价值的主张,都是先经过这三步工夫来的。不如此,算不得舆论家,只可算是钞书手。

这不是极力恭维理想的作用吗?

但是我所说的理想的作用,乃是这一种根据于具体事实和学问的创造的想象力,并不是那些抄袭现成的抽象的口头禅的主义。我所攻击的,也只是这种不根据事实的、不从研究问题下手的钞袭成文的主义。

蓝、李两君所辩护的主义,其实乃是些抽象名词所代表的种种具体的主张(这个分别,请两君及一切读者不要忘记了)。如此所说的主义,我并不曾轻视。我屡次说过,"一切学理,一切主义,都只是我们研究问题的工具"。我又屡次说过,"有了学理做参考的材料,便可使我们容易懂得所考察的情形有什么意义,应该用什么救济方法"。我这种议论,和李君所说的"应该使社会上多数人先有一个共同趋向的理想、主义,作他们实验自己生活上满意不满意的态度",并没有什么冲突的地方。和蓝君所说的"我们要提出一种具体的方法来解决问题,必定先要鼓吹这问题的意义,以及理论上的根据,引起一般人的反省",也没有什么冲突的地方。因为蓝、李两君这两段话所含的意思,都是要用主义学理作解决问题的工具和参考材料,所以同我的意见相合。如果蓝、李两君认定主义学理的用处,不过是能供给"这问题"的意义,以及理论上的根据。——如果两君认定这观点,我决没有话可以驳回了。

但是蓝君把"抽象"和"理想"混作一事,故把我所反对的和我所恭维的,也混作一事。如他说"问题愈广,理想的分子亦愈多;问题愈狭,现实的色彩亦愈甚"。这是我所承认的。但是此处所谓"理想的分子",乃是上文我所说的"推想""假设""想象"几步工夫,并不是说问题的本身是"抽象的"。凡是能成问题的问题,都是具体的,都只是这个问题或那个问题,决没有空空荡荡,不能指定这个那个的问题而可以成为问题的。

蓝君说:"问题的范围愈大,那抽象性亦愈增加。"这里他把"抽象性"三字,代替上文的"理想的分子"五字,便容易使人误解了。试看他所举的例,如法国大革命所标示的自由平等,如中国辛亥革命所标示的排满,都不是问题本身,都是具体问题的解决。为什么要排满呢?因为满清末年的种种具体的腐败情形,种种具体的民生痛苦和政治黑暗,刺激一般有思想的志士,成了具体的问题,所以他们提出排满的目标,作为解决当时的问题的计画。这问题是具体的,这解决也是具体的。法国革命以前的情形,社会不平等,人民不自由,痛苦的刺激,引起一般学者的研究。一般学者的答案说:人类本生来自由平等的,一切不平等不自由都只是不自然的政治社会的结果。故法国大革命所标示的自由平等,乃是对于法国当日情形的具体解决。法国大革命所要解决的问题,都是具体的。大革命所提出的自由平等,在我们眼里,自然很抽象了,在当日都是具体的主张,因为这些抽象名词,在当日所代表的政策,如废王室,废贵族制度,行民主政体,人人互称"同胞",等等,那一件不是具体的主张?

所以我要说:蓝君说的"问题的范围愈大,那抽象性亦愈增加",是错了。他应该说,"问题的范围愈大,我们研究这种问题时所需要的思想作用格外繁难,格外复杂,思想的方法,应该格外小心,格外精密"。更进一步,他应该说,"问题的范围愈大,里面的具体小问题愈多。我们研究时,决不可单靠几个好听的抽象名词,就可敷衍过去。我们应该把那太大的范围缩小下来,把那复杂的分子分析出来,使他们都成一个一个的具体的简单问题,如此然后可以下手做研究的工夫"。

我且举几个例:譬如手指割破了,牙齿虫蛀了,这都是很简单的病,可以随手解决。假如你生了肠热症(typhoid),病状一时不容易明了,因为里面的分子太复杂了。你的医生必须用种种精密的试验方法,每时记载你的热度,每日画成曲线表,表示热度的升降,诊察你的脉,看你的舌苔,化验你的大小便,取出你的血来,化验血里的微菌……如此方才可以断定你的病是否肠热症。断定之后,方才可以用疗治的方法。一切大问题,一切复杂的问题,并不是"抽象性增加";乃是里面所含的具体分子太多了,所以研究的时候所需要的思想作用也更复杂繁难了。补救这种繁难,没有别法子,只有用"分析",把具体的大问题分作许多更具体的小问题。

分析之后,然后把各分子的现象综合起来,看他们有什么共同的意义。譬如医生把病人的脉、血、小便、热度等现象综合起来,寻出肠热症的意义,这便是"综合"。但是这种综合的结果,仍旧是一个具体的问题(肠热病),仍旧要用一种具体的解决法(肠热病的疗法)。并不是如蓝君所说"从许多要求中抽出几点共通性,加上理想的色彩,成一种抽象性的问题"。

以上所说,泛论"问题与主义",大旨只有几句话:"凡是能成问题的问题,无论范围大小,都是具体的,决不是抽象的;凡是一种主义的起初,都是一些具体的主张,决不是空空荡荡、没有具体的内容的。问题本身并没有什么抽象性,但是研究问题的时候往往必须经过一番理想的作用,这一层理想的作用不可错认作问题本身的抽象性。主义本来都是具体问题的具体解决法,但是一种问题的解决法在大同小异的别国别时代,往往可以借来作参考材料。所以我们可以说,主义的原起虽是个体的、主义的应用,有时带着几分普遍性,但不可因为这或有或无的几分普遍性,就说主义本来只是一种抽象的理想。"

蓝君和我有一个根本不同的地方。我认定主义起初都是一些具体的主张。蓝君便不然,他说:

> 一种主张能成为标准趋向态度,与具体的方法恰成反比例。因为愈具体,各部分的利害愈不一致。……故主义是一件事,实行的方法又是一件事。……主义并不一定含着实行的方法,那实行的方法也并不是一定要从主义中推演出来的。……故往往有一种主义,在主义进行的时候,效力非常之大,各部分的团结也非常坚强。一到具体问题的时候,主张纷歧,立刻成一扰乱的现象。

蓝君这几段话,检直是自己证明主义决不可和具体的方法分开。因为有些人用了几个抽象名词来号召大众,因为他们的"主义"里面,不幸不曾含有"实行的方法"和"具体的主张",所以当鼓吹的时候,未尝不能轰轰烈烈的驱动了无数信徒,一到了实行解决具体问题的时候,便闹糟了,便闹出"主张纷歧,立刻扰乱"的笑柄来了。所以后来扰乱的原因,正为当初所"鼓吹"的,只不过是几个糊涂的抽象名词,里面并不曾含有具体的主张。最大最明的例,就是这一次威尔逊先生在巴黎和会的大失败。威总统提出了许多好听的抽象名词——人道、民族自决、永久和平、公道、正谊等等——受了全世界人的崇拜,他的信徒比释迦、耶稣在日多得无数倍,总算"效力非常之大"了。但是他一到了巴黎,遇着了克里蒙梭、鲁意乔治、牧野、奥兰多等一班大奸雄,他们袖子里抽出无数现成的具体的方法,贴上"人道""民族自决""永久和平"的签条——于是威总统大失败了,连口都开不得。这就可证明主义决不可不含具体的主张。没有具体主张的"主义",必致闹到扰乱失败的地位。所以我说蓝君的"主义是一件事,实行的方法又是一件事",只是人类一桩大毛病,只是世界一个大祸根,并不是主义应该如此的。

请问我们为什么要提倡一个主义呢?难道单是为了"号召党徒"吗?还是要想收一点实际的效果、做一点实际的改良呢?如果是为了实际的改革,那就应该使主义和实行的方法合为一件事,决不可分为两件不相关的事。我常说中国人(其实不单是中国人)有一个大毛病,这病有两种病征:一方面是"目的热",一方面是"方法盲"。小孩子看见月亮,喊着要上天去,要上天便是"目的热",不管如何,能上天便是"方法盲"。蓝君所说的"主义并不一定含着实行的方法",便是犯了这两种病。只管提出"涵盖力大"的主义,便是目的热;不管实行的方法如何,便是方法盲。

李君的话,也带着这个毛病。他说:

> 大凡一个主义,都有理想与实用两方面。例如民主主义的理想,不论在那一国,大致都狠相同。把这个理想适用到实际的政治上去,那就因时因地因事的性质情形,有些不同。……我们只要把这个那个主义拿来做工具,用以为实际的运动,他会因时因地因事的性质情形,生一种适应环境的变化。

这是一种不负责任的主义论。前次杜威先生在教育部讲演,也曾说民治主义在法国便偏重平等;在英国便偏重自由,不认平等;在美国并重自由与平等,但美国所谓自由,又不是英国的消极自由,所谓平等,也不是法国的天然平等。但是我们要知道这并不是民治主义的自然适应环境,这都是因为英国、法国、美国的先哲,当初都能针对当日本国的时势需要,提出具体的主张,故三国的民治各有特别的性质(试看法国革命的第一、二次宪法,和英国边沁等人的驳议,便可见两国本来主张不同)。这一个例,应该给我们一个很明显的教训:我们应该先从

后　记

　　《新青年》杂志创刊至今已经有 100 多年了，但是其内容本身对当代青年仍有巨大的启迪意义。对于大学历史系的学生来说，《新青年》杂志是其必读书目之一。当今许多大学都开设了与《新青年》杂志相关的通识课程，为了方便当代青年更为便捷地体悟《新青年》杂志的思想精髓，经过多方筹措，这本《〈新青年〉与新文化运动读本》由上海大学出版社出版。

　　本书择《新青年》杂志之精华，按内容归类为"《新青年》倡导新道德、新人生观""《新青年》高举科学、民主的旗帜""《新青年》评判孔子之道""《新青年》对文学革命的提倡""《新青年》对女子解放的倡导""《新青年》与东西文化论争""《新青年》的社会调查及对社会问题的讨论""《新青年》对马克思主义的介绍"八个部分。刘长林负责总体大纲的制定、总体思路的把控、具体篇目的拟定以及最后的审定工作。任润鑫负责协助全书编写的具体工作。李剑、由俊勇参与编写。编者具体分工如下：

　　主编：刘长林

　　副主编：任润鑫

　　第一、二章编者：任润鑫

　　第三、四、五章编者：李剑

　　第六、七、八章编者：由俊勇

　　感谢上海大学出版社对本书出版的大力支持，感谢编辑刘强对本书具体工作投入的大量精力与时间。本书尚有不足之处，还请读者批评指正。